Die gesetzliche Konzeption der Bestechungsdelikte

Europäische Hochschulschriften

European University Studies

Publications Universitaires Européennes

Reihe II **Rechtswissenschaft**

Series II Law

Série II Droit

Band/Volume **5425**

Vivien Adamski

Die gesetzliche Konzeption der Bestechungsdelikte

Zugleich ein Vorschlag für eine künftige Fassung der §§ 331 ff. StGB

PL ACADEMIC RESEARCH

Bibliografische Information der Deutschen Nationalbibliothek
Die Deutsche Nationalbibliothek verzeichnet diese Publikation in der Deutschen Nationalbibliografie; detaillierte bibliografische Daten sind im Internet über http://dnb.d-nb.de abrufbar.

Zugl.: Düsseldorf, Univ., Diss., 2012

Dissertation der juristischen Fakultät
der Heinrich-Heine-Universität Düsseldorf
Erstgutachter: Prof. Dr. Mark Deiters
Zweitgutachter: Prof. Dr. Karsten Altenhain
Jahr der mündlichen Prüfung: 2012

Umschlaggestaltung
© Olaf Gloeckler, Atelier Platen, Friedberg

D 61
ISSN 0531-7312
ISBN 978-3-631-63463-9

www.peterlang.de

Meinen Eltern

„Du sollst nicht Geschenke nehmen; denn Geschenke machen die Sehenden blind und verkehren die Sachen der Gerechten“.

2. Buch Mose – Kap. 23, Vers 8.

Vorwort

Die vorliegende Arbeit wurde im Sommersemester 2012 von der rechtswissenschaftlichen Fakultät der Heinrich-Heine-Universität Düsseldorf als Dissertation angenommen. Rechtsvorschriften und Literatur konnten bis Anfang 2012 berücksichtigt werden.

Mein besonderer Dank gilt meinem Doktorvater, *Herrn Professor Dr. Mark Deiters*, der nicht nur das Entstehen dieser Arbeit maßgeblich anregte und unterstützte, sondern mir auch die Möglichkeit bot, an seinem Lehrstuhl als wissenschaftliche Mitarbeiterin tätig zu sein. In diesem Zusammenhang möchte ich mich außerdem bei Herrn *Prof. Dr. Helmut Frister* und seinem Lehrstuhlteam für die Bereitschaft bedanken, mich während des Wechsels von Herrn Prof. Dr. Deiters nach Münster so herzlich aufzunehmen. *Herrn Prof. Dr. Karsten Altenhain* danke ich für die schnelle und unkomplizierte Erstellung des Zweitgutachtens. Mein ausdrücklicher und herzlicher Dank gilt außerdem *Herrn Prof. Dr. Ulrich Noack* für die spannenden und lehrreichen Jahre als studentische Hilfskraft an seinem Lehrstuhl sowie seine uneingeschränkte Bereitschaft, mich auch in meinem weiteren Werdegang zu unterstützen.

Die folgenden Seiten sind auch das Ergebnis endloser Diskussionen, ermutigender Worte und immer wieder neuer Motivation. Allen voran gilt mein großer Dank *Herrn Dr. Michael Beurskens, LL.M.*, der mir während meiner gesamten juristischen Ausbildung und insbesondere in Bezug auf diese Arbeit stets mit Rat und Tat zur Seite stand. *Frau Dr. Anna-Helena Albrecht* danke ich für ihre wertvolle Hilfe auf den letzten Metern und ein großartiges Seminarwochenende im Landhaus Rothenberge. Gedankt sei außerdem all jenen, die mir mit zahlreichen Kaffee-, Kuchen- und Mittagsrunden den Tag versüßt und für die notwendige Ablenkung gesorgt haben – ohne Euch wäre es ziemlich langweilig in der Bibliothek gewesen!

Der größte Dank gebührt jedoch meinen Eltern, die jeden meiner Schritte mit unbedingter Unterstützung begleitet und gut geheißen haben. Ohne sie wäre weder meine juristische Ausbildung, noch diese Veröffentlichung möglich gewesen. Ihnen ist diese Arbeit gewidmet.

Sommer 2012

Vivien Adamski

Inhaltsverzeichnis

Teil 1 Einleitung

A. Problemstellung

Das Verbot der Beeinflussung von Amtsträgern reicht zurück bis in die frühesten Rechtsordnungen. Schon damals gewann man die Erkenntnis, dass die Wahrnehmung öffentlicher Aufgaben nicht nur bei der Person des Richters (dessen Neutralität schon seit frühester Zeit intensiv und entschieden geschützt wurde) eine gewisse Charakterfestigkeit voraussetzte und sich nicht jeder Bürger hierzu eigne.[1] Unabhängig vom heutigen Begriff des Staatsbeamten formierte sich daher bereits zu Zeiten des Römischen Reiches ein Verwaltungs- und Beamtenwesen, das die Ausübung von Staatsfunktionen nur besonders charakterfesten Bürgern zuwies.[2] Hierfür Vorteile anzunehmen, galt als wenig ehrenhaft und unmoralisch.[3] Dies galt ganz zu Beginn der Entwicklung sogar für jede reguläre Vergütung.[4]

Gegenwärtig ist die verbotene Einflussnahme auf Amtsträger in den sog. „Bestechungsdelikten" (§§ 331 – 334 StGB) geregelt. Diese sollen nach streitiger Ansicht die Lauterkeit der öffentlichen Staatsgewalt[5] und das Vertrauen der Allgemeinheit in diese Lauterkeit schützen.[6] Den Kern der Strafbarkeit bildet (jedenfalls nach der Grundidee der Bestechungsdelikte) die sog. „Unrechtsvereinbarung". Hierunter ist die inhaltliche Verknüpfung von Diensthandlung/Dienstausübung und Vorteilszuwendung i.S. einer zumindest angestrebten Übereinkunft zwischen Amtsträger und Vorteilsgeber zu verstehen,[7] die in den Tatbeständen der §§ 331, 333 StGB anders ausgestaltet ist als in denen der §§ 332, 334 StGB. Am Anfang der Bestechungsdelikte steht die Vorteilsannahme, § 331 StGB. Danach macht sich strafbar, wer als Amtsträger oder für den

---

1 *Rein*, Criminalrecht, S. 605ff. und S. 627 Fn. 2.

2 *Engelhardt*, Bestechungstatbestände, S. 24.

3 *Rein*, Criminalrecht, S. 605ff ; *Mommsen*, Römisches Strafrecht, S. 705.

4 *Mommsen*, Römisches Strafrecht, S. 705.

5 Die überwiegend gebrauchte Wendung, nach der die Lauterkeit des „öffentlichen Dienstes" geschützt werden soll, greift angesichts des heutigen, weiteren Verständnisses der Vorschrift zu kurz. Es soll deswegen im Folgenden von der „öffentlichen Staatsgewalt" gesprochen werden.

6 *Fischer*, StGB, § 331 Rn. 3; Kuhlen in: Kindhäuser, Neumann, Paeffgen, NK-StGB, § 331 Rn. 9ff; Ob diese Annahme auf die §§ 331 bis 334 StGB insgesamt zutrifft und inwieweit insbesondere in Bezug auf den Vertrauensschutzgedanken Einschränkungen gemacht werden müssen, wird im 2. Teil dieser Arbeit erläutert.6

7 Exemplarisch *Fischer*, StGB, § 331 Rn. 21.

öffentlichen Dienst besonders Verpflichteter für die Dienst*ausübung* einen Vorteil fordert, sich versprechen lässt oder annimmt. Spiegelbildlich dazu regelt § 333 StGB die Strafbarkeit des Vorteilsgebers (Vorteilsgewährung). Dieser macht sich entsprechend strafbar, wenn er dem Amtsträger oder besonders Verpflichteten einen Vorteil für diesen oder einen Dritten anbietet, verspricht oder gewährt. Soweit im Folgenden – der Einfachheit halber – lediglich auf § 331 StGB Bezug genommen wird, gelten die vorgenommenen Überlegungen entsprechend auch für § 333 StGB. Eine höhere Strafe trifft gem. § 332 StGB denjenigen, der als Amtsträger oder für den öffentlichen Dienst besonders Verpflichteter einen Vorteil für sich oder einen Dritten als Gegenleistung dafür fordert, sich versprechen lässt oder annimmt, dass er eine Dienst*handlung* vorgenommen hat oder künftig vornehme und dadurch seine Dienstpflichten verletzt hat oder verletzen würde (Bestechlichkeit). Auch hier besteht mit § 334 StGB eine spiegelbildliche Norm, die den Vorteilsgeber bestraft (Bestechung).

Das Gesetz unterscheidet also, ob die Hingabe von Vorteilen an den Amtsträger eine rechtswidrige Diensthandlung bezweckt oder die Begünstigung lediglich dazu dient, sich den Beamten „geneigt" zu machen, ohne dass er im Gegenzug gegen die ihm obliegenden Dienstpflichten verstoßen muss, allgemein also für die Dienstausübung gewährt wird.[8] Während Einigkeit darüber besteht, dass ersterer Fall strafrechtlich relevantes Unrecht darstellt, wurde die Entwicklung der Tatbestände der Vorteilsannahme/Vorteilsgewährung stets von kritischen Stimmen begleitet.[9] Zusammengefasst ging es hierbei um die Frage, wie weit der Bereich des Strafbaren ausgedehnt werden dürfe und müsse. Dabei befindet sich das Recht seither in einem Spagat zwischen Über- und Unterregulierung. Auf der einen Seite sollen alle aus kriminalpolitischer Sicht strafwürdigen Fälle erfasst werden, auf der anderen Seite dürfen Amtsträger aber nicht mit einem Generalverdacht überzogen werden. Grundlage und Regulativ für den naturgemäß offenen Wortlaut vor allem der §§ 331, 333 StGB war stets die Annahme, dass eine Unrechtsvereinbarung nur dann bejaht werden könne, wenn Gewährung oder Annahme des Vorteils nach dem Willen der Beteiligten eine unzulässige Bezahlung für die Amtshandlung darstellten.[10] Die Verbindung von Vorteil und Gegenleistung zu einem Gegenseitigkeitsverhältnis war dabei wesentlich für eine Strafbarkeit. Mit dem Korruptionsbekämpfungsgesetz wurde dieser Grundsatz aufgeweicht. Ziel der Regelung war es vor allem, Phänomene

8 Vgl. *Freund/Kallmayer/Kraft*, Korruption und Kartelle, S. 2.
9 Hierzu ausführlich Teil 2 A.
10 *Schmidt*, Bestechungstatbestände, Rn. 125.

wie die „Klimapflege“, die sich im Vorfeld einer eigentlichen Beeinflussung des Beamten abspielen, zu erfassen. In solchen Fällen liegt ein konkretes Beziehungsverhältnis aber gerade (noch) nicht vor, da es zu keiner Vereinbarung über den Austausch von Leistungen gekommen ist.

Damit werde – so die Kritiker – bereits das „Vorfeld des Vorfeldes“[11] kriminalisiert; die Amtsträger würden mit einem „Dauerverdacht“ überzogen, der unbefangene Sozialkontakte unmöglich mache.[12] Es gebe keinen überzeugenden Grund, denjenigen zu strafen, der durch die Vorteilsannahme lediglich den *Eindruck* der Unsachlichkeit schaffe.[13] Die Einbeziehung von Maßnahmen allgemeiner Stimmungspflege in den Tatbestand führe zu erheblichen Unschärfen im Randbereich, was die Abgrenzung strafbarer von straflosen Verhaltensweisen schwieriger mache.[14] Insbesondere § 331 StGB rutsche in eine „chronische Unbestimmtheit“ ab, die deliktische Reichweite sei nunmehr uferlos.[15]

B. Einzelne Problemkonstellationen

Tatsächlich lassen sich Beispiele finden, in denen der Wortlaut der §§ 331, 333 StGB Verhaltensweisen erfasst, bei denen die Strafwürdigkeit zumindest zweifelhaft ist. So wird niemand behaupten, der Professor, der mit seinem Doktoranden auf dessen Kosten nach erfolgreich abgeschlossener Doktorprüfung anstößt, mache sich der Vorteilsannahme strafbar. Ebenso verhält es sich mit dem Schulbeispiel des Neujahrsgeschenks an den Briefträger oder den Pralinen an eine Amtsträgerin.[16] Man ist sich auch darüber einig, dass sich der Staatsanwalt, der für die Einstellung des Verfahrens nach § 153 a StPO (Diensthandlung) die Zahlung einer Geldbuße (Vorteil für den Empfänger) an einen gemeinnützigen Ver-

11 *Hettinger*, NJW 1996, 2263 (2269); in diesem Sinne auch *Ambos*, JZ 2003, 345 (349).

12 *Kerner/Rixen*, GA 1996, 355 (381).

13 *Ransiek*, StV 1996, 446 (450f.).

14 *Fischer*, StGB, § 331 Rn. 24.

15 *Kargl*, ZStW 114 (2002), 763 (766); *Ambos*, JZ 2003, 345 (349); ein Blick auf das „Bundeslagebild Korruption“ lässt allerdings trotz eines „Mehr“ von erfassten Fällen keinen klaren Anstieg der Korruptionsverfahren seit 1997 erkennen (Bundeslagebild Korruption 2005 - Pressefreie Kurzfassung, BKA, Wiesbaden Juli 2006, S. 2); der zu verzeichnende Anstieg relativiert sich in den Folgejahren wie auch die Aufstellung bei *Kuhlen*, NK-StGB, § 331 Rn. 7,8 zeigt. Vorsichtig hinsichtlich der Diagnose eines Anstiegs auch *Arzt/Weber* StrafR BT S. 1043; zur „Relativität der Zahlen“ im Ganzen *Hettinger*, NJW 1996, 2263 (2265f.); *Ostendorf*, NJW 1999, 615 hält die Zahlen für „weder aussagekräftig noch bedrohlich“.

16 Vgl. *König*, DRiZ 1996, 357 (360).

ein (Dritten) fordert, hierdurch nicht strafbar macht und sich ehemalige Studienkollegen auch dann noch zum Geburtstag beschenken dürfen, wenn einem von ihnen zwischenzeitlich ein Amt übertragen worden ist. Grundsätzlich anders werden hingegen Sachverhalte gesehen, in denen ein Architekt dem für die Vergabe von Bauaufträgen zuständigen Beamten kostenlos die Wohnung renoviert oder der Inhaber einer Werbeagentur dem für die Beauftragung von Werbeagenturen zuständigen Amtsträger eine Golfausrüstung finanziert.[17]

Zwischen unbestreitbar korruptem (und damit strafrechtlich zu erfassendem) und unbedenklichem (dh. eindeutig straffreiem) Verhalten liegt folglich – in fließendem Übergang – ein „ambivalentes Graufeld“[18], innerhalb dessen das Strafrecht eine verlässliche Abgrenzung treffen muss, was strafbar sein soll und was nicht. Legt man aber den nach dem Wortlaut umfassten Anwendungsbereich der Bestechungsdelikte, insbesondere der §§ 331, 333 StGB zugrunde, ergeben sich zahlreiche Unschärfen im Randbereich.[19] Anhand der folgenden Fallgruppen soll verdeutlicht werden, dass sich hieraus weit reichende Folgen für die Bewertung der Strafbarkeit ergeben können.

I. Wahlkampfspenden

Bei der Annahme von Wahlkampfspenden macht sich der sich zur Wiederwahl stellende Bürgermeister (Amtsträger) nach dem Gesetzeswortlaut des § 331 StGB strafbar, wenn er „für“ seine zu erwartende investorenfreundliche Politik (Dienstausübung) von einem Bürger eine Wahlkampfspende (Vorteil) für seine Wiederwahl erhält. Mangels Amtsträgereigenschaft gilt dies aber nicht für den Gegenkandidaten, der damit unbegrenzt Spenden akquirieren kann. Dies bedeutet eine klare Benachteiligung des Amtsträgers.

Der BGH schränkt in seiner „Kremendahl-Entscheidung“[20] den Tatbestand des § 331 StGB (und damit spiegelbildlich den des § 333 StGB) daher mit Blick auf die Gleichheit der Wahl und das Demokratieprinzip dahingehend ein, dass eine strafrechtlich relevante Unrechtsvereinbarung dann zu verneinen sei, wenn die Förderung des sich zur Wiederwahl stellenden Bürgermeisters allein dazu diene, dass der Amtsträger nach erfolgreicher Wahl das Amt in einer Weise ausüben könne, die allgemein mit den Vorstellungen des Vorteilsgebers überein-

17 Vgl. *König*, DRiZ 1996, 357 (360).
18 *König*, JR 1997, 397 (399).
19 Vgl. *Fischer*, StGB, § 331, Rn. 24.
20 BGHSt 49, 275, dazu ausführlich unten Teil 4. D.V. 2. sowie E.

stimmt.[21] Hingegen könne man nicht zur Straffreiheit gelangen, wenn der Amtsträger im Falle seiner Wiederwahl eine konkrete Entscheidung zu Gunsten des Vorteilsgebers treffe oder sich hierzu auch nur bereit zeige.[22] Dass aus diesen Grundsätzen aber kein allgemeines Abgrenzungskriterium oder gar eine Rückkehr zur Rechtslage vor dem Korruptionsbekämpfungsgesetz herzuleiten ist, stellt der BGH in einer Folgeentscheidung ausdrücklich klar.[23] Die in der Ausgangsentscheidung gefundenen Ergebnisse seien nur den Besonderheiten des zugrunde liegenden Falles geschuldet.

II. Forschungsförderung durch Drittmittel

Ebenso schwierig ist die Lage, wenn ein Professor (Amtsträger) für sein Forschungsprojekt (Dienstausübung) Gelder (Vorteil) annimmt und sein Handeln damit unter den Wortlaut der Bestechungsdelikte subsumierbar wird, obwohl dem Professor nicht nur die Forschung, sondern gerade auch das Anwerben von Drittmitteln hochschulrechtlich vorgeschrieben ist.[24] Hier handelt der Amtsträger trotz bzw. sogar *wegen* der Einhaltung gesetzlicher Handlungsgebote tatbestandsmäßig i.S. der Vorteilsannahme.

Um eine Auflösung des Spannungsverhältnisses zwischen Strafrecht und Hochschulrecht zu erreichen, ist nach dem BGH die Drittmitteleinwerbung vom Tatbestand nicht erfasst, solange das im jeweiligen Hochschulrecht vorgesehene Anzeige- und Genehmigungsverfahren eingehalten wird.[25] Während noch die Vorinstanz im Fall Kremendahl ein entsprechendes Spannungsverhältnis auch für den Bereich der Wahlkampfspenden annahm,[26] lehnte der BGH eine Verallgemeinerung des im Rahmen der Drittmittelentscheidung entwickelten Transparenzprinzips auf ähnlich gelagerte Fälle ausdrücklich ab.[27] Der Senat stellte hier – wie bereits unter I. dargelegt – ausschließlich auf das Kriterium der konkreten Gegenleistung ab und zog zur Begründung den Grundsatz der Wahlgleichheit heran.[28]

---

21 BGHSt 49, 275 (285, 291ff.).
22 BGHSt 49, 275 (294).
23 BGH NStZ 2008, 33 (34).
24 BGHSt 47, 295ff.; 48, 44ff.
25 BGHSt 47, 295 (303,306, 308f.), ausführlich hierzu unten, Teil 4 D, insbesondere unter III.
26 LG Wuppertal, NJW 2003, 1405ff.
27 BGHSt 49, 275ff.
28 BGHSt 49, 275ff.

III. WM-Karten (Problemkreis Politische Repräsentation)

Zur Straflosigkeit kam der BGH auch im Falle eines Sponsors der in Deutschland stattfindenden Fußball-WM, der Eintrittskarten zu WM-Spielen an politische Funktionäre versandte.[29] Eine strafbare Unrechtsvereinbarung sei nicht ersichtlich, weil die Zuwendung der Gutscheine ihren Grund nicht nachweisbar gerade in der Dienstausübung hatte bzw. diese nicht (mit-)bestimmender Beweggrund für die Hingabe war.[30] Außerdem habe es sich um ein einzigartiges Großereignis für die Bundesrepublik Deutschland gehandelt, für das eine Kooperation zwischen Politik und Wirtschaft unerlässlich gewesen sei, so dass eine derartige Zusammenarbeit – den offiziellen Gepflogenheiten entsprechend – von der Bundesregierung gefördert wurde.[31] Auch diese Entscheidung war jedoch ersichtlich von Einzelfallerwägungen getragen. – Eine Verallgemeinerung ist daher – wie in Teil 4 der Arbeit noch gezeigt werden wird – kaum möglich.

IV. Verkehrsüblichkeit/Sozialadäquanz

Unter den Wortlaut des § 331 StGB lässt sich auch der oben erwähnte Fall subsumieren, dass ein Professor als Doktorvater mit seinem Doktoranden auf die gelungene Prüfung mit einem von diesem bezahlten Glas Sekt anstößt oder später das erste gedruckte Exemplar der Dissertation als Geschenk erhält.

Im Falle der sog. „verkehrsüblichen" Geschenke, wie dem Neujahrsgeschenk an den Briefträger oder dem Glas Sekt nach der Doktorprüfung, herrscht in der allgemeinen Auseinandersetzung Einigkeit darüber, dass hier eine Strafbarkeit entfallen muss.[32] Solche geringfügigen, geringwertigen und vor allem von der Allgemeinheit gebilligten Zuwendungen können nach überwiegender Ansicht dem Tatbestand der Bestechungsdelikte nicht unterfallen. Was allerdings unter geringfügig und geringwertig zu verstehen ist, ist nicht allgemein geregelt. Schon bei der Übergabe der gedruckten eigenen Dissertation müssen Zweifel aufkommen – oft werden diese für 100 Euro und mehr im Buchhandel vertrieben.

Der Wortlaut der Bestechungsdelikte enthält eine solche Einschränkung nicht. Vielmehr ist zunächst jede Zuwendung, so lange sie als Vorteil zu werten

29 BGH NJW 2008, 3580, ausführlich hierzu unten Teil 4 F.

30 BGH NJW 2008, 3580 (3583). Zu beachten ist jedoch, dass der BGH ausdrücklich betont, dass ein anderes Ergebnis durchaus möglich gewesen wäre.

31 BGH NJW 2008, 3580 (3584).

32 Hierzu ausführlich unten, Teil 4 A.

ist und „für“ eine Dienstausübung gewährt wird, tatbestandsmäßig. Auch in den Fällen geringwertiger Zuwendungen nimmt der Amtsträger einen Vorteil (er wird durch die Zuwendungen besser gestellt, ohne einen Anspruch darauf zu haben) für eine Dienstausübung an.

Dieser Fall unterscheidet sich von den unter I. bis III. dargestellten Konstellationen dadurch, dass hier eine Einschränkung der Strafbarkeit allgemein anerkannt ist. Lediglich die Grenzziehung ist fraglich, so dass auch dieser Ansatz eine verlässliche Anwendung der Bestechungsdelikte nicht ohne weiteres gewährleisten kann.

V. Regelkonformität

Einen weiteren allgemein anerkannten Ansatz zur Einschränkung der Bestechungsdelikte stellt derjenige der Regelkonformität dar. Dieser Ansatz lässt sich an folgendem Beispiel erläutern:

Stellt ein Staatsanwalt (Amtsträger) nach einer auf seine Anregung erfolgten Geldzahlung an einen gemeinnützigen Verein gem. § 153 a StPO das Verfahren ein, ist § 331 StGB seinem Wortlaut nach erfüllt. Dass eine Strafbarkeit letztlich entfällt, wird im Allgemeinen mit der Regelkonformität des Handelns begründet.[33] Der Zusammenhang zwischen Dienstausübung und Vorteil sei nicht regelwidrig und deswegen eine Strafbarkeit nicht begründet.

C. Untersuchungsziel

In den geschilderten Fällen ist die Strafwürdigkeit des Verhaltens der Beteiligten – wie gesagt – jedenfalls zweifelhaft. Der Wortlaut der Bestechungsdelikte erfasst in seiner geltenden Fassung damit auch nicht strafwürdige Fälle und ist folglich – wie die vorgenannten Beispiele belegen – kaum zur Abgrenzung von Recht und Unrecht geeignet. Dies zu gewährleisten ist jedoch gerade eine zentrale Aufgabe des Strafrechts. Vor allem im Rahmen von § 331, 333 StGB kommt es aufgrund des weiten Anwendungsbereiches zu erheblichen Unschärfen.

---

33 *Rudolphi/Stein*, SK-StGB, 58. Lfg., 6. Auflage, Sept. 2003, § 331 Rn. 29; *Kuhlen*, NK-StGB, § 331 Rn. 86; *Korte*, MK-StGB, § 331 Rn. 107; aber auch BGHSt 47, 309ff, siehe dazu außerdem ausführlich unten, Teil 4 C.

Anhand der geschilderten Problemfälle lässt sich bereits jetzt eine erste abstrakte Aussage darüber treffen, wann die Feststellung einer Unrechtsvereinbarung regelmäßig problematisch erscheint. Dies ist der Fall, wenn

1. eine konkrete oder zumindest konkretisierbare Gegenleistung für die Gewährung des Vorteils nicht ersichtlich ist,
2. zwischen den Parteien eine rechtlich eigentlich tolerierte, erwünschte oder sogar (bei der Drittmittelforschung) gesetzlich vorgeschriebene Beziehung besteht, die die Hingabe/Annahme des Vorteils nahelegt oder gar erzwingt,
3. verkehrsübliche Geschenke überreicht werden, oder
4. der Beamte für den Staat nach außen auftritt und dabei mit Zuwendungen konfrontiert wird, die ihm aufgrund seiner Amtsträgerschaft zugewendet werden, letztlich aber nicht ihm persönlich gelten.

Eine Ergebniskorrektur wird durch Rechtsprechung und Literatur versucht. Vermittels der vorgenommenen Einzelfallabgrenzungen werden auch zumeist befriedigende Ergebnissen erzielt. Eine verallgemeinerungsfähige Lösung wurde, wie später noch im Einzelnen dargelegt werden wird, bisher jedoch nicht gefunden. Mangels einer einheitlichen Methodik[34] fehlt es schließlich an der in einem Rechtsstaat gebotenen Vorhersehbarkeit der Ergebnisse.

Ziel der Untersuchung ist daher, die Tatbestände der Vorteilsannahme/Vorteilsgewährung (§§ 331, 333 StGB) durch das Erfordernis einer klar umrissenen „Unrechtsvereinbarung" einer vorhersehbaren Anwendung zuzuführen. Hierzu werden die in Rechtsprechung und Literatur vertretenen Ansätze systematisiert und überprüft, ob sie einen verallgemeinerungsfähigen Kern enthalten, der unabhängig von Einzelfallentscheidungen den Anwendungsbereich der Bestechungsdelikte zu konturieren vermag. Auf dieser Grundlage soll ein Vorschlag erarbeitet werden, wie den vorhandenen Schwierigkeiten bei der Anwendung insbesondere der Vorteilsannahme/Vorteilsgewährung de lege ferenda beizukommen ist.

---

34 Hierzu ausführlich Teil 4 F.

D. Gang der Untersuchung

Die Problematik wird in vier Schritten angegangen:

Zunächst wird im *ersten Teil* anhand der historischen Entwicklung der Bestechungsdelikte insgesamt – insbesondere aber der §§ 331, 333 StGB – untersucht, welche Ziele der Gesetzgeber mit der Einführung der Vorteilsannahme/Vorteilsgewährung verfolgte und welche rechtspolitischen Überlegungen ihnen zugrunde liegen. Hierauf aufbauend wird sodann die Diskussion um das „Rechtsgut der Bestechungsdelikte" beleuchtet. Dabei liegt ein besonderer Fokus auf der kritischen Würdigung des sog. „Vertrauensschutzgedankens", der zwangsläufig zu einer Ausweitung des Anwendungsbereichs der §§ 331, 333 StGB führt. Das den Bestechungsdelikten im Allgemeinen zugrunde liegende Rechtsgut wird definiert als „Schutz der Lauterkeit des öffentlichen Dienstes". Es wird weiter festgestellt, dass dieses im Hinblick auf §§ 331, 333 StGB bereits durch die Kommerzialisierung der Amtshandlung verletzt wird, §§ 332, 334 StGB hingegen vor einer Verfälschung des Staatswillens durch pflichtwidrige Amtshandlungen schützen.

Der *zweite Teil* zeigt anhand der einzelnen Tatbestandsmerkmale des § 331 StGB, wo Anknüpfungspunkte für eine Einschränkung der Reichweite des Tatbestands bestehen und dass hier vor allem auf die Unrechtsvereinbarung abzustellen ist. Es wird deutlich gemacht, dass diese infolge der durch das Korruptionsbekämpfungsgesetz 1997 erfolgten Lockerung nach ihrem heutigen Verständnis kaum noch als verlässliches Abgrenzungskriterium herangezogen werden kann und die Tatbestände der Vorteilsannahme/Vorteilsgewährung in der Folge zu bloßen Legitimationsnormen für das beliebige Einschreiten der Strafverfolgungsorgane zu werden drohen.

Für die Tatbestände der §§ 332, 334 StGB wird festgestellt, dass diese auch nach dem Korruptionsbekämpfungsgesetz 1997 noch ein Beziehungsverhältnis voraussetzen, deren notwendige Komponente eine *bestimmte* (oder wenigstens bestimmbare) Gegenleistung ist und somit bei ihrer Anwendung nicht den gleichen Bedenken ausgesetzt sind wie die §§ 331, 333 StGB. Rekurrierend auf die in Teil 1 gefundenen Ergebnisse zum Unrechtsgehalt der Bestechungsdelikte wird sodann insbesondere der Unrechtsgehalt des § 332 Abs. 3 StGB problematisiert. Ausgehend von der These, dass das bloße „Sichbereitzeigen" zu einer pflichtwidrigen Diensthandlung den Staatswillen nicht einmal gefährden kann, wird hinterfragt, inwieweit eine Zuordnung dieser Fallgruppe zum Tatbestand der Bestechlichkeit überhaupt sachgerecht ist.

Der *dritte Teil* widmet sich der Überprüfung der Möglichkeiten, §§ 331, 333 StGB auf der Basis des geltenden Rechts einzuschränken. In diesem Zusammenhang erfolgt eine ausführliche Auseinandersetzung mit der bisher ergangenen Rechtsprechung sowie den wichtigsten Strömungen in der Literatur. Die einzelnen Ansätze werden systematisiert und kritisch gewürdigt. Hierbei wird festgestellt, dass die dargestellten Entscheidungen zwar für den Einzelfall zu gerechten Ergebnissen führen, aber nur bedingt verallgemeinerungsfähig sind. Zudem setzt die überwiegende Anzahl der Lösungsansätze die Existenz einer Unrechtsvereinbarung voraus, die eine wenigstens bestimmbare Gegenleistung erfordert.

Den Schluss der Arbeit bildet schließlich ein Vorschlag, wie der dargestellten Problematik durch die Stärkung des Merkmals der Unrechtsvereinbarung begegnet werden kann. Es wird eine Neufassung des geltenden Rechts vorgeschlagen, die das gebotene Verständnis der Unrechtsvereinbarung auch im Wortlaut verankert.

Teil 2 Der Unrechtsgehalt der Bestechungsdelikte

Sucht man nach einer verallgemeinerungsfähigen Lösung für die Auslegung/Anwendung eines Tatbestandes, so ist als erster Ansatzpunkt der Wille des Gesetzgebers, wie er in der historischen Entwicklung[35] zum Ausdruck kommt, zu berücksichtigen. Im Folgenden wird sich zeigen, dass die Unschärfen bei der Anwendung der §§ 331, 333 StGB dem Gesetzgeber schon bei der Formulierung des aktuellen Wortlauts bekannt waren, diese aber durchaus in Kauf genommen wurden. Weiterhin wird deutlich, dass die viel besprochene Diskussion um das Rechtsgut der Bestechungsdelikte im Laufe der Zeit eine solche Eigendynamik entwickelt hat, dass sie zur Auslegung des Tatbestandes nur noch bedingt herangezogen werden kann.

A. Historische Entwicklung der Korruptionsstrafbarkeit

I. Das 18. Jahrhundert

Mit der Entstehung eines Beamtenapparates, der dem heutigen Verständnis des Staatsbeamtentums sehr nahe kommt, wurde es gegen Ende des 18. Jahrhunderts notwendig, allgemeine Regelungen gegen eine verbotene Beeinflussung zu schaffen. In den deutschen Territorialstaaten entwickelten sich unter Einfluss des römischen Rechts Definitionen der Korruption, die aufgrund ihres Abstraktionsgrades den gegenwärtigen Tatbestandsbeschreibungen schon ähnlich waren. Exemplarisch sei hier die Folgende genannt:

> *„Die Bestechung (corruptio) wird begangen von einem Staatsbeamten durch Annahme eines ihm in Beziehung auf die Ausübung seines Amtes freiwillig dargebotenen oder zugesicherten Gewinnes, welchen er gesetzlich nicht zu fordern berechtigt ist. Wer solchen anbietet oder gibt (der Bestechende), wird als Miturheber bestraft“.*[36]

Bauer führt zur Tatbestandsstruktur dieser Regelungen aus: „Der Bestechung macht sich ein Staatsdiener schuldig, indem er das Versprechen, oder die wirkli-

35 Hierzu eingehend *Durynek*, Korruptionsdelikte.
36 *Feuerbach* zit. nach *Hardtung*, Vorteilsnahme, S. 26.

che Leistung eines ihm, in Rücksicht auf eine noch bevorstehende Amtshandlung, angebotenen, nicht gebührenden Vorteils annimmt. In Hinsicht des Tatbestandes ist es einerlei, ob dem Beamten der Vorteil in der Absicht, um ihn zu einer pflichtmäßigen oder zu einer pflichtwidrigen Handlung zu bestimmen, angeboten, und ob ein solcher von demselben unmittelbar oder mittelbar angenommen wurde".[37] Auf eine Pflichtwidrigkeit der Diensthandlung kam es nicht an,[38] weshalb der Begriff der „Bestechung" aus heutiger Sicht nicht passend erscheint. Dieser stellte vielmehr einen Sammelbegriff für das Fehlverhalten des Beamten bei der Annahme von Geschenken im Amt dar.[39] Bereits zu diesem frühen Zeitpunkt genügte außerdem für eine Strafbarkeit schon die bloße Annahme des Vorteilsversprechens.[40] Eine tatsächliche Zuwendung war nicht notwendig.

In einigen Staaten wurde – nach dem Vorbild des römischen Rechts – eine „Minimaklausel" in den Tatbestand aufgenommen, die kleinere Geschenke oder Zuwendungen zuließ und so den Anwendungsbereich einschränkte. Überwiegend wurde dies aber abgelehnt, da die Minimaklausel schon im römischen Recht ausdrücklich als Ausnahme verstanden wurde und die auf dieser Basis im 18. Jahrhundert gefundenen Formulierungen ohnehin schon eine deutliche Reduzierung des Anwendungsbereichs im Vergleich zum römischen Vorbild[41] bedeuteten.[42] Wie noch dargelegt werden wird,[43] ist die Idee der Minimaklausel, aber nie ganz aufgegeben worden. So gibt es bis heute Bemühungen, den zu gewährenden Vorteil einer Wertgrenze zu unterwerfen, und im Wege der Sozialadäquanz werden auch aktuell geringwertige Geschenke aus dem Tatbestand ausgenommen.

37 *Bauer*, Lehrbuch des Strafrechts, § 380.

38 *Engelhardt*, S. 36; *Hardtung*, Vorteilsnahme, S. 26; *Bauer*, Lehrbuch des Strafrechts, § 380; *Abegg*, Lehrbuch des Strafrechts, § 492.

39 *Abegg*, Lehrbuch des Strafrechts, § 492 spricht von „beider hier möglichen Verbrechen" und intendiert damit, dass der Tatbestand beide Begehungsformen enthält.

40 *Bauer*, Lehrbuch des Strafrechts, § 380.

41 Hierzu *Bauer*, Lehrbuch des Strafrechts, § 381; *Abegg*, Lehrbuch des Strafrechts, § 490.

42 *Hardtung*, Vorteilsnahme, S. 27; *Bauer*, Lehrbuch des Strafrechts, § 381.

43 Siehe Teil 4 A.

II. Allgemeines Preußisches Landrecht/ Preußisches StGB

Die direkte Vorgeschichte der §§ 331 ff. StGB beginnt mit dem Allgemeinen Preußischen Landrecht (ALR).[44] Die enge Bindung der Staatsbeamten an den jeweiligen Landesherrn der Territorialstaaten sowie die aus seiner besonderen Stellung resultierenden Pflichten machten einheitliche Regelungen gegen die Ausnutzung dieser Machtstellung erforderlich.[45] Das ALR regelte im zweiten Teil unter dem zehnten Titel die „Rechte und Pflichten der Diener des Staates". In den §§ 68 ff. wurden Richtlinien für die „Civilbeamten" (alle nicht militärischen Beamten) festgelegt, darunter das Verbot der Ämterpatronage oder der Amtsanmaßung. Die Bestechung fand in § 72 Erwähnung: *Wer sich* [sic!] *durch Bestechungen oder andere unerlaubte Wege in ein Amt eindringt, soll desselben sofort wieder entsetzt werden.* Weiterhin regelt § 86: *Niemand soll sein Amt zur Beleidigung oder Bevortheilung Anderer mißbrauchen.* Ein ausdrückliches oder gar strafbewehrtes Verbot der Bestechlichkeit und Vorteilsannahme gab es jedoch unter diesem Titel nicht. Vielmehr wurden diese Delikte im Rahmen des *strafrechtlichen* Teils des ALR gesondert geregelt. Die entsprechende Überschrift lautete: „Von den Verbrechen der Diener des Staates" und enthielt mit den §§ 360 ff. Regelungen zu Bestechung und Vorteilsannahme. Nicht jeder Pflichtverstoß des Staatsdieners wurde für strafrechtlich relevant gehalten, sondern nur „einige Fälle, welche zu schwer schienen für die bloße Ahndung als Disziplinarvergehen".[46] Man wollte betonen, dass eine Rüge nur durch die Disziplinar-Verordnungen für die Fälle der Bestechung und der Vorteilsannahme nicht als ausreichend erachtet wurde.[47] Für die Unterscheidung zwischen einem Disziplinarvergehen und dem eigentlichen Amtsverbrechen sollte vor allem das Wesen der Tat herangezogen werden. „Ein eigentliches Amtsverbrechen ist jedes Mal vorhanden, wenn der Beamte sein Amt in der Absicht einer Rechtsverletzung gegen den Staat oder eines Dritten missbraucht".[48]

---

44 Hierzu ausführlich *Durynek*, Korruptionsdelikte, S. 12ff.

45 *Hardtung*, Vorteilsnahme, S. 28.

46 *Koch*, Allgemeines Preußisches Landrecht, S. 233; ausführlich zur Abgrenzung der Straftat vom Disziplinarvergehen *Temme*, Entwurf des PrStGB, S. 397ff.

47 *Goltdammer*, Materialien, S. 666; *Temme*, Entwurf des PrStGB, S. 397ff.

48 *Temme*, Entwurf des PrStGB, S. 400.

Die Regelungen im Einzelnen lauteten:

Bestechung[49]

§ 360
Diener des Staats, welche für die Ausrichtung ihres Amts Geschenke oder Gaben, wozu die Gesetze sie nicht ausdrücklich berechtigen, annehmen, oder durch Andere für ihre Rechnung nehmen lassen, sollen, wenn auch kein Verdacht einer Pflichtwidrigkeit vorhanden ist, um den vierfachen Betrag des Empfangenen bestraft werden.

§ 361
Waltet aber zugleich ein erheblicher Verdacht einer begangenen, oder vorgehabten Pflichtwidrigkeit ob: so hat der Beamte, außer der Geldstrafe, auch die Cassation, und im Falle einer klar erwiesenen Verletzung der Amtspflicht, überdies noch drey- bis sechsjährige Zuchthaus- oder Festungsstrafe verwirkt.

Umfassend geregelt wurde damit die sog. „passive Bestechung“,[50] das heißt die Annahme eines Vorteils *durch den Beamten*. Man unterschied dabei erstmals zwischen der „einfachen“ und der „schweren“ passiven Bestechung. Die einfache Bestechung setzte, im Gegensatz zur schweren, keine Pflichtwidrigkeit der Amtshandlung voraus, stellt also den Vorläufer zur heutigen Vorteilsannahme dar. Die Systematik der Tatbestände macht deutlich, dass § 360 ALR den Grundfall der passiven Bestechung regelte, während § 361 ALR „zugleich“ den erheblichen Verdacht einer begangenen oder vorgehabten Pflichtwidrigkeit forderte. Entsprechend sah § 361 ALR auch eine höhere Strafe für das hier verwirklichte Unrecht vor. Schon in dieser frühen Phase wurde somit das zwischen

49 Zitiert nach: *Hattenhauer*, Allgemeines Landrecht für die Preußischen Staaten, S. 687; Hervorhebung durch *Verf.*

50 Kritisch *Goltdammer*, Materialien, S. 668, der meint, § 309 sei richtigerweise lediglich als „pflichtwidrige Geschenkannahme“ zu bezeichnen.

§ 331 und § 332 StGB auch heute noch bestehende Steigerungsverhältnis[51] angelegt.

Augenfällig wurde durch das ALR allerdings nur die Variante des „Annehmens“ eines Geschenks unter Strafe gestellt. Das Fordern und Sichversprechenlassen erhielt erst durch das Einführungsgesetz zum Preußischen Strafgesetzbuch von 1843 Einzug. Nach den „Beschlüssen des Königlichen Staatsraths“ sollten in Anlehnung an das ALR folgende Regelungen getroffen werden:

> *§ 589*
> *Beamte, welche für die Ausübung ihres Amts Geschenke* ***annehmen, fordern oder sich versprechen lassen****, haben Geldbuße bis zu fünfhundert Thalern oder Gefängnisstrafe, und nach Umständen zugleich Amtsentzug verwirkt.*
>
> *§ 590*
> *Lässt aber ein Beamter gegen Gewährung oder Zusicherung von Geschenken oder anderen Vortheilen zu einer pflichtwidrigen Handlung oder Unterlassung* ***sich bereit finden****, so trifft denselben Kassation und Strafarbeit oder Zuchthaus bis zu fünf Jahren. Die Strafe ist bei der Zumessung besonders zu steigern, wenn die Handlung oder Unterlassung wirklich begangen ist.*
>
> *§ 591*
> *Derjenige, welcher einen Beamten durch Anbieten oder Gewähren von Vortheilen zu einer Handlung oder Unterlassung zu bestimmen sucht, hat im Falle des § 589 Geldbuße bis zu fünfhundert Thalern oder Gefängnis, im Falle des § 590 aber Gefängnis nicht unter acht Tagen, oder Strafarbeit oder Zuchthaus bis zu fünf Jahren, und zugleich Geldbuße von zehn bis zu tausend Thalern verwirkt. Die gegebenen Geschenke (§§ 589 und 590) sind dem Fiskus verfallen.*[52]

51 Der (neutrale) Begriff des Steigerungsverhältnisses wurde vorliegend bewusst gewählt. Zur Frage des Vorliegens eines Qualifikationsverhältnisses zwischen § 331 und § 332 StGB wird in Teil 2 dieser Arbeit Stellung genommen.

52 Hervorhebungen durch *Verf.*

Das ALR und die Vorschläge des Staatsraths waren Vorläufer des preußischen Strafgesetzbuches, welches 1851 in Kraft trat.

Eingang in den „Zwanzigsten Titel“ (Von den Verbrechen und deren Strafen) des preußischen Strafgesetzbuches von 1851 fand schließlich folgende Formulierung:[53]

> *§ 309 PrStGB*
> *„Ein Beamter, welcher für eine in sein Amt einschlagende,* ***an sich nicht pflichtwidrige Handlung*** *oder Unterlassung Geschenke oder andere Vortheile* ***annimmt, fordert oder sich versprechen lässt****, zu denen er gesetzlich nicht berechtigt ist, wird mit Geldbuße [...] oder mit Gefängnis [...] bestraft, und zu Herausgabe des Empfangenen [...] verurtheilt; es kann zugleich auf zeitige Unfähigkeit zu öffentlichen Ämtern erkannt werden“.*
>
> *§ 310 PrStGB*
> *„Ein Beamter oder Schiedsrichter, welcher für eine Handlung oder Unterlassung,* ***die eine Verletzung einer amtlichen Pflicht enthält****, Geschenke oder andere Vortheile* ***annimmt, fordert oder sich versprechen lässt****, wird mit Zuchthaus bis zu fünf Jahren bestraft und zur Herausgabe des Empfangenen [...] verurtheilt.*
>
> *Wird festgestellt, dass mildernde Umstände vorhanden sind, so soll auf Gefängnis nicht unter sechs Monaten und zugleich auf zeitige Unfähigkeit zu öffentlichen Ämtern erkannt werden“.* [54]

Während man sich im Falle der schweren passiven Bestechung (§ 310 PrStGB) über die Notwendigkeit einer Strafbarkeit einig war, da der Beamte mit einer pflichtwidrigen Entscheidung den Staatswillen verfälsche, sollte der Fall der einfachen passiven Bestechung (§ 309 StGB) nach der Vorstellung verschiedener Entwürfe von 1833 und 1836 keinen kriminellen Charakter erhalten, „weil sonst das Verbrechen eine ganz ungemessene Ausdehnung erhalten und sich auf Handlungen erstrecken würde, die gar keinen criminellen Charakter haben“.[55]

---

53 Hierzu insgesamt *Durynek*, Korruptionsdelikte, S. 28 ff.

54 Hervorhebungen durch *Verf.*

55 Siehe *Goltdammer*, Materialien, S. 669.

Schließlich habe der Beamte seine Pflichten erfüllt. Wenn ihm aber schon disziplinarrechtlich kein Vorwurf zu machen ist, wie sollte sich dann ein strafrechtlicher Vorwurf rechtfertigen lassen? Hierauf gaben die Materialien zur Antwort, nicht selten sei hinter der Annahme von Geschenken für vorzunehmende pflichtgemäße Handlungen „eine Prellerei versteckt“.[56] Die pflichtwidrigen Absichten des Beamten ließen sich hierbei oftmals nicht nachweisen. Darüber hinaus sei „zu präsümieren, ein Beamter, welcher zur Erfüllung seiner Pflichten Geld nehme, werde auch zu pflichtwidrigen Handlungen bereit sein, wenigstens sei der Schritt von dem einen zum anderen Vergehen kein sehr weiter“.[57] Die Staatsdiener sollten außerdem nicht den Eindruck erwecken, der Staat sei käuflich. Dies würde nämlich eine in zweifacher Hinsicht negative Entwicklung bedeuten: Auf der einen Seite drohe ein „Nachahmungseffekt“, der befürchten lasse, es werde nunmehr die Mehrheit der Bürger versuchen, durch Geschenke und andere Zuwendungen Einfluss auf staatliche Entscheidungen zu nehmen. Zum anderen bestehe die Gefahr einer so genannten „mangelnden Abnahmebereitschaft des Publikums“[58] mit der daraus folgenden Beeinträchtigung der Funktionsfähigkeit der Verwaltung und habe daher „einschneidende Bedeutung für die Staatsverwaltung und mithin für die Interessen der Gesamtheit“.[59]

Die Erstreckung der Strafbarkeit auch auf nicht pflichtwidrige Entscheidungen verfolgte somit mehrere Ziele: zum einen sollte präventiv verhindert werden, dass der Beamte Geschmack an dem Erhalt persönlicher Vorteile findet, sein Unrechtsbewusstsein leidet und er schließlich bereit ist, auch pflichtwidrige Entscheidungen zu treffen (sog. „Selbstkorrumpierung“ des Beamten). Zum anderen entledigte man sich so eines ungeliebten Beweisproblems. Denn oftmals bestand zwar der *Verdacht*, der Beamte missbrauche seine Stellung zu seinem persönlichen Vorteil, mangels beweisbarer pflichtwidriger Amtshandlung konnte man seiner jedoch nicht habhaft werden. Weiterhin sollte auch das Ansehen der Beamtenschaft und des Staates bei der Bevölkerung erhalten bleiben und dadurch die Akzeptanz staatlicher Entscheidungen sichergestellt werden.

§ 309 PrStGB machte außerdem klar, dass gerade die Amtsstellung des Täters Grund für die Strafbarkeit sein musste. „Allein es ist zu berücksichtigen, dass bei der Vornahme des Amtsverbrechens das Motiv eben in dem Eigennutz

56 Vgl. *Goltdammer*, Materialien, S. 669.
57 *Goltdammer*, Materialien, S. 669.
58 *Loos*, Rechtsgut, FS Welzel, S. 879 (890).
59 *V. Liszt*, Lehrbuch, S. 587.

liegt".[60] Die „Gewinnsucht"[61] eines Staatsdieners war mit der Idee des lauteren, staatstreuen Beamten nicht vereinbar. Nicht nur die Veränderung des Staatswillens, sondern auch die Ausnutzung staatlich gegebener Macht für eigene Zwecke war damit Strafgrund der Bestechungsdelikte.[62] Ausdruck dieser Gewinnsucht war nicht zuletzt auch das „Fordern" eines Vorteils, welches konsequent unter Strafe gestellt wurde.[63] Während § 360 des ALR nämlich nur das „Annehmen" eines Vorteils erfasste,[64] sollte nunmehr auch das Sichversprechenlassen oder Fordern eines Vorteils die Strafbarkeit begründen.[65] Vom Beamten wurde damit nicht nur verlangt, sich äußerer Angriffe auf seine Integrität zu erwehren, er sollte schon gar nicht selbst hierzu auffordern. Mit dem Fordern oder Sichversprechenlassen war die Strafbarkeit bereits begründet. Einer reellen Bewirkung der Zuwendung bedurfte es damit für eine Strafbarkeit nicht mehr.[66]

Damit unterschied sich der Straftatbestand deutlich von einem gravierenden Disziplinarvergehen, welches das Unrecht lediglich als eine Verletzung einer dem Staat geschuldeten Dienstpflicht definierte.[67]

Strafbarkeit des Vorteilsgebers

Dass die Unrechtsvereinbarung entscheidender Strafgrund im Rahmen der Bestechungsdelikte ist, zeigt auch die Einführung der Strafbarkeit des Vorteilsgebers. Damit wurde nicht mehr länger nur das Handeln des Beamten (als durch seine Amtsträgereigenschaft besonders zur Lauterkeit Verpflichtetem) als verwerflich angesehen, sondern der Vorgang der *Vereinbarung* zwischen Amtsträger und Bürger gab den Ausschlag für die Strafbarkeit.

Schon früh stand fest, dass es sich bei der aktiven und passiven Bestechung um „zusammengehörige Vergehen" handelte, aber es „an einer allgemeinen Strafvorschrift über die aktive Bestechung […] bisher [fehle]".[68] Dabei bereitete die strafrechtliche Erfassung der Teilnahme eines Nichtamtsträgers an einer Be-

60 *Goltdammer*, Materialien, S. 673.
61 *Goltdammer*, Materialien, S. 673.
62 Zur „Neubestimmung des Schutzgutes" auch *Lüpkes*, Verbrechen der Diener des Staats, S. 136ff.
63 Hierzu *Goltdammer*, Materialien, S. 671f.
64 Hierzu *Goltdammer*, Materialien, S.67.
65 „Entwurf des Strafgesetzbuchs für die Preußischen Staaten, nach den Beschlüssen des Königlichen Staatsraths", § 589.
66 *Goltdammer*, Materialien, S.671.
67 Dazu *Geerds*, Bestechungsdelikte, S. 42.
68 *Goltdammer*, Materialien, S. 674.

stechung oder Vorteilsannahme nach der Einführung des Standesstrafrechts durchaus Probleme.[69] Nach den Regeln über die sog. notwendige Teilnahme[70] ergab sich für den Vorteilsgeber keine Strafbarkeit. Man ging davon aus, dass zwei „sich begegnende und im Zusammentreffen, nämlich im Abschluss der rechtswidrigen Übereinkunft, sich vereinende Tätigkeiten je eines Subjekts" vorliegen, „welche im Zusammenfluss den Tatakt *eines* unteilbaren Deliktes bilden".[71] Strafgrund war jedoch letztlich die qualifizierte Verantwortlichkeit des Amtsträgers, der damit allein der Strafbarkeit unterlag.[72] Teilweise wurden Formulierungen wie: „wer die Absicht hat, den Amtsträger [...] zu verleiten" oder „wer ihn zu bestimmen sucht" vorgeschlagen.[73] Hierdurch kam jedoch das eigene Unrecht der Tat des Vorteilsgebers nicht ausreichend zum Ausdruck. In § 311 PrStGB wurde daher erstmals die *aktive* Bestechung geregelt:

> ***§ 311 [Schwere aktive Bestechung]***
> *Wer durch Anbieten, Versprechen oder Gewähren von Geschenken oder anderen Vortheilen einen Beamten [...] zu einer Handlung oder Unterlassung, die eine Verletzung einer amtlichen Pflicht enthält, bestimmt oder zu bestimmen versucht, wird mit Gefängniß bestraft.*

Über die Verwerflichkeit aufgrund der Amtsstellung des Täters hinaus sollte so die des gegenseitigen Zusammenwirkens selbst als strafbegründendes Merkmal herausgestellt werden.[74] Hierzu musste der Anwendungsbereich der Bestechungsdelikte über die Sphäre des Amtsträgers hinaus auch auf den Bürger ausgedehnt werden. Wer die staatlichen Würdeträger zu instrumentalisieren suchte, um Entscheidungen zu erwirken, die ihm nicht zustanden, machte sich strafbar. Dies beschränkte sich allerdings vorerst nur auf die Gewährung eines Vorteils

---

69 Hierzu *Lüpkes*, Verbrechen der Diener des Staates, S. 54ff.

70 Unter einer notwendigen Teilnahme versteht man die Teilnahme an einem Delikt eines anderen, welches so ausgestaltet ist, dass seine Verwirklichung die Mitwirkung mindestens einer weiteren Person voraussetzt. Der Teilnahme bleibt nach diesen Grundsätzen straffrei, soweit sein Beitrag nicht über das zur Teilnahme Erforderliche hinausgeht. *Sowoda,* notwendige Teilnahme, 1992, bezeichnet die Grundsätze der notwendigen Teilnahme daher als „funktionales Privilegierungsmodell".

71 *Olshausen*, Kommentar zum StGB, § 331 Nr. 1.

72 Vgl. *Lüderssen*, Strafgrund der Teilnahme, S. 137; *Klesczewski*, Akzessorietät, S.40.

73 *Goltdammer*, Materialien S. 675.

74 *Stock*, Amtsverbrechen, S. 178.

für eine die Dienstpflichten verletzende Amtshandlung. Wie sich aus dem Fehlen einer Spezialregelung sowie aus § 331 Abs. 2 PrStGB[75] ergab, blieb die sog. „einfache, aktive Bestechung“ vorerst straffrei.

III. Das Strafgesetzbuch für das Deutsche Reich (RStGB 1871)

Das Preußische Strafgesetzbuch diente dem Strafgesetzbuch für den Norddeutschen Bund[76] als Vorbild, welches am 15. Mai 1871 redaktionell überarbeitet und erneut publiziert wurde.[77] Der Norddeutsche Bund ging im Deutschen Reich auf. Alle damit zusammenhängenden Bezeichnungen wurden geändert und es entstand das „StGB für das Deutsche Reich“ (RStGB). Die in das Strafgesetzbuch für den Norddeutschen Bund und damit schließlich auch die in das RStGB 1871 eingeführten Regelungen zur Bestechung/Bestechlichkeit ähnelten in Wortlaut und Struktur bereits der heutigen Fassung der Bestechungsdelikte.

§ 331 lautete:

> *„Ein Beamter, welcher für eine in sein Amt einschlagende, an sich nicht pflichtwidrige Handlung Geschenke oder andere Vortheile annimmt, fordert oder sich versprechen lässt, wird mit Geldstrafe oder mit Freiheitsstrafe bis zu sechs Monaten bestraft“*

§ 332 bestimmte:

> *„Ein Beamter, welcher für eine Handlung, die die Verletzung einer Amts- oder Dienstpflicht enthält, Geschenke oder andere Vortheile annimmt, fordert oder sich versprechen lässt, wird wegen Bestechung mit Zuchthaus bis zu fünf Jahren bestraft.*
> *Sind mildernde Umstände vorhanden, so tritt Gefängnisstrafe ein“.*

---

75 **§ 331 Abs. 2 PrStGB:** „Nehmen Personen, welche keine Beamte sind, an einem der in diesem Titel bezeichneten Verbrechen oder Vergehen Theil, so sollen, soweit keine Ausnahmen bestimmt sind, die allgemeinen Grundsätze über Theilnahme gelten. **Auf den in § 309 vorgesehenen Fall findet diese Bestimmung keine Anwendung**.“ Die Vorschrift regelt damit ausdrücklich die Straflosigkeit desjenigen, der an der Vorteilsannahme teilnimmt.

76 Vom 31. Mai 1870 RGBl I, S. 197.

77 RGBl I 1871, S. 127.

Ähnlich wie schon bei seiner Einführung, stand der Straftatbestand der einfachen passiven Bestechung (§ 331 PrStGB) auch jetzt in der Kritik, da er als eine „bedenkliche Ausdehnung des kriminellen Gebiets“[78] empfunden wurde. Der Gesetzgeber selbst räumte ein, die Bestimmungen des PrStGB, an die sich die Neufassung anlehnte, sei „am meisten von dem Geiste einer ganz besonders großen Strenge durchdrungen“.[79] Er erkannte sogar „eine so große Härte [...], dass auch der pflichttreue Beamte leicht einer Verletzung des Gesetzes geziehen werden und damit dem Strafrichter verfallen könne“.[80] Trotzdem wurde der entsprechende Titel des Preußischen Gesetzbuches beinahe unverändert und kaum abgemildert übernommen. „Bestimmend hierbei war, dass das Preußische Strafgesetzbuch bei seinen Vorschriften über Beamtenverbrechen von dem gesetzgeberisch unzweifelhaft richtigen Gedanken ausgeht, dass, wer als Beamter ein Verbrechen verübt, nicht bloß die allgemeine staatsbürgerliche Pflicht, den Gesetzen zu gehorchen, verletze, dass vielmehr die Stellung des Beamten diesem noch besondere Pflichten auferlege, welche durch die Begehung von strafwürdigen Handlungen mit verletzt würden, und dass darum, wenn diejenigen, die als Wächter der Gesetze bestellt seien, welche also vor Allen die Gesetze als Heilig zu halten haben, gegen dieselben frevelten, die zu treffende Ahndung eine um Vieles strengere sein müsse als die, welche alle Übrigen zu treffen habe“.[81] Zur Rechtfertigung der Übernahme der Regelungen aus dem PrStGB führten die Motive außerdem an, das Norddeutsche Strafgesetzbuch dürfe auch nicht den Schein aufkommen lassen, „als ob die öffentlichen Ämter und ihre Träger in den übrigen Gebieten des Norddeutschen Bundes eine Strenge nicht zu ertragen vermöchten, unter welcher bisher die Ämter in Preußen gestanden, und unter deren Herrschaft die Verwalter jener Ämter, von verschwindend kleinen Ausnahmen abgesehen, ihre Amtspflichten zum Wohle und Besten des Landes auszuüben verstanden haben“.[82] Die Übernahme der Korruptionstatbestände aus dem PrStGB sollte damit auch der Beweis dafür sein, an welch harten Bedingungen sich die Beamtenschaft messen konnte. Die hohen Anforderungen, die

78 Hierzu *Rüdorff*, StGB für das Deutsche Reich, § 331 Nr. 3.
79 Strafgesetzbuch-Entwurf S. 145, zitiert nach *Rubo*, Strafgesetzbuch für das Deutsche Reich, S. 984.
80 Strafgesetzbuch-Entwurf S. 145, zitiert nach *Rubo*, Strafgesetzbuch für das Deutsche Reich, S. 984.
81 Strafgesetzbuch-Entwurf S. 145, zitiert nach *Rubo*, Strafgesetzbuch für das Deutsche Reich, S. 985.
82 Strafgesetzbuch-Entwurf S. 145, zitiert nach *Rubo*, Strafgesetzbuch für das Deutsche Reich, S. 985.

das Strafrecht an die Beamten stellte, sollten Beweis für deren Integrität erbringen. Die besondere Stellung des Amtsträgers wurde damit erneut ausdrücklich zum entscheidenden Strafgrund der Bestechungsdelikte erklärt.

Daneben wurde auch die Entwicklung, die aktive Beeinflussung des Beamten als eigenständiges Unrecht des Vorteilsgebers zu verstehen, fortgesetzt. Spiegelbildlich zu § 332 RStGB regelte § 333 RStGB die Strafbarkeit desjenigen, der den Amtsträger vermittels Geschenken zu einer seine Amts- oder Dienstpflichten verletzenden Handlung bestimmte. Dies geschah, weil in der Handlung des Gebenden oder Versprechenden „kein von der strafbaren Handlung zu trennender Akt der Anstiftung oder Beihülfe" vorliege und die aktive Bestechung damit als eigenständiges Unrecht verstanden werden sollte.[83] Konsequent wurde auch § 331 Abs. 2 des PrStGB, welcher sich auf die Teilnahmestrafbarkeit bezog, aus dem Entwurf gestrichen und nicht ins StGB für das Deutsche Reich übernommen.[84]

Die sog. „einfache, aktive Bestechung" – also die Verleitung des Beamten zu einer in sein Amt einschlagenden Handlung ohne das Erfordernis der Pflichtwidrigkeit dieser Handlung – blieb jedoch bis auf die Ausnahme der Richterbestechung in § 334 Abs. 2 RStGB weiterhin straffrei.[85] Ein Grund hierfür ergibt sich aus der Begründung zum Gesetzesentwurf zum späteren EGStGB von 1974 und wurde darin gesehen, „dass in der Allgemeinheit die Anschauung sehr verbreitet [sei], in der Gewährung eines Vorteils für eine ordnungsgemäße Handlung sei nichts Verfängliches, sondern nur ein Akt des Wohlwollens oder der Dankbarkeit zu erblicken, so dass nicht verstanden würde, wenn man ein solches Verhalten allgemein unter Strafe stellen würde".[86]

IV. EGStGB 1974

Der *Wortlaut* der Bestechungsdelikte blieb von 1871 bis zur Verabschiedung des EGStGB 1974 nahezu unverändert. Aufgrund der veränderten politischen und gesellschaftlichen Gegebenheiten sah sich der Gesetzgeber im Jahre 1974 je-

---

83 *Rüdorff*, StGB für das Deutsche Reich, § 331 Nr. 6.

84 Hierzu *Rüdorff*, StGB für das Deutsche Reich, § 331 Nr. 3.

85 § 334 Abs. 2 RStG bestimmte die Strafbarkeit desjenigen, der einem Richter, Schiedsrichter, Geschworenen oder Schöffen Geschenke oder andere Vorteile anbietet, verspricht oder gewährt, um eine Rechtssache, deren Leitung oder Entscheidung diesem obliegt, zu Gunsten oder zum Nachteil eines Beteiligten zu leiten oder zu entscheiden. Dabei konnten die richterlichen Entscheidungen sich schließlich pflichtwidrig oder pflichtgemäß darstellen.

86 BT-Drucks. 7/550 S. 274.

doch schließlich gezwungen, den Tatbestand anzupassen.[87] Zahlreiche Änderungen und Ergänzungen sollten der Korruptionsverhütung,[88] sowie der Klarheit und Übersichtlichkeit der Vorschriften dienen.[89]

In enger Anlehnung an die §§ 460 bis 466 E 1962 wurden die bis dahin im Wesentlichen unverändert gebliebenen §§ 331 bis 335a des RStGB durch Art. 18 Nr. 171 EGStGB neu gefasst.[90] Die „Vorteilsannahme" (§ 331) ersetzte die „einfache passive Bestechung" des geltenden Rechts, die „Bestechlichkeit" (§ 332) die „schwere passive Bestechung".[91] § 334 regelte die „Bestechung" im Sinne der bisherigen „schweren aktiven Bestechung".[92] Im Rahmen des Wortlauts ergab sich als entscheidende Veränderung die Einführung des Erfordernisses einer Gegenleistung. Wo vorher der Vorteil „für" eine in das Amt einschlagende Handlung gewährt werden musste, forderte das Gesetz nun ausdrücklich eine „Gegenleistung". Dies sollte verdeutlichen, dass das Gesetz nicht jeden Kausalzusammenhang zwischen Vorteil und Gegenleistung für eine Strafbarkeit ausreichen ließ, sondern auf das Verhältnis von Leistung und Gegenleistung, das „do ut des"[93] bzw. des „do quia dedisti"[94] abstellt.[95] Auf diese Weise wurden Leistungen ausgeschieden, die in keinem inneren Zusammenhang zum Vorteil standen; Fälle also, in denen das notwendige „Beziehungsverhältnis" zwischen Vorteil und Diensthandlung nicht gegeben ist. Dieses Verhältnis wird allgemein als „Unrechtsvereinbarung"[96] bezeichnet und stellt bis heute den „Kern der Bestechungsdelikte"[97] dar. Die klare Formulierung des Gesetzgebers von 1975, der Vorteil müsse sich „als Gegenleistung" für die Dienstausübung darstellen, korrespondierte mit der Vorstellung, Ziel des Gesetzes sei die Verhinderung der Käuflichkeit der Diensthandlung und der Beeinflussung des Beamten und stellte

87 BT-Drucks. 7/550 S. 269. Die Bestechungstatbestände des Strafrechts wichen in gewichtigen Punkten von den moderneren Vorschriften der „Bestechungsverordnung" ab. Man befürchtete eine „Rechtszersplitterung".

88 Insbesondere die Einführung des § 331 Abs.1, BT-Drucks. 7/550, S. 274.

89 BT-Drucks. 7/550 S. 270.

90 BT-Drucks. 7/550 S. 31f., 269ff; dazu *Sturm*, JZ 1975, 6 (13f.)

91 BT-Drucks. 7/550 S. 31f., 270ff.

92 BT-Drucks. 7/550 S. 31f., 275ff.

93 „Ich gebe, damit Du gibst".

94 „Ich gebe, weil Du gegeben hast".

95 BT-Drucks. 7/550 S. 271; *Sturm*, JZ 1975, 6 (13).

96 Zu dem Begriff ausführlich Teil 3 III.

97 BGHSt 39, 45; BGHSt 33, 336 (339); *Wessels/Hettinger*, Strafrecht BT 1, Rn. 1116; *Möhrenschlager*, JZ 1996, 822 (825); *Ambos*, JZ 2003, 345 (349); *König*, DRiZ 357 (359); *Korte,* MK-StGB, § 331 Rn. 93; *Heine,* Schönke/Schröder, Strafgesetzbuch, § 331 Rn. 26.

keine Veränderung im Verständnis der Vorschrift, sondern eine Klarstellung dar.[98]

Einführung des § 333 StGB

Eine gravierende Neuerung war die Einführung des § 333 StGB. Mit dem Straftatbestand der Vorteilsgewährung wurde die bisher nur bei Taten gegenüber dem Richter im Zusammenhang mit dem Vorwurf der Rechtsbeugung strafbare, einfache aktive Bestechung unter Strafe gestellt.[99] Der Gesetzgeber rückte damit von seiner Überzeugung, in der Gewährung eines Vorteils für eine pflichtgemäße Handlung sei nichts Verfängliches, sondern nur ein Akt des Wohlwollens und der Dankbarkeit zu erblicken, zwar nicht vollständig ab, gestattete aufgrund der Beobachtung der Gewährung hoher Zuwendungen in der Praxis aber Ausnahmen.[100] Vorteile für im Ermessen des Amtsträgers stehende, *zukünftige* Handlungen von Amtsträgern, Soldaten oder besonders Verpflichteten sollten nach der nun geltenden Fassung des Tatbestands der Strafbarkeit unterfallen. Ausnahmslos straffrei blieben hingegen Fälle, in denen sich der Vorteil auf eine vergangene (pflichtgemäße) Amtshandlung bezog. Der Gesetzgeber unterstrich damit ein weiteres Mal, dass es sich bei den Bestechungsdelikten nicht um einseitig durch den Staatsdiener zu verwirklichendes Unrecht handelt. Das Signal der Strafbarkeit galt vielmehr auch der Bevölkerung. Neben dem Normbefehl an den Beamten: „Du sollst Dich nicht durch Zuwendungen beeinflussen lassen", lautete dieser für den Bürger: „Du sollst keinen Beamten durch Zuwendungen beeinflussen". Staatliche Entscheidungen sollten frei von äußeren Einflüssen ergehen. Dies setzt einmal voraus, dass der Entscheidungsträger die Entscheidung unbeeinflusst trifft; aber auch, dass der Entscheidungsadressat diese empfängt, ohne sie, durch unzulässige Mittel, zu seinen Gunsten ändern zu wollen.

Das „Wesen der strafbaren Handlung" war folglich, wie von *Rohde-Ziegler*[101] definiert, „nicht nur ein Vergehen gegen die Dienstpflicht des Beamten; es liegt auch nicht etwa in der Ausbeutung der Mitbürger. Grund der Bestrafung ist vielmehr die Herabwürdigung der Staatsgewalt, deren Ausübung infolge der Tat als eine Dienstleistung gegenüber dem Geschenkgeber erscheint, und die allgemeine Gefährdung der Amtsausübung, die unbeeinflusst durch nichtsachli-

98 BT-Drucks. 7/550 S. 269.
99 Siehe Fn. 90.
100 BT-Drucks. 7/550 S. 274.
101 *Rohde-Ziegler*, LK-StGB (6. und 7. Auflage), § 331 Rn. 3.

che Rücksichten erfolgen soll".[102] Durch solches Handeln werde der „Gang der Staatsverwaltung bedroht".[103] Auch Binding[104] sah schon in § 331 „weniger ein Gesetz gegen die Ausbeutung von Untertanen als ein Polizeigesetz im Interesse ordnungs- und gleichmäßiger Funktion der Staatsgewalt". Ähnlich bestimmt auch *Geerds* den Schutzgehalt der Bestechungsdelikte und fasst für § 331 StGB zusammen: „Du sollst als Beamter nicht eigennützig handeln und dadurch generell die verwaltende Staatstätigkeit gefährden".[105] Für § 333 StGB ergibt sich entsprechend: „Du sollst die verwaltende Staatstätigkeit nicht dadurch gefährden, dass Du den Eigennutz eines Beamten zu missbrauchen suchst, um ihn zu [...] verleiten".[106] Den Gedanken vom „Eigennutz eines Beamten" nutzt *Binding* zu einer weiteren Betrachtung: Er sieht ein weiteres Risiko der Bestechung in der Selbstkorrumpierung des Beamten. Die Annahme von Vorteilen für eine erlaubte Amtshandlung sei „unendlich oft nur die Vorstufe für die passive Bestechung".[107] Hiermit greift *Binding* schließlich einen bereits früher (insbesondere zum preußischen Recht) vertretenen Gedanken auf.[108]

Strukturänderung

Die Bestechungsdelikte erhielten außerdem eine neue Struktur. §§ 331 und 332 regelten nunmehr die Strafbarkeit des Vorteilnehmers, §§ 333 und 334 die des Vorteilgebers. § 333 und § 334 wurden allerdings nicht vollständig parallel zu §§ 331 und 332 konzipiert. Während nämlich § 334 spiegelbildlich alle Konstellationen des § 332 erfasste - im Gegensatz zum bisherigen Recht wurde in § 334 Abs. 1 auch die Gewährung eines Vorteils als Gegenleistung für eine bereits *begangene* (d.h. in der Vergangenheit vorgenommene) pflichtwidrige Diensthandlung unter Strafe gestellt, was eine Erweiterung des Anwendungsbereichs bedeutete - wurden von § 333 nur *künftige*, im Ermessen des Amtsträgers stehende, Diensthandlungen mit Strafe bedroht.

---

102 *Rohde-Ziegler*, LK-StGB (6. und 7. Auflage), § 331 Rn. 3.
103 *V. Liszt*, Lehrbuch, S. 584; so auch *Schröder*, GA 1961, 289 (291).
104 *Binding*, Lehrbuch BT, S. 731.
105 *Geerds*, Bestechungsdelikte, S. 55.
106 *Geerds*, Bestechungsdelikte, S. 59.
107 *Binding*, Lehrbuch BT, S. 731.
108 Teil 2 A. II.

§ 331 Abs. 1
„Ein Amtsträger oder ein für den öffentlichen Dienst besonders Verpflichteter, der einen Vorteil als Gegenleistung dafür fordert, sich versprechen lässt oder annimmt, dass er eine Diensthandlung vorgenommen hat oder künftig vornehme, wird mit Freiheitsstrafe bis zu einem Jahr oder mit Geldstrafe bestraft".

§ 332 Abs. 1
„Ein Amtsträger oder ein für den öffentlichen Dienst besonders Verpflichteter, der einen Vorteil als Gegenleistung dafür fordert, sich versprechen lässt oder annimmt, dass er eine Diensthandlung vorgenommen hat oder künftig vornehme und dadurch seine Dienstpflichten verletzt hat oder verletzen würde, wird [...] bestraft".

§ 333 Abs. 1
„Wer einem Amtsträger, einem für den öffentlichen Dienst besonders Verpflichteten [...] als Gegenleistung dafür, dass er eine ***in seinem Ermessen*** *stehende Diensthandlung* ***künftig*** *vornehme, einen Vorteil anbietet, wird [...] bestraft".*

§ 334 Abs. 1
„Wer einem Amtsträger, einem für den öffentlichen Dienst besonders Verpflichteten [...] einen Vorteil als Gegenleistung dafür anbietet, verspricht oder gewährt, dass er eine Diensthandlung vorgenommen hat oder künftig vornehme und dadurch seine Dienstpflichten verletzt, wird [...] bestraft".

Akzentverschiebung „nach außen"

Darüber hinaus wurde mit dem EGStGB die Vorschrift des § 332 Abs. 3 StGB eingeführt. Hierin heißt es:

„Falls der Täter den Vorteil als Gegenleistung für eine künftige Handlung fordert, sich versprechen lässt oder annimmt, so sind die Absätze 1 und 2 schon dann anzuwenden, wenn er sich dem anderen gegenüber bereit gezeigt hat,

1.bei der Handlung seine Pflichten zu verletzen oder,

2. soweit die Handlung in seinem Ermessen steht, sich bei Ausübung des Ermessens durch den Vorteil beeinflussen zu lassen."

Hiernach genügt es, wenn der Täter sich gegenüber dem Vorteilsgeber zu einer Pflichtwidrigkeit lediglich *bereit gezeigt* hat. Es kommt insoweit also nur auf die Unrechtsvereinbarung an; ob der Täter sich insgeheim vorbehält, nicht pflichtwidrig zu handeln, ist unerheblich (Problematik des sog. „inneren Vorbehalts“).[109] Diese Haltung des Gesetzgebers zur Frage des inneren Vorbehalts läutete auch im Hinblick auf das Verständnis der Bestechungsdelikte insgesamt eine Akzentverschiebung ein. Wo vorher noch die Staatswillenverfälschung, die Selbstkorrumpierung des Beamten und die generelle Ausnutzung staatlicher Macht im Mittelpunkt standen, wurde nunmehr auch der Aspekt der Außenwirkung berücksichtigt. Indes war dies keine originäre Idee des Gesetzgebers, sondern wurde bereits im Jahre 1906 durch das Reichsgericht entwickelt und später im Rahmen der Diskussion um das Rechtsgut der Bestechungsdelikte durch den BGH aufgegriffen und weiterentwickelt. In dieser grundlegenden Entscheidung zur Bestechlichkeit aus dem Jahre 1960 vertrat der BGH die Ansicht, der „innere Vorbehalt“ des Beamten schütze nicht vor einer Strafbarkeit. [110] Zur Begründung führte er aus: „Die Makellosigkeit des Amtes nach außen soll gesichert werden; mit der Ehrenhaftigkeit und vor allem Unbestechlichkeit des Beamten soll die Grundlage für das Vertrauen der Bevölkerung erhalten werden, dessen die Staatsverwaltung für eine gedeihliche Wirksamkeit bedarf“.[111] Der BGH stellte hinsichtlich dieses Vertrauens klar, es werde „schon erschüttert, wenn auch nur der Anschein der Käuflichkeit für pflichtwidrige Handlungen erzeugt wird“.[112] Eben deshalb solle „es genügen, dass sich der Beamte als käuflich gibt oder hinstellt, mag er sich insgeheim vornehmen, die pflichtwidrige Handlung nicht zu begehen“. Damit wurde über die Verfälschung des Staatswillens und der Herabwürdigung staatlicher Entscheidungen zu bloßen Dienstleistungen hinaus das „Vertrauen der Allgemeinheit“ mit in die Betrachtung einbezogen.

Dabei war der Aspekt der „Außenwirkung“ des tatbestandlichen Unrechts – wie bereits angedeutet – kein grundlegend neuer Ansatz des BGH, sondern wur-

---

109 *Fischer*, StGB, § 332 Rn. 12 unter Hinweis auf BGHSt 15, 88ff. sowie BGHSt 48, 44, 46ff, hierzu ausführlich Teil 3 B. II. 3.

110 BGHSt 15, 88ff.

111 BGHSt 15, 88 (96f.).

112 BGHSt 15, 88 (97).

de erstmals – und vom BGH in Bezug genommen –[113] 1906 durch das Reichsgericht erwähnt. [114] Dieses stellte fest, der Zweck des Gesetzes sei, „die Makellosigkeit des Amtes nach außen zu sichern und insbesondere der Käuflichkeit von Amtshandlungen durch Androhung schwerer strafgerichtlicher Folgen entgegenzutreten“.[115] Eine ernst zu nehmende Auseinandersetzung mit dieser Sichtweise entwickelte sich jedoch erst nach der BGH-Entscheidung 1960 und wurde schließlich mit der Einführung des § 332 Abs. 3 StGB durch den Gesetzgeber 1974 aufgegriffen.

V. Das Gesetz zur Bekämpfung der Korruption 1997

Gravierende Änderungen erfuhren die Bestechungstatbestände schließlich durch das am 20.08.1997 in Kraft getretene Gesetz zur Bekämpfung[116] der Korruption.[117]

1. Die Ausgangssituation und grundsätzliche Überlegungen

In Folge einer Reihe Aufsehen erregender Bestechungsfälle in der öffentlichen Verwaltung befürchtete der Gesetzgeber, organisierte Kriminalität könne mit Hilfe korruptiver Mittel in staatliche Strukturen und die Wirtschaft eindringen.[118] Vor allem im Rahmen von Ausschreibungen der öffentlichen Hand, hier insbesondere bei der Vergabe öffentlicher Bauaufträge[119] sowie bei der Erteilung von Konzessionen, Genehmigungen und Erlaubnissen,[120] kam es zu einem besorgniserregenden Anstieg hoher finanzieller Zuwendungen.[121] Es werde in

113 BGHSt 15, 88ff.
114 RGSt 39, 193ff.
115 RGSt 39, 193 (201).
116 Zum Begriff *Hettinger*, NJW 1996, 2263 (2264f.); *Dölling* verwendet in seinem Gutachten C zum 61. Deutschen Juristentag S. C 6 den Begriff der „Eindämmung“.
117 Gesetz vom 13.08.1997, BGBl I 1997, 2038.
118 BT-Drucks. 13/4118; *Kargl*, JZ 2005, 503 (506); zur gesamten Entwicklung und den Zahlen im Einzelnen *Dölling*, Gutachten C 61. DJT, S. C 13ff; C 21ff; kritisch *Hettinger*, NJW 1996, 2263 (2265f.); Fallschilderungen aus der Praxis bei *Bannenberg/Schaupensteiner*, Korruption in Deutschland, S. 100ff.
119 *Dölling*, Gutachten C 61. DJT, S. C 21; *Schaupensteiner*, NStZ 1996, 409 (411); kritisch zur Einordnung korruptiver Praktiken im Rahmen des Bauwesens in den Bereich der organisierten Kriminalität *Ransiek*, StV 1996, 446 (447).
120 Dazu *Möhrenschlager*, JZ 1996, 822.
121 BT-Drucks. 13/3353, S.8; *Dölling*, Gutachten C 61. DJT, S. C 21; *Schaupensteiner*, Kriminalistik, S. 507.

besonderem Maße und mit System das Vertrauen der Rechtsgemeinschaft in die Integrität der öffentlichen Verwaltung erschüttert.[122]

In den Augen einiger Autoren und auch der Bundesregierung würde bei einem Fortgang dieser Entwicklung Korruption bald „nur noch als Kavaliersdelikt oder gar als unverzichtbarer Bestandteil unternehmerischen Handelns angesehen [...] werden und die Ausnutzung von Gesetzeslücken bis hin zum kalkulierten Rechtsverstoß [...] kaum noch als anstößig empfunden".[123] Korruptives Handeln gerate in der Folge zu einer „ernsten Bedrohung der moralischen Grundlagen unserer Gesellschaft" und führe mit an Sicherheit grenzender Wahrscheinlichkeit zu einer „dramatischen Häufung der Fälle von Bestechung".[124] Daneben bestehe die Gefahr eines hohen volkswirtschaftlichen Schadens[125] sowie die eines Autoritätsverlustes des Staates, der plötzlich nicht mehr souverän, sondern käuflich erscheine. Weil im Falle der Korruption für gewöhnlich zwei Parteien einvernehmlich zum gegenseitigen Vorteil zusammenwirken, gebe es im Regelfall kein Opfer, welches den Fall öffentlich macht.[126] Im Hintergrund und unter dem Deckmantel der Heimlichkeit entwickelten sich daher Strukturen, die denen der organisierten Kriminalität sehr nahe kämen.[127]

Der Verdacht eines eintretenden „Wertewandels"[128] ließ den Eindruck entstehen, Korruption werde in einigen Bereichen systematisch und unter Verwendung ungleich höherer Zuwendungen als noch in den 60er Jahren betrieben. Den

---

122 BT-Drucks. 13/3353 S. 1; dazu insgesamt *Hettinger*, NJW 1996, 2263.

123 BT-Drucks. 13/617, S.1.

124 BT-Drucks. 13/ 617, S.1.

125 *Dölling*, Gutachten C 61. DJT, S. 25ff; *Pfeiffer*, NJW 1997, 782; BT-Drucks. 13/3353 S. 1.

126 *Dölling*, Gutachten C 61. DJT S. 8 spricht von „Delinquenz mit geringer Sichtbarkeit"; UNCAC and Development Cooperation – Corruption Prevention by more efficient law enforcement? S. 5 spricht von "victimless and secret".

127 BT-Drucks. 13/4118, S. 1; *Kargl*, JZ 2005, 503 (506); *Bannenberg/Schaupensteiner,* Korruption in Deutschland, S. 100 ff.; *Möhrenschlager*, JZ 1996, 822; *König*, DRiZ 1996, 357 (358).

128 *Bauer/Gmel*, LK-StGB, Nachtrag zu §§ 331-338 Rn. 17; *Schaupensteiner*, NStZ 1996, 409 (410); BT-Drucks. 13/617, Antrag einzelner Abgeordneter und der Fraktion Bündnis 90/Die Grünen, die einen Handlungsbedarf ob der Tatsache ausmachten, dass die Ausnutzung von Gesetzeslücken bis hin zum kalkulierten Rechtsverstoß heute vielfach kaum noch als anstößig empfunden wird; das Problem des Wertewandels ist allerdings nicht neu: einen solchen unter Beamten beklagend schon *Fuhrmann*, GA 1959, 97; zum „Aufkommen eines Wertesystems" *Bannenberg/Schaupensteiner*, Korruption in Deutschland, S. 207; *Ostendorf*, NJW 1999, 615 diagnostiziert auch nach erfolgter Gesetzesänderung eine „pharisäerhafte Einstellung".

Staatsdienern wurde die Entwicklung einer „pharisäerhaften Einstellung"[129] nachgesagt und es galt, dem Bürger nicht den Eindruck zu vermitteln, der Staat sei käuflich. Durch die rege Berichterstattung der Medien kam es flankierend zu einer Sensibilisierung einer breiten Öffentlichkeit für die Problematik; die Strafandrohungen der §§ 331 bis § 334 StGB wurden zunehmend als zu niedrig angesehen.[130] Man wollte sich außerdem vor möglichen volkswirtschaftlichen Schäden schützen.[131]

Anlässlich eines solchen Stimmungsbildes erschien es kriminalpolitisch notwendig, „das Vertrauen der Bürger in die Integrität des Staates als einer der Eckpfeiler unserer Gesellschaft" auch in Zukunft sicherzustellen.[132] Es mussten nach Ansicht der Politik alle Anstrengungen unternommen werden, „um Korruption in jeder Form vorzubeugen und Korruptionsfälle wirksam zu bekämpfen".[133] Bereits im Vorfeld tatsächlicher Einflussnahme sei der böse Schein der Käuflichkeit zu vermeiden.[134] Es sollte ein korruptionsfeindliches Klima geschaffen werden, in dem klar gemacht wurde, dass jegliche Annahme einer Zuwendung auch für eine nicht näher konkretisierte Gegenleistung bereits eine Strafbarkeit zur Folge haben kann.

Vor allem der Prozess der subtilen Einflussnahme auf den Beamten im Vorfeld zu einem tatsächlichen Verwaltungshandeln sollte unterbunden werden. Nachdem, etwa durch sog. „Streugeschenke", versucht wurde, für eine Beeinflussung empfängliche und weniger empfängliche Beamte zu sondieren, wird hierbei in einer nachfolgenden Phase des „Anfütterns" der Wert der Zuwendungen stetig erhöht, um zum einen dem jeweiligen Beamten ein Gefühl der Abhängigkeit zu vermitteln, um ihn so bei einer anstehenden Entscheidung unter Druck zu setzen, zum anderen um sich den Beamten geneigt zu machen und ein positives Klima zu erzeugen (sog. „Klimapflege").[135] Von der bisherigen Fassung der Bestechungsdelikte wurden diese Fälle nicht erfasst. Denn es bedurfte unter diesen für eine Strafbarkeit der Verknüpfung eines Vorteils mit einer zu-

129 *Ostendorf*, NJW 1999, 615.
130 BT-Drucks. 13/3353, S. 8.
131 *Dölling*, Gutachten C 61. DJT, S. C 25ff; *Pfeiffer*, NJW 1997, 782; *Schaupensteiner*, NStZ 1996, 409 (411) Fn. 13.
132 BT-Drucks. 13/6424 S. 1; BT-Drucks. 13/5584 S. 1.
133 BT-Drucks. 13/6424 S. 1; BT-Drucks. 13/5584 S. 1.
134 *Bauer/Gmel*, LK-StGB, Nachtrag zu §§ 331-338 Rn. 9; *Korte*, NStZ 1997, 513 (514).
135 *Dölling*, Gutachten C für den 61. Deutschen Juristentag, C 22; zu den einzelnen Erscheinungsformen der Korruption auch *Bannenberg* in: *Claussen/Ostendorf*, Korruption im öffentlichen Dienst, S. 57ff.

mindest konkretisierbaren Gegenleistung zu einer sog. Unrechtsvereinbarung. Selbst wenn aber ein solcher Bezug nahe lag, konnte ein hinreichend sicherer Nachweis in der Praxis oftmals nicht geführt werden.[136] Das gleiche Problem bestand im Rahmen der soeben dargelegten Klimapflege und dem „Dank für gute Zusammenarbeit".[137] Zwar stellte die Rechtsprechung klar, dass die Anforderungen an die Bestimmtheit der Diensthandlung nicht überspannt werden dürften[138] und ließ den Nachweis ausreichen, „dass sich das Einverständnis der Beteiligten darauf bezieht, dass der Amtsträger innerhalb eines bestimmten Aufgabenkreises oder Kreises von Lebensbeziehungen nach einer gewissen Richtung hin tätig sein soll".[139] Trotzdem musste aber die angestrebte Diensthandlung dabei nach ihrem sachlichen Gehalt zumindest in groben Umrissen erkennbar und festgelegt sein.[140] Das erforderliche Beziehungsverhältnis zwischen Vorteil und Diensthandlung wurde deshalb häufig als die „normative Schwachstelle" der Bestechungsdelikte bezeichnet.[141] Vor allem die Strafverfolgungspraxis forderte daher eine Lockerung der Anforderungen an die Unrechtsvereinbarung.[142]

Um der allseits als unbefriedigend empfundenen Situation abzuhelfen, wurde, gestützt auf ein breites Spektrum von Vorschlägen,[143] eine Reihe von – nicht nur strafrechtlichen, sondern vor allem auch im Rahmen der Prävention[144] liegenden – Maßnahmen verabschiedet. Die vorliegende Darstellung befasst sich ausschließlich mit den auf der Ebene des Strafrechts angesiedelten Änderungen, soweit sie für diese Arbeit relevant sind:

---

136 BT-Drucks. 13/3353; zur Unrechtsvereinbarung als „normative Schwachstelle der Bestechungstaten" *König*, DRiZ 1996, 357 (359f.).

137 *Möhrenschlager*, JZ 1996, 822 (825); *Schaupensteiner*, Kriminalistik, 237; *ders.* NStZ 1996, 409 (413): hiernach kann der Unternehmer sich nachträglich für eine Diensthandlung in unbegrenzter Höhe erkenntlich zeigen; *Schreier*, Unrechtsvereinbarung, S. 82.

138 Zusammenfassend BGHSt 32, 290ff.

139 BGHSt 32, 290ff m.w.N.

140 BGHSt 32, 290ff.

141 *Dölling*, Gutachten C 61. DJT S. C 63; *König*, DRiZ 1996, 357 (359).

142 Schaupensteiner, Kriminalistik 1994, 522; weitere Nachweise bei Dölling, Gutachten C 61. DJT S. C 63; BT-Drucks. 13/8079, S. 15.

143 Es lagen Gesetzesentwürfe und Anträge der Bundesregierung, BT-Drucks. 13/6424; des Bundesrates, BT-Drucks. 13/3353; der Koalitionsfraktionen, BT-Drucks. 13/5584, 13/8082, 13/8085; der SPD-Fraktion, BT-Drucks. 13/742, 13/1717, 13/41118, 13/8083, 13/8084; und der Fraktion Bündnis 90/Die Grünen, BT-Drucks. 13/617 vor.

144 Hierzu *König*, DRiZ 1996, 357 (358); *ders.* JR 1997, 397.

2. Die einzelnen (strafrechtlichen) Maßnahmen

a. § 11 Abs. 1 Nr. 2 c StGB

Ausschlaggebend für die Annahme der Amtsträgerschaft war gem. § 11 Abs. 1 Nr. 3 c StGB bis zu dessen Änderung die „Wahrnehmung von Aufgaben der öffentlichen Verwaltung". Auf Grundlage dieser Vorschrift lehnte der BGH mit Urteil vom 29. Januar 1992 die Amtsträgereigeigenschaft eines Geschäftsführers einer als GmbH geführten, landeseigenen Wohnungsbaugesellschaft mit der Begründung ab, allein die Tatsache, dass die Gründung und die Tätigkeit einer privatrechtlichen Gesellschaft den Zwecken des Wohnungsbaugesetzes diene, mache diese nicht zu einer Stelle, die Aufgaben der öffentlichen Verwaltung wahrnehme.[145] Die Wahl der Privatrechtsform spreche auch im Übrigen für die Geltung privatrechtlicher Grundsätze, so dass es sich bei den Angestellten um Privatangestellte ohne amtliche Eigenschaft handle.[146] In den Augen des Gesetzgebers führte „diese Rechtsauffassung [...] zu erheblichen Strafbarkeitslücken, insbesondere bei der Bekämpfung der Korruption. Sie ermöglicht es, sich drohenden strafrechtlichen Sanktionen durch die Wahl einer privatrechtlichen Organisationsform zu entziehen".[147] Es musste deshalb nach Ansicht des Gesetzgebers die „Klarstellung" erfolgen, „dass für die Frage der Amtsträgereigenschaft die Art der Aufgabe maßgeblich ist und es nicht darauf ankommt, in welcher Form [...] eine Aufgabe wahrgenommen wird".[148] Der Gesetzgeber schloss sich damit einer in der Literatur bereits vertretenen funktionalen Betrachtungsweise des Amtsträgerbegriffs an.[149] Die Erweiterung[150] des Amtsträgerbegriffs in § 11 I Nr. 2 c StGB sieht nun eine Strafbarkeit des Täters „unbeschadet der zur Aufgabenerfüllung gewählten Rechtsform" vor.

145 BGHSt 38, 199 (203).
146 BGHSt 38, 199 (203).
147 BT-Drucks. 5584 S. 12.
148 BT-Drucks. 5584 S. 12.
149 *Bauer/Gmel*, LK-StGB, Nachtrag zu §§ 331-338 Rn. 6; *Gribbohm*, LK-StGB, § 11 Rn. 44, 45; hierzu auch *König*, DRiZ 1996, 357 (364).
150 BT-Drucks. 13/5584 S. 12 spricht lediglich von einer „Klarstellung"; für eine Erweiterung spricht aber auch die bisherige Rspr. wie BGHSt 35, 128 (133); BGHSt 38, 199 (203); außerdem *Bauer/Gmel*, LK- StGB, Nachtrag zu §§ 331-338 Rn. 1; *Korte*, NStZ 1997, 513 (514); *König*, DRiZ 1996, 357 (361), „vorsichtige Erweiterung".

b. Sog. „Lockerung der Unrechtsvereinbarung"

Für die Korruptionstatbestände selbst galt es, eine geeignete Formulierung zu finden, mit der nach Auffassung des Gesetzgebers unbestreitbar strafbedürftige Fälle von Zuwendungen an Amtsträger erfasst werden konnten, ohne gleichzeitig nicht strafwürdige Fälle mitzuerfassen.[151] Im Gegensatz zu der bisherigen Regelung sollten – dies wurde bereits dargelegt – schon im Vorstadium eines konkreten Leistungsaustausches der böse Schein der Käuflichkeit vermieden[152] und die strafwürdigen und strafbedürftigen Fälle erfasst werden, in denen die Annahme oder Gewährung eines Vorteils als Gegenleistung für eine Diensthandlung nicht nachgewiesen werden konnte.[153]

Zu diesem Zweck wurde das Merkmal der Unrechtsvereinbarung gelockert,[154] indem in § 331 Abs. 1 StGB die Worte „als Gegenleistung" gestrichen wurden und statt einer Dienst*handlung* nunmehr die bloße Dienst*ausübung* den Bezugspunkt für den gewährten Vorteil darstellte. Es bedarf damit zwar weiterhin einer Beziehung zwischen der Gewährung des Vorteils auf der einen und dem Dienste des Beamten auf der anderen Seite, die Diensthandlung muss aber nicht mehr hinreichend bestimmt sein.[155] Dadurch wurde die Schwelle strafbaren korruptiven Handelns gegenüber der bisherigen Gesetzeslage gesenkt.[156] Zwar hatte die Rechtsprechung des Bundesgerichtshofes[157] auch schon vor der Gesetzesänderung eine weite Auslegung des Merkmals der „konkreten Gegenleistung" vorgenommen: Für das Beziehungsverhältnis zwischen Vorteil und Diensthandlung genügte es danach, dass sich das Einverständnis darauf bezog, „dass der Amtsträger innerhalb eines bestimmten Aufgabenbereichs oder Kreises von Lebensbeziehungen nach einer gewissen Richtung hin tätig werden soll".[158] Die Gegenleistung musste mithin lediglich *konkretisierbar* sein, nicht

---

151 *Bauer/Gmel*, LK- StGB, Nachtrag zu §§ 331-338 Rn. 9; *Korte*, NStZ 1997, 513 (514).

152 *Von Arnim/Heiny/Ittner*, Korruption S. 10; vgl. auch *Möhrenschlager*, JZ 1996, 822 (823).

153 BT-Drucks. 13/8079 S. 15; *Kargl*, ZStW 114 (2002), 762 (767).

154 Zur Lockerung der Unrechtsvereinbarung *Schreier*, Unrechtsvereinbarung, S. 78ff; *Korte*, NJW 1997, 2556 (2557); *Satzger*, ZStW 115 (2003), 469 (479f.); *Kargl*, ZStW 114 (2002), 763 (767).

155 BT-Drucks. 13/8079 S. 15; *Bauer/Gmel*, LK-StGB, Nachtrag zu §§ 331-338 Rn. 12; *Korte*, NStZ 1997, 513 (514); *Wessels/Hettinger* Rn. 1100; *Kargl*, JZ 2005, 503 (506); die hinreichende Bestimmtheit der Diensthandlung stellte ein Kriterium des BGH zum bisher geltenden Recht dar (BGHSt 32, 290; 39, 45).

156 BT-Drucks. 13/3353 S. 8.

157 BGHSt 32, 290.

158 BGHSt 32, 290 (291), ähnlich bereits zuvor BGHSt 14, 123 (125); BGHSt 16, 37 (38f.).

aber im Einzelnen feststehen. Es reichte allerdings nicht aus, wenn die Zuwendung lediglich mit Rücksicht auf die Dienstleistung erfolgte oder nur allgemeines Wohlwollen oder die Geneigtheit des Amtsträgers sichern sollte.[159]

Die durch das Korruptionsbekämpfungsgesetz vorgenommene Änderung des Wortlautes blieb trotz der damit verbundenen, deutlichen Erweiterung des Tatbestandes des § 331 StGB hinter dem Entwurf des Bundesrates[160] zurück, der schon jeden „Zusammenhang mit dem Amt" als ausreichend für eine Strafbarkeit erachten wollte. Denn nach dieser Formulierung ließen sich sogar Geschenke von Verwandten und Freunden aus Anlass einer Beförderung erfassen,[161] und es würde „ein breites Spektrum nicht strafwürdiger Handlungen grundsätzlich in die Strafbarkeit einbezogen", wodurch es zu Abgrenzungsschwierigkeiten kommen könne.[162] Die heutige Lösung stellt damit einen Mittelweg des Gesetzgebers dar, der maßgeblich auf einen Vorschlag des Gutachters *Dölling* beim Deutschen Juristentag 1996 in Karlsruhe zurückgeht.[163]

Strafbar gem. § 331 StGB macht sich nunmehr

> *„jeder Amtsträger oder ein für den öffentlichen Dienst besonders Verpflichteter, der* ***für die Dienstausübung*** *einen Vorteil für sich oder einen Dritten fordert, sich versprechen lässt oder annimmt".*

Der Verzicht auf die Wendung „vorgenommen hat oder künftig vornehme" bedeutet dabei nicht etwa die Beschränkung der Strafbarkeit auf zukünftig vorzunehmende Diensthandlungen; das Merkmal der „Dienstausübung" ist vielmehr so weit, dass es auch bereits vorgenommene Diensthandlungen erfasst, ohne dass dies einer gesonderten Erwähnung bedurft hätte.[164]

---

159 BGHSt 15, 217 (223); BGHSt 39, 45 (46); vgl. auch BT-Drucks. 13/8079, S. 15.

160 BT-Drucks. 13/3353, S. 5, Art. 1 Nr 2.

161 *Möhrenschlager*, JZ 1996, 822 (826); *König*, JR 1997, 397 (398).

162 BT-Drucks. 13/8079 S. 15; BT-Drucks. 13/6424 S. 13.

163 *Dölling*, Gutachten C 61. DJT, S. C 64ff. und C 111f; zum DJT siehe Tagungsverlauf und Beschlüsse in NJW 1996, 2987 (2989f.).

164 *Korte*, NStZ 1997, 513 (514).

c. Spiegelbildlichkeit

Im Hinblick auf ihren Aufbau wurden die Bestechungsdelikte nunmehr nahezu völlig spiegelbildlich ausgestaltet. § 333 StGB wurde dahingehend geändert, dass nun auch die Gewährung eines Vorteils für *vergangene* und auch nicht im Ermessen des Beamten stehende Dienstausübungen unter Strafe gestellt wurde. Damit rückte der Gesetzgeber von der noch im Rahmen des Entwurfes zum EGStGB 1974[165] vertretenen Ansicht ab, von der Allgemeinheit würde die Strafbarkeit solcher Handlungen nicht verstanden, da jene im Allgemeinen als Akt des Wohlwollens oder der Dankbarkeit verstanden würden,[166] und auf deren Grundlage die Strafbarkeit der Vorteilsgewährung im EGStGB 1974 ja noch auf die Vereinbarung zukünftiger, im Ermessen stehender Handlungen der Amtsträger beschränkt worden war. Noch unter Einfluss dieses Argumentes war die Strafbarkeit der Vorteilsgewährung im EGStGB 1974 zwar eingeführt, aber auf zukünftige, im Ermessen des Amtsträgers stehende Handlungen der betreffenden Amtsträger beschränkt worden. Hierzu stellte der Gesetzgeber schlicht fest, eine solche Anschauung in der Allgemeinheit bestehe „heute nicht mehr“.[167] Vor allem aufgrund der in der Praxis beobachteten, hohen Geldzuwendungen könne nun nicht mehr angenommen werden, dass solche von der Allgemeinheit als unverfänglich angesehen würden. [168]

d. Drittvorteile

Ein weiteres Problem der bisherigen Fassung der Bestechungsdelikte stellte der vermehrt zu beobachtende Versuch der Umgehung einer Strafbarkeit durch Auszahlung der Zuwendung an Dritte, für gewöhnlich dem Amtsträger nahestehende Personen (Pelzmantel für die Ehefrau) oder Personenvereinigungen (denen der Amtsträger meist angehörte), dar.[169] Dem Beamten konnte dann oftmals nicht der nach damaliger Rechtsprechung[170] zum mittelbaren Eigenvorteil nötige Eigennutz nachgewiesen werde. Er blieb straffrei. Um Strafbarkeitslücken und Umgehungshandlungen zu vermeiden, weiteten die neuere Rechtsprechung[171]

---

165 BT-Drucks. 7/550 S. 274.

166 BT-Drucks. 7/550, S. 274; BT-Drucks. 13/5584 S. 17, *Korte*, NStZ 1997, 523 (515).

167 BT-Drucks. 13/5584, S. 17.

168 Dazu *Dölling*, Gutachten C 61. DJT, S. 69.

169 *Schaupensteiner*, NStZ 1996, 409 (413); *Korte*, NJW 1997, 2556 (2557).

170 BGHSt 14, 123 (128); BGHSt 33, 339; BGHSt 35, 128 (134); vgl. auch Teil 3 A. I. 2. dieser Arbeit.

171 Exemplarisch BGHSt 35, 128 (133); hierzu auch BT-Drucks. 13/5584 S. 16.

sowie die überwiegende Literatur den Vorteilsbegriff auch auf Drittvorteile aus. Hierzu bedurfte es jedoch eines Kunstgriffes, wodurch der immaterielle Vorteilsbegriff ausgedehnt oder eine weit gefasste Auslegung des mittelbaren Vorteils vertreten wurde.[172]

Weil eine Strafbarkeit aber im Hinblick auf das geschützte Rechtsgut der Bestechungsdelikte weithin für erforderlich gehalten wurde, wurden Drittzuwendungen nun auch seitens des Gesetzgebers in die Straftatbestände einbezogen (…Vorteil für sich *oder einen Dritten…*).[173] Der Nachweis einer persönlichen Besserstellung des Beamten durch den Vorteil ist nach der Neufassung nicht mehr erforderlich.[174] Hierdurch wollte man sicherstellen, „dass auch Zuwendungen, die vielfach zur Verschleierung der Rolle des Amtsträgers an Dritte vorgenommen werden, vom Vorteilsbegriff der Bestechungsdelikte umfasst werden".[175]

VI. Zusammenfassung und Fazit

Zusammenfassend ist festzuhalten, dass die heute in §§ 331 bis 334 StGB geregelte Korruptionsstrafbarkeit i.e.S. ihren Ursprung zunächst in der Überlegung der Staatswillenverfälschung[176] durch pflichtwidrige Entscheidungen eines Amtsträgers fand. Die heutigen §§ 332, 334 StGB formulieren demnach die ursprüngliche Idee der Korruptionsstrafbarkeit. Bereits früh erkannte man, dass die Verleihung staatlicher Macht auch die Gefahr der Ausnutzung derselben birgt.[177] In Anbetracht dessen sollte zunächst vor allem dem Verfälschen des

---

172 RGSt 1, 404 (405); RGSt 13, 396f.; BGHSt 33, 336 (339); BGHSt 35, 128 (135); *Jescheck*, LK-StGB, § 331 Rn. 7; *Kuhlen*, NStZ 1988, 433 (436); *Kaiser*, NJW 1981, 321 (322); in einer grundlegenden Entscheidung (BGHSt 15, 286 (287)) beschied der BGH, dass auch bei Weiterleitung des Geldes durch den annehmenden Beamten ein Vorteil nicht ausgeschlossen sein sollte. Er fingierte als Begründung auch im Folgenden (BGH NStZ 1988, 460, mit Anm. *Kuhlen*, NStZ 1988, 433) einen unmittelbaren Vorteil, da dem Beamten die faktische Möglichkeit zustehe, das Geld *irgendwie*, insbesondere: als *eigenes* zu behandeln. Bei ordnungsgemäßer Weiterleitung werde der Vorteil zwar beseitigt, das ändere jedoch an der einmal eingetretenen Strafbarkeit nichts; zum Ganzen auch *Cramer*, Zum Vorteilsbegriff bei den Bestechungsdelikten in: FS für Roxin, 945 (947).

173 BT-Drucks. 13/5584 S. 16.

174 BT-Drucks. 13/3353 S. 11.

175 BT-Drucks. 13/3353 S. 11.

176 Zur Verhinderung der Staatswillenverfälschung als „Rechtsgut" der Bestechungsdelikte siehe Teil 2 B. III. 1.

177 *Gribl*, Bestechungsdelikte, S. 65 („Haupttriebfeder" der Bestechungsdelikte sei das Streben der Amtsträger nach Eigennutz gewesen).

Staatswillens durch pflichtwidrige Entscheidungen des Beamten Einhalt geboten werden. Dem lag die Überlegung zu Grunde, dem Beamten werde in seiner Funktion ein Teil der Staatsgewalt übertragen.[178] Erst dies mache es ihm möglich, ein Amtsverbrechen überhaupt zu begehen.[179] Die auf diese Weise begründete Mitinhaberschaft an der Staatsgewalt[180] führe dazu, dass bei einem gesetzeswidrigen Handeln des Beamten in letzter Konsequenz auch der Staat selbst Unrecht tut.[181] Grund für die Strafbarkeit war daher zunächst nicht nur der verwerfliche Eigennutz des Beamten bei Annahme eines Geschenks, sondern vor allem die Gefahr, die sich daraus für den Staat ergibt.

Von dort ausgehend erweiterte sich der Blickwinkel des Gesetzgebers nach und nach auch auf Sachverhalte, in denen sich die Zuwendung nicht auf eine Pflichtwidrigkeit bezieht. Im Mittelpunkt stand die Überlegung, dass aufgrund eines „Verkaufs" von Amtshandlungen generell zu befürchten sei, dass der Beamte sein Handeln nicht länger ausschließlich an sachlichen Gesichtspunkten messen werde und damit die Integrität der öffentlichen Staatsgewalt leide. Der Beamtenstand sollte vor unwürdigen und sich pflichtwidrig verhaltenden Mitgliedern geschützt werden.[182]

Spätestens seit der grundlegenden Entscheidung des BGH zum sog. „inneren Vorbehalt"[183] kam zudem die Überlegung hinzu, die Makellosigkeit des Amtes müsse auch nach Außen hin gesichert werden, da die Ehrenhaftigkeit und Unbestechlichkeit des Beamten die Grundlage des Vertrauens der Bevölkerung in die Staatsverwaltung darstelle.[184] Da das Vertrauen der Bevölkerung jedoch durch eine Vielzahl denkbarer Verhaltensweisen des Beamten – insbesondere schon durch den bloßen *Anschein* der Käuflichkeit – erschüttert werden kann, unterlag der Anwendungsbereich der §§ 331, 333 StGB einer stetigen Erweiterung, die sich schließlich maßgeblich im Korruptionsbekämpfungsgesetz von 1997 niedergeschlagen hat.

Es lässt sich daher als erstes Fazit für den weiteren Gang der Bearbeitung festhalten, dass die Konturlosigkeit der Delikte der Vorteilsannahme/Vorteilsgewährung u.a. das Ergebnis des Bestrebens ist, eine immer größere

---

178 Vgl. hierzu *Keßmann*, Beamtenbegriff, S. 34 ff.; *Schröder*, Beamtenbegriff, S. 40ff..
179 *Binding*, Lehrbuch, S. 401ff.
180 Vgl. hierzu *Keßmann*, Beamtenbegriff, S. 34 ff.; *Schröder*, Beamtenbegriff, S. 40ff..
181 *Binding*, Lehrbuch, S. 401ff.
182 Vgl. *Stock*, Amtsverbrechen, S. 154.
183 Hierzu ausführlich Teil 3 B. II. 3.
184 Vgl. BGHSt 15, 88 (96f.).

Anzahl von Fällen unter den Tatbestand subsumieren zu können und schließlich sogar den bloßen Anschein der Käuflichkeit unter Strafe zu stellen.

B. Das „Rechtsgut“ der Bestechungsdelikte

Die Entwicklung der Korruptionsstrafbarkeit wurde stets von der Diskussion um das „Rechtsgut der Bestechungsdelikte“ begleitet. Es gibt inzwischen zahlreiche Erklärungsansätze, die den Unrechtsgehalt der §§ 331 ff. StGB definieren und deren Reichweite bestimmen und/oder legitimieren wollen. Eine Auseinandersetzung mit dem Unrechtsgehalt der Bestechungsdelikte muss daher auch diese Diskussion im Blick haben. Nach einigen grundsätzlichen Erwägungen zum Begriff des Rechtsguts und der Korruption sollen im Folgenden die wichtigsten Ansätze erläutert und auf ihre Tauglichkeit zur Konturierung der Bestechungsdelikte überprüft werden.

I. Herleitung aus dem Begriff der Korruption

Die §§ 331 ff. StGB werden im Allgemeinen unter dem Begriff der „Amtsträgerkorruption“ zusammengefasst. So stellte auch Dölling in seinem Gutachten zum Deutschen Juristentag 1996 fest: „Diese Regelungen sind [...] zur Abstützung des erforderlichen Unwerturteils über Korruption unentbehrlich und werden zum Schutz vor denjenigen benötigt, die nicht bereit sind, sich diesem Unwerturteil anzuschließen, sondern versuchen, durch Korruption auf Kosten der Allgemeinheit persönliche Vorteile zu erzielen“.[185] Es erscheint daher auf den ersten Blick denkbar einfach, den Unrechtsgehalt der Bestechungsdelikte zu bestimmen: Jegliches korruptive Verhalten ist Unrecht. Indes gibt es keinen einheitlichen Begriff der Korruption.[186] Abgeleitet vom lateinischen corrumpere (= bestechen, verderben), bezeichnet der Begriff der Korruption heute vor allem Austauschbeziehungen, innerhalb derer eine vom eigentlich erwarteten, richtigen Verhalten abweichende Leistung einer entsprechende Gegenleistung gegenüber gestellt wird.[187] Ob dies bereits genügt oder ob bestimmte Kriterien hinzutreten müssen, um das Geschehen als strafrechtlich relevante Korruption einordnen zu können, geht aus dieser Formel nicht hervor. Außerdem haben sich in

---

185 *Dölling*, Gutachten C 61. DJT 1996, S. 8.

186 *Bannenberg*, Korruption in Deutschland, S. 11; *Dölling*, Gutachten C 61. DJT 1996, S. 9.

187 *Alemann*, Politische Korruption, S. 13 (31f.); *Bannenberg*, Korruption in Deutschland, S. 12.

verschiedenen Wissenschaftsbereichen je nach Blickwinkel unterschiedliche Definitionen der „Korruption“ herausgebildet, während im Strafrecht aber sinnvollerweise nur das als Korruption bezeichnet werden kann, was die Schwelle zur Strafwürdigkeit überschreitet. Aber auch unter dieser Prämisse geht der Begriff der Korruption weit über den Anwendungsbereich der Bestechungsdelikte hinaus. Zusammenfassend gelten als korrupt „so unterschiedliche Tätigkeiten wie Betrug, Täuschung, Bestechung, Erpressung, zweckwidrige Verwendung öffentlichen Eigentums, Unterschlagung, Duldung von Misswirtschaft und illegale Veräußerung von Ämtern“.[188] Der Begriff der Korruption allein erlaubt deshalb nur sehr bedingt einen Rückschluss auf den Unrechtsgehalt der Bestechungsdelikte und ist folglich nicht in der Lage, deren Anwendungsbereich einzugrenzen.

II. Das Rechtsgut als Begriff

Die Aufgabe des Strafrechts besteht vor allem darin, die elementaren Grundwerte für ein gedeihliches Zusammenleben verbindlich zu regeln und zu schützen, um eine gleichberechtigte Persönlichkeitsentfaltung aller Menschen zu ermöglichen, wie sie die sozialethische Wertordnung unserer Verfassung vorsieht.[189] Bezogen auf die Verbotsmaterie bedeutet das, dass jedem Straftatbestand ein bestimmter besonderer Verbotsinhalt bzw. ein spezifisches Gebot zugrunde liegen muss. Dem entspricht der Unrechtsgehalt der gegen diese Strafvorschrift verstoßenden Handlung.[190] Da das durch die Strafnorm missbilligte sozialschädliche Verhalten – wie vorstehend dargelegt – Grund für die Strafbarkeit ist,[191] ist es zugleich als Richtschnur für die Auslegung und Anwendung des betreffenden Straftatbestands heranzuziehen. Im Hinblick auf den Fortgang der Arbeit ist daher zu klären, welcher Verbotsgehalt den Bestechungsdelikten zugrunde liegt um schließlich Rückschlüsse auf die Reichweite ihrer Anwendbarkeit ziehen zu können und eine teleologische Gesetzesauslegung sowie rechtspolitische Kritik zu ermöglichen.

188 *Borner/Schwyzer*, Bekämpfung der Bestechung im Lichte der Neuen Politischen Ökonomie in: *Pieth/Eigen* (Hrsg.), Korruption im internationalen Geschäftsverkehr, 17 (21).

189 *Wessels/Beulke*, Strafrecht AT, Rn. 5, 6; *Frister*, Strafrecht AT, Kapitel 3, Rn. 18; *Hassemer/Neumann*, NK-StGB, vor § 1 Rn. 108 ff.

190 *Geerds*, Unrechtsgehalt der Bestechungsdelikte, S. 43; *Welzel*, Das Deutsche Strafrecht, S. 1ff; zu den Ansätzen *Hassemer/Neumann*, NK-StGB, vor § 1 Rn. 108ff; 251f.

191 Vgl. *Hassemer/Neumann*, NK-StGB, vor § 1 Rn. 108.

III. Die vertretenen Ansätze im Einzelnen

Zur Bestimmung des Unrechtsgehalts der Bestechungsdelikte haben sich im Laufe der Zeit verschiedene Ansätze herausgebildet, die ihre Grundlage in der historischen Entwicklung der Bestechungsdelikte haben.

Wie bereits im historischen Teil der Arbeit ausführlich dargestellt,[192] entwickelte sich die Bestechungsstrafbarkeit aus der Idee, die Annahme von Vorteilen für die Ausübung eines übertragenen Amtes sei wenig ehrenhaft und unmoralisch, da der Beamte dem Staatswillen Ausdruck verleihen und nicht einem möglichen Eigennutz Raum geben solle.[193] Die Übertragung eines Amtes versetze den Amtsträger in die Lage, innerhalb seines Zuständigkeitsbereiches für den Staat zu handeln. Als Gegengewicht zur Übertragung solcher Befugnisse habe der Beamte im Rahmen der allgemeinen Treuepflicht[194] innerhalb und außerhalb des Dienstes alles zu unterlassen, was die dienstlichen Interessen gefährden könnte.[195] Von ihm werde erwartet, dass er Partei für den Staat ergreife.[196] Hieraus ergibt sich auch die Pflicht zur unparteiischen und gerechten Aufgabenerfüllung, die einerseits bereits aus dem Konzept des besonders verpflichteten Staatsdieners folgt,[197] für Staatsbeamte aber auch positivrechtlich in §§ 52 I BBG, 35 I BRRG geregelt ist. Nimmt ein Amtsträger Vorteile für eine Dienstausübung an, so gerät das Bild des allein in Vertretung für den Staat handelnden Beamten ins Wanken. Die Bestechungsdelikte standen daher in den frühen Rechtsordnungen zunächst im unmittelbaren Zusammenhang mit dem Disziplinarrecht. Schon unter dem ALR erschien der in der Bestechlichkeit liegende Pflichtverstoß des Beamten aber zu schwer für ein bloßes Disziplinarvergehen.[198]

1. Verfälschung des Staatswillens

Dies musste vor allem für die Fälle gelten, in denen der Beamte, durch einen Vorteil motiviert, eine *pflichtwidrige* Entscheidung traf. Denn hierdurch wird nicht nur die allgemeine Treuepflicht verletzt, sondern zudem noch der Staatswille verfälscht. Die sich hieraus ergebende „Staatswillenverfälschungslehre“

---

192 Teil 2 A.
193 Vgl. S. 15.
194 §§ 52 I BBG, 35 I BRRG.
195 *Behrens*, Beamtenrecht, § 5 Rn. 5 nach BVerwGE 30, 29 (31).
196 BVerwGE 39, 334.
197 *Behrens*, § 5 Rn. 23.
198 *Koch*, Allgemeines Preußisches Landrecht, S.233.

als Erklärungsmodell für die Bestechungsdelikte ist bis heute der unbestrittenste aller Ansätze. Jedoch vermag diese lediglich die Straftatbestände der Bestechung (§ 334 StGB) und der Bestechlichkeit (§ 332 StGB) zu erklären, da nur hier eine Pflichtwidrigkeit der vom Amtsträger in Aussicht gestellten Diensthandlung vorausgesetzt wird. Eine solche ist nach dem Vorgesagten Voraussetzung für die Annahme einer Gefährdung des Staatswillens, wird von den §§ 331, 333 StGB jedoch nicht verlangt.[199] Hinzu kommt, dass §§ 331, 333 StGB auch die nachträgliche Annahme von Vorteilen erfassen, die auf die Diensthandlung des Amtsträgers – soweit dieser sie nicht bereits vorher ins Auge gefasst hat – keinen Einfluss mehr haben können.[200]

Eine Rechtfertigung der Vorteilsannahme und Vorteilsgewährung ergibt sich hieraus folglich nicht. Der kriminelle Charakter der heutigen §§ 331, 333 StGB war daher von Beginn an streitig.[201]

2. Sachlichkeit und Unkäuflichkeit staatlicher Entscheidungen

Um die Existenz der einfachen aktiven Bestechung auch vor dem Hintergrund des Gedankens der Staatswillenverfälschung zu rechtfertigen, wurde teilweise angenommen, im Falle des § 331 StGB bestehe ja immerhin eine *abstrakte Gefahr* der Staatswillenverfälschung.[202] Aus der Annahme einer Zuwendung für pflichtgemäßes Handeln könne ein „Hunger nach mehr“ erwachsen und daher die Ausführung einer bezahlten Pflichtwidrigkeit nahe liegen.[203]

Indes geht der Unrechtsgehalt der §§ 331, 333 StGB hierüber hinaus. Ausgangspunkt ist die Feststellung, dass der Eigennutz des Beamten mit einer lauteren Amtsführung als nicht vereinbar angesehen wird. So stellte bereits das Reichsgericht fest, dass die Strafvorschrift der Vorteilsannahme „im Verein mit § 332 StGB gegen die Bestechlichkeit der Beamten“ wirkt. „Sie richtet sich gegen die Käuflichkeit der Amtshandlung und soll namentlich auch jede versteckte Bestechung unterdrücken“.[204] Dabei ist es nicht die Entgeltlichkeit der Amts-

199 So auch *Heine*, Schönke/Schröder, Strafgesetzbuch, § 331 Rn. 2a; *Schmidt*, Bestechungstatbestände, Rn. 267; *Geerds*, Bestechungsdelikte, S. 44; *Geppert*, Jura 1981, 42 (46); *Schröder*, GA 1961, 289 (290).

200 *Heine*, Schönke/Schröder, Strafgesetzbuch, § 331 Rn. 2a; siehe hierzu ausführlich Teil 3 A. III. 2. sowie Teil 3 B. I. 3. dieser Arbeit.

201 Hierzu ausführlich die Ausführungen über die historische Entwicklung der Bestechungsdelikte, Teil 2 A.

202 *Baumann*, Bestechungstatbestände, S. 8; *Henkel*, JZ 1960, 507 (508); *Jaques*, Bestechungstatbestände, S. 42.

203 *Kaufmann*, JZ 1959, 375 (377); dazu auch *Jaques*, Bestechungstatbestände, S. 43.

204 RGSt 63, 367 (369).

handlung als solche,[205] die eine Strafbarkeit begründet. So beweist die Existenz staatlicher Gebühren, dass eine Entgeltlichkeit staatlicher Tätigkeit durchaus denkbar ist.[206] Es geht vielmehr darum, die Kommerzialisierung des Amtes sowie der damit verbundenen Entscheidungsgewalt des Beamten zu verhindern.

Das Verlangen einer Gegenleistung durch den Beamten unterscheidet sich maßgeblich von einer Gebühr. Denn das Verständnis des Gebührenbegriffs ist nicht dasselbe wie dasjenige eines als Gegenleistung für eine Ware erbrachten Kaufpreises. Eine Gebühr ist eine öffentlich-rechtliche Geldleistung, die aus Anlass individuell zurechenbarer, öffentlicher Leistungen dem Gebührenschuldner (durch eine öffentlich-rechtliche Norm oder sonstige hoheitliche Maßnahme) einseitig auferlegt wird und dazu bestimmt ist, in Anknüpfung an diese Leistung deren Kosten ganz oder teilweise zu decken.[207] Es handelt sich demnach um eine mit einer Aufwandsentschädigung vergleichbare Einrichtung, die nicht dem Beamten selbst, sondern der Staatskasse zufließt und für all diejenigen gleich ist, die diese spezielle Leistung in Anspruch nehmen. Im Falle der individuellen Vereinbarung einer Gegenleistung für eine Amtsausübung hingegen stellt die Zahlung des Entgelts gleichsam einen Kaufpreis dar, der durch den Beamten nicht in Vertretung für den Staat, sondern für sich selbst (oder nach Gutdünken des Amtsträgers für einen Dritten) angenommen wird. Die Verwerflichkeit einer solchen Vereinbarung besteht also in der unzulässigen Kommerzialisierung der Amtsausübung. Dies ist indes nicht nur dann der Fall, wenn der Amtsträger seine nach außen bestehende Vertretungsmacht als Beamter missbraucht, indem er sie im Innenverhältnis in pflichtwidriger Weise überschreitet (Staatswillenverfälschung); vielmehr liegt eine verwerfliche Ausnutzung auch dann vor, wenn der Amtsträger über das ihm anvertraute Amt einen Vorteil realisiert, den er ohne die Ausnutzung der staatlichen Macht so nicht hätte erlangen können. Denn zum Erhalt des Ideals von der freien, gleichen und gerechten Staatsgewalt muss sichergestellt sein, dass staatliche Entscheidungen sachlich und frei von äußeren Einflüssen ergehen. Dies entspricht der Auffassung des Gesetzgebers von 1974, Schutzgut der Bestechungsdelikte sei die Lauterkeit der öffentlichen Staatsgewalt.[208]

205 *Birkmeyer*, Vergl. Darst. BT Bd. IX S. 311.
206 *Schröder*, GA 1961, 289.
207 vgl. BVerfGE 50, 217 (226).
208 BT-Drucks. 7/550, S. 269.

3. Vertrauensschutz

In dem Aspekt der „Lauterkeit" schwingt indes noch eine weitere Facette des Schutzbereiches mit. Schon in einer frühen Entscheidung von 1879 bestimmte das Reichsgericht den „Zweck des Gesetzgebers" als „auf Reinhaltung der Integrität und des Rufes der Beamten gerichtet".[209] Im Jahre 1906 formulierte es explizit, Zweck der Bestechungsdelikte sei es, „die Makellosigkeit des Amtes nach außen zu sichern und insbesondere der Käuflichkeit von Amtshandlungen durch Androhung schwerer strafgerichtlicher Folgen entgegenzutreten".[210] Wörtlich heißt es schließlich in der bereits oben[211] erwähnten, grundlegenden Entscheidung des BGH von 1960: *„Die Makellosigkeit des Amtes nach außen soll gesichert werden; mit der Ehrenhaftigkeit und vor allem Unbestechlichkeit der Beamten soll die Grundlage für das Vertrauen der Bevölkerung erhalten werden, dessen die Staatsverwaltung für eine gedeihliche Wirksamkeit bedarf"*.[212] Dieser Entscheidung nachfolgend wurde das „Vertrauen der Allgemeinheit in die Lauterkeit des öffentlichen Dienstes" zu einer immer häufiger eingesetzten Formel zur Erklärung der Bestechungsdelikte, insbesondere der Vorteilsannahme.[213] So entstand die „Vertrauensgefährdungslehre", die der Staatswillensverfälschungslehre entgegengesetzt wurde.[214] Die im Amt liegende Macht und ihre Übertragung auf den Einzelnen könne danach nur ertragen werden, soweit funktionierende Sicherungen gegen Machtmissbrauch bestehen.[215] Amtsträger seien schon deshalb besonders gefährliche Täter, weil ihnen traditionell ein besonderes Vertrauen entgegen gebracht werde und man ihnen nur schwer ausweichen könne, da der Staat generell in alltäglichen und besonderen Angelegenheiten durch den Beamten handle.[216] Das dem Staatsdiener entgegengebrachte Vertrauen wurde dabei als elementar für eine funktionierende Staatsverwaltung angesehen.

Im Folgenden wurde daher die „Funktionsfähigkeit der staatlichen Verwaltung" als Schutzgut der Bestechungsdelikte herausgearbeitet.[217] Diese Funkti-

209 RGSt 2, 129; kritisch *Schröder*, GA 1961, 289 ff., für den diese Definition zu kurz greift.
210 RGSt 39, 193 (201).
211 Teil 2 A. III., S. 26.
212 BGHSt 15, 88 (96f).
213 BGHSt 30, 46 (48); *Kargl*, JZ 2005, 503 (510).
214 Zu dem Verhältnis *Ebert*, GA 1979, 360 (370).
215 *Arzt*/Weber § 49 Rn. 2.
216 *Arzt*/Weber § 49 Rn. 2.
217 *Loos*, Rechtsgut, in: FS Welzel, 879 (887).

onsfähigkeit werde im Falle von Bestechungskontakten einmal hinsichtlich der „internen Ordnung", also durch eine Beeinträchtigung des Amtsethos und durch die Tatsache gefährdet, dass sich die Mitglieder nicht mehr an der Organisation und ihren Zielen orientieren.[218] Zum anderen – und hier greift schließlich der Gedanke des Vertrauensschutzes – werde durch Bestechungsfälle „nach außen hin" das Vertrauen des Publikums in die Integrität der Verwaltung erschüttert.[219] Der Schwund dieses Vertrauens beeinträchtige die Bereitschaft zur Akzeptanz von staatlichen Entscheidungen durch den Bürger. Ohne ein Mindestmaß an Fügsamkeit der Bürger bräche staatliches Handeln jedoch zusammen, so dass eine unlautere Außenwirkung eine unmittelbare Gefahr für die Funktion staatlichen Verwaltens darstelle.[220] Jegliche Annahme einer Zuwendung durch einen Amtsträger berge danach die Gefahr, der Staat könne in den Augen der Bevölkerung käuflich erscheinen. Die hierdurch hervorgerufenen Zweifel an der Integrität des Staates könnten sich wiederum negativ auf dessen Funktionstüchtigkeit auswirken.[221]

Den Strafgrund der Bestechungsdelikte allein darin zu sehen, dass das Vertrauen der Allgemeinheit in die Lauterkeit der öffentlichen Staatsgewalt und die Unkäuflichkeit von Entscheidungen erschüttert wird, bedeutet zunächst die Möglichkeit einer extensive Auslegung ihres Anwendungsbereichs in den Bereich der Vorfeldstrafbarkeit hinein.[222] Denn kommt es bei der Beurteilung des möglicherweise strafbaren Verhaltens lediglich auf die Außenwirkung des Geschehens an, so erschöpft sich der Zweck der Bestechungsdelikte darin, den positiven *Schein* eines integeren Beamtenapparates zu erhalten.[223] Jedes Verhalten, welches den Anschein einer Käuflichkeit erzeugt, wäre hiernach ohne Rücksicht darauf, ob es tatsächlich eine Kommerzialisierung des Amtes herbeiführen soll, strafrechtlich relevant. Hierdurch würde es möglich, eine große Anzahl von Fallkonstellationen insbesondere unter die Tatbestände der Vorteilsannahme und Vorteilsgewährung zu subsumieren, die bei einem nicht primär auf dem Vertrauensschutz fußenden Verständnis der Vorschriften lediglich dem Vorbereitungsstadium zuzurechnen wären. Dies gilt namentlich für die Fälle, in denen es

---

218 *Loos*, Rechtsgut, in: FS Welzel, 879 (889).

219 *Loos*, Rechtsgut, in: FS Welzel, 879 (889f.).

220 *Loos*, Rechtsgut, in: FS Welzel, 879 (890f.).

221 *Loos*, Rechtsgut, in: FS Welzel, S. 879 (890), vgl. auch *Dölling*, Gutachten C 61. DJT S. 49; *Höltkemeier*, Sponsoring, S. 82 spricht insoweit von einer *Ableitungskette*; *v. Liszt*, Lehrbuch, S. 584 betont, die Amtsverbrechen bedrohen erst *„in letzter Linie"* den Gang der Staatsverwaltung.

222 So auch *Sowada*, LK-StGB Vor § 331 Rn. 37; *Kargl*, ZStW 114 (2002) 763 (782ff.); *Ransiek*, StV 1996, 446 (450).

223 Vgl. *Gribl*, Bestechungsdelikte, S. 74.

um die Sicherung des allgemeinen Wohlwollens des Amtsträgers geht („Klimapflege“).[224] Hinzu kommt, dass sich die rechtsgutsgefährdende Bedeutung der Einzeltat allein aus externen, vom Täter nicht zu beeinflussenden Ansichten der „Allgemeinheit“ herleiten würde.[225] Hierdurch würde aber die jeweilige Intention des Täters übergangen und außerdem missachtet, dass sich nicht prognostizieren lässt, wie vieler Einzeltaten es bedarf, um überhaupt eine Schädigung des allgemeinen Vertrauens zu erreichen.[226] Die Strafwürdigkeit würde damit auf ein Verhalten Dritter und das Verständnis anderer gestützt, das weder vorhergesehen noch gesteuert werden kann und von dem nicht klar ist, ob es überhaupt je eintreten wird.[227] Die strafrechtliche Vorwerfbarkeit ergäbe sich dann allein aus dem Grundsatz: „wenn das jeder machen würde“[228]. Unter Annahme des Vertrauensschutzgedankens wäre das Schutzgut daher so weit, dass eine daran orientierte Auslegung die Strafbarkeit weit ins Vorbereitungsstadium ausdehnen und die Intentionen des Einzeltäters übergehen würde.

Der Vertrauensschutzgedanke ist darüber hinaus zu unbestimmt, um als verlässliches Abgrenzungskriterium dienen zu können. Dies zeigt folgendes Gedankenspiel: Begriffe man den Schutz des Vertrauens der Allgemeinheit als primäres Rechtsschutzziel der §§ 331, 333 StGB, so ließe sich dieses bereits dadurch erreichen, dass in der Allgemeinheit – unabhängig von deren wahrem Vorliegen – der *Eindruck* der Lauterkeit der öffentlichen Verwaltung entsteht. Im Umkehrschluss zu der Annahme, schon der Anschein von Käuflichkeit genüge für eine Strafbarkeit, kann konsequent gefolgert werden, zur Erreichung des Schutzzwecks genüge bereits der Anschein der Nichtkäuflichkeit. Das Vorliegen eines solchen *Anscheins* setzt eine tatsächlich bestehende Integrität der öffentlichen Staatsgewalt nicht voraus. In letzter Konsequenz führte ein derartiges Verständnis zu der Annahme, das Vertrauen der Allgemeinheit könne sogar durch das gezielte Streuen von Fehlinformationen erhalten bleiben.[229] In der Folge würden die Bestechungsdelikte überflüssig, denn wo keine Bestechungsfälle aufgedeckt werden, wird auch das Vertrauen der Allgemeinheit nicht er-

224 Siehe oben Teil 2 B. III. 3. sowie Teil 3 A. III.

225 *Sternberg-Lieben*, Einwilligung, S. 435; *Anastasopoulou*, Deliktstypen, S, 179.

226 *Wagner*, JZ 1987, 594 (599); *Jaques*, Bestechungstatbestände, S. 48; *Rüdiger*, Schutzinteresse und Deliktsstruktur, S. 251.

227 *Kargl*, JZ 2005, 503 (511); *Anastasopoulou*, Deliktstypen, S. 179.

228 Entsprechend kritisch *Hassemer*, NK-StGB Vor § 1 Rn. 280.

229 *Jaques*, Bestechungstatbestände, S. 49; Dass dieses Ergebnis untragbar sei, liege auf der Hand.

schüttert.[230] Es liegt auf der Hand, dass ein solcher Ansatz zur Definition eines verlässlichen Anwendungsbereichs der §§ 331, 333 StGB nicht geeignet sein kann.

4. Komplexes Rechtsgut

Aus den vorgenannten Erklärungsansätzen entwickelte sich schließlich das Verständnis des Unrechtsgehalts der Bestechungsdelikte als ein „komplexes Rechtsgut".[231] Das Unrecht stellt sich nach dieser Ansicht mehrdimensional dar und wird heute üblicherweise in der Kurzformel zusammengefasst: Schutzgut der Bestechungsdelikte ist das Vertrauen der Allgemeinheit in die Nicht-Käuflichkeit von dienstlichen Handlungen und die Sachlichkeit der Entscheidungen der Amtsträger.[232] Teilweise findet sich auch die umgekehrte (d.h. mit dem Vertrauen der Allgemeinheit abschließende) Formulierung, Schutzgut sei der Schutz der Lauterkeit des öffentlichen Dienstes (nach hiesiger Terminologie: der öffentlichen Staatsgewalt) sowie das Vertrauen der Allgemeinheit in die Lauterkeit dh. die Unkäuflichkeit von Hoheitsträgern und die Sachlichkeit und Unparteilichkeit staatlicher Entscheidungen.[233]

Unklar ist indes, wie die Verknüpfung beider Komponenten ausgestaltet sein soll. So formulieren *Rudolphi/Stein*, die Korruptionstatbestände (namentlich §§ 331, 333 StGB) beträfen „Fälle, in denen der Anschein der Käuflichkeit erweckt und dadurch *sowohl* die Bereitschaft des Personals zu integerer Amtsführung *als auch* das Vertrauen der Allgemeinheit in die ‚Unkäuflichkeit' von Verwaltung und Rechtspflege untergraben wird".[234] *Kuhlen* führt aus: „§§ 331 ff. dienen […] dem Schutz des öffentlichen Dienstes, indem sie die für seinen langfristigen Erhalt notwendigen Voraussetzungen einer korrekten Amtsführung

230 Vgl. *Graupe*, Systematik und Rechtsgut, S. 100ff.

231 Hierzu *Ebert*, GA 1979, 360 (370).

232 BGHSt 47, 295 (309); BGH wistra 2001, 295 (297); BGH NStZ-RR 2005, 266 (267); BGH StV 1997, 129; BGHSt 30, 46; OLG Hamm, StraFo 2001, 393; *Satzger*, ZStW 115 (2003), 469 (473); *Joecks*, MK-StGB vor § 331 Rn. 1; *Fischer*, Strafgesetzbuch, § 331 Rn. 3; *Heine,* Schönke/Schröder, Strafgesetzbuch, § 331 Rn. 3; *Rengier*, Strafrecht BT, Kapitel 14 § 60 Rn. 7; *Lackner/Kühl*, StGB § 331 Rn. 1.

233 *Trüg* in *von Hentschel-Heinegg*, Beck'scher Online Kommentar, § 331 Rn. 3; *Kuhlen*, NK-StGB, § 331 Rn. 12/13; vgl. SK *Rudolphi/Stein*, § 331 Rn. 4; *Rudolphi*, NJW 1982, 1417 (1420); *Jescheck*, LK-StGB Vor § 331 Rn. 17; Haft, NJW 1995, 113 (116); differenzierend auch *Korte*, MüKo StGB § 331 Rn. 8; im Ansatz auch BT-Drucks. 7/550 S. 269, die eine eindeutige Entscheidung zugunsten des Vertrauensschutzes aber dahinstehen lässt.

234 *Rudolphi/Stein*, SK-StGB, § 331 Rn. 4.

einerseits, das Vertrauen in seine Lauterkeit *andererseits* garantieren."[235] Nach *Fischer* werden als geschützte Rechtsgüter „die Lauterkeit des öffentlichen Dienstes *und* das Vertrauen der Allgemeinheit in diese Lauterkeit angesehen".[236] Schließlich führt *Heine* aus: „Gemeinsamer Unrechtskern aller Bestechungsdelikte ist die [...] generelle Gefährdung der Funktionsfähigkeit des Staatsapparates. Dessen Ansehen wird durch die Annahme von Geschenken für eine Dienstausübung beeinträchtigt, da dadurch das Vertrauen der Allgemeinheit in die Sachlichkeit staatlicher Entscheidungen leidet. [...] Zudem besteht die Gefahr, dass die Vorteilsannahme durch den Amtsträger die für den langfristigen Erhalt unabdingbaren ‚inneren' Voraussetzungen einer sachlichen und lauteren Amtsführung beeinträchtigt."[237] *Arzt* spricht in diesem Zusammenhang vor allem von „Leitgedanken", die sich in den Amtsdelikten wiederfinden sollen und die allesamt im Begriff des „Amtes" verschmolzen sind.[238] In §§ 331 ff. SGB werde die Betroffenheit verschiedener Adressaten zusammengefasst: „die Betroffenheit des Staates liegt darin, dass sich die Verwaltung statt vom Gesetz vom meistbietenden Bürger abhängig macht; der Bürger ist betroffen, weil er erkaufen muss, was er eigentlich umsonst beanspruchen kann und die Allgemeinheit ist betroffen, weil sich ein Einzelner einen ihm rechtlich eigentlich nicht zustehenden Vorteil erkaufen kann".[239]

Die gegenwärtigen Formulierungen lassen verschiedene Deutungen des Schutzgutes zu: zum einen ist denkbar, es handle sich um ein einziges (wenn auch komplexes) Schutzgut.[240] Ebenso könnte es sich um verschiedene Schutzgüter handeln, die kumulativ betroffen sein müssen.[241] Schließlich ließe sich auch vertreten, es handle sich um die Nennung alternativer Schutzgüter. Dies hätte zur Folge, dass bereits die Betroffenheit eines der Rechtsgüter für eine Strafbarkeit ausreichend wäre. Dass diese Art des Rechtsgutsverständnisses dem Gesetzgeber nicht fremd ist, zeigt § 164 StGB. Der Tatbestand der falschen Verdächtigung schützt nach h.M. zum einen die Rechtspflege, zum anderen die Sicherheit des Opfers vor ungerechtfertigten staatlichen Verfolgungsmaßnah-

235 *Kuhlen*, NK-StGB, § 331 Rn. 13.
236 *Fischer*, StGB, § 331, Rn. 3.
237 *Heine*, Schönke-Schröder, StGB, § 331, Rn. 3.
238 Vgl. *Arzt*/Weber § 49 Rn. 2,3.
239 *Arzt*/Weber, § 49 Rn. 18.
240 *Kuhlen*, NK-StGB, § 331 Rn. 13; *Heine*, Schönke-Schröder, StGB, § 331, Rn. 3.
241 So *Rudolphi/Stein*, SK-StGB, § 331 Rn. 4.

men.[242] Für eine Strafbarkeit genügt nach der hier zur Anwendung kommenden, sog. „Alternativitätstheorie" die Verletzung einer der beiden Schutzzwecke.[243]

Für die Anwendbarkeit der §§ 331, 333 StGB hätte die Annahme alternativer Schutzzwecke weit reichende Folgen: die Komponente des Vertrauensschutzes wäre insoweit den gleichen Bedenken ausgesetzt, wie sie bereits ausführlich unter 3. dargestellt wurden.[244] Eine Konturierung der §§ 331, 333 StGB ließe sich angesichts dieser Überlegungen im Rahmen des komplexen Ansatzes daher – wenn überhaupt – nur bei Annahme eines einzigen (mehrdimensionalen) Schutzgutes oder kumulativ zu berührender Schutzgüter erreichen. Vorliegen müsste also stets eine Gefahr für die Lauterkeit der öffentlichen Staatsgewalt *und* (kumulativ!) das Vertrauen der Allgemeinheit in diese Lauterkeit.

In Anbetracht der bereits im Rahmen der historischen Entwicklung skizzierten Akzentverschiebung nach außen[245] ist aber auch diese Definition mindestens unscharf: In der bereits aufgeführten[246] Entscheidung aus dem Jahre 1960[247] führt der BGH ausdrücklich aus, „mit der Ehrenhaftigkeit und vor allem Unbestechlichkeit der Beamten soll die *Grundlage* für das Vertrauen der Bevölkerung erhalten werden, dessen die Staatsverwaltung für eine gedeihliche Wirksamkeit bedarf".[248] Der Vertrauensschutzgedanke ist demnach auch nach dem ursprünglichen Entwurf des BGH nicht nur kein primäres Rechtsschutzziel, sondern stellt nicht einmal ein im Verhältnis zur Ehrenhaftigkeit des Beamten und der Unkäuflichkeit staatlicher Entscheidungen gleichwertiges Schutzgut dar. Vielmehr ist hier ein Stufenverhältnis auszumachen, welches nahelegt, dass das Vertrauen der Allgemeinheit ein lediglich mittelbar geschütztes Interesse darstellt.[249] Eine solche Differenzierung ergibt sich aus den oben genannten Formeln nicht.

---

242 *Fischer*, StGB, § 164 Rn. 2.

243 *Fischer*, StGB, § 164 Rn. 2 unter Hinweis auf BGHSt 5, 68 sowie BGHSt 9, 242.

244 Siehe Teil 2 B. II. 3.

245 Siehe Teil 2 A. III. (S. 26).

246 Siehe Teil 2 A. III. (S. 26).

247 BGHSt 15, 88.

248 BGHSt 15, 88 (96f.).

249 So auch *Dölling*, Gutachten C 61. DJT S. 49; *Höltkemeier*, Sponsoring, S. 82 spricht insoweit von einer „Ableitungskette"; *v. Liszt*, Lehrbuch S. 582 betont, die Amtsverbrechen bedrohen erst „in letzter Linie" den Gang der Staatsverwaltung; vgl. auch *Wentzell*, Tatbestandsproblematik, S. 83; *Geerds*, Bestechungsdelikte, S. 50ff.; *Ransiek*, StV 1996, 446 (450); *Sowada*, LK-StGB Vor § 331 Rn. 37.

IV. Fazit

Als Richtschnur der Auslegung kann und muss das Schutzgut der Bestechungsdelikte für die Bestimmung ihres Anwendungsbereichs herangezogen werden. Indes besteht keine Einigkeit darüber, wie dieser Schutzbereich zu definieren ist. Im Laufe der Entwicklung hat sich das Verständnis von der ursprünglichen Idee der Staatswillenverfälschung und der Kommerzialisierung staatlich gegebener Macht immer weiter entfernt und es sind rechtspolitische wie gesellschaftliche Erwägungen hinzugetreten, die sich vor allem im Gedanken des Vertrauensschutzes wiederfinden. Je stärker aber die Stellung des Vertrauensschutzgedankens ist, desto weiter ist die Möglichkeit der Auslegung,[250] was insbesondere in Bezug auf §§ 331, 333 StGB zu kaum tragbaren Ergebnissen führt.[251] Hinzu kommt die Unbestimmtheit eines solchen Ansatzes.[252] Das Ziel einer allgemeinverbindlichen Beschränkung der Bestechungsdelikte muss daher mit einem entsprechend restriktiven Verständnis des Vertrauensschutzgedankens einhergehen.

Ein solches Verständnis des Rechtsguts steht auch nicht etwa im Widerspruch zu den Ausführungen des Gesetzgebers. Noch im Rahmen des Entwurfes zum EGStGB 1974 hieß es ausdrücklich: „Die Vorschriften sollen die Käuflichkeit von Diensthandlungen und die Befangenheit der Bediensteten durch einen Vorteil bei der Erfüllung ihrer Pflichten und damit auch die Verfälschung des Staatswillens verhindern. Inwieweit zugleich auch das Vertrauen der Allgemeinheit in die Unbefangenheit der Bediensteten und damit in die sachliche Richtigkeit ihrer Handlungen schutzwürdig ist […], kann dahinstehen".[253] Dabei wird nicht verkannt, dass der Gesetzgeber im Rahmen des Korruptionsbekämpfungsgesetzes 1997 eine weite Auslegung der Bestechungsdelikte befürwortet, indem er die Schwelle strafbaren korruptiven Handelns gegenüber der bisherigen Gesetzeslage gesenkt hat.[254] Zur Definition des Rechtsguts der Bestechungsdelikte finden sich in den entsprechenden Materialien aber keine eindeutigen Angaben. Es bestehen daher keine ausreichenden Anhaltspunkte dafür, dass der Gesetzgeber seinen Änderungen ein neues Verständnis des Unrechtsgehalts zugrunde gelegt hat. Aus dem Fehlen jeglicher Stellungnahmen kann dies jedenfalls nicht geschlossen werden. Teilweise wird in der Diskussion davon ausgegangen, man müsse eine solche Änderung gleichsam konkludent anneh-

250 So auch *Sowada*, LK-StGB Vor § 331 Rn. 34.
251 Siehe Teil 2 B. II. 3.
252 Siehe Teil 2 B. II. 3.
253 BT-Drucks. 7/550 S. 269.
254 BT-Drucks. 13/3353 S.8.

men, da anderenfalls die widerspruchsfreie Erklärung der Gesamtregelung in Frage stehen würde.[255] Dabei würde aber übersehen, dass die Bestimmung des Rechtsguts unabhängig von der möglichen Reichweite eines Strafgesetzes erfolgen muss. Von der tatsächlichen Anwendung eines Strafgesetztes auf dessen eigentlich intendierten Anwendungsbereich zu schließen, verbietet sich.

Der Schutz des Vertrauens der Allgemeinheit ist daher nicht primäres Rechtsschutzziel der Bestechungsdelikte, sondern steht im Kontext zum Erhalt der Funktionsfähigkeit des Staates und der Verwaltung. Dies ergibt sich auch aus der historischen Entwicklung der Korruptionsstrafbarkeit, wie sie bereits dargestellt wurde,[256] sowie den entsprechenden Stellungnahmen des Gesetzgebers und der frühen höchstrichterlichen Rechtsprechung. Das Verständnis des Vertrauens der Allgemeinheit als lediglich mittelbares Schutzziel der Bestechungsdelikte erlaubt schließlich auch eine der Rechtssicherheit dienende, einschränkende Auslegung der Bestechungsdelikte.[257]

Zusammenfassend steht jedenfalls fest, dass den §§ 331 bis 334 StGB das gemeinsame Ziel zugrunde liegt, die Lauterkeit der öffentlichen Verwaltung zu schützen. Während dieses Schutzgut im Falle der §§ 331, 333 StGB bereits durch die bloße Kommerzialisierung der Amtsausübung beeinträchtigt wird, ist für §§ 332, 334 StGB zusätzlich eine (zumindest intendierte) Beeinträchtigung des Staatswillens erforderlich. Dieser Aspekt ist bei §§ 331, 333 StGB regelmäßig zu vernachlässigen, da sich die vorausgesetzte Unrechtsvereinbarung nicht auf eine pflichtwidrige Diensthandlung bezieht. § 332 StGB stellt damit eine „erschwerte Form der passiven Bestechung“[258] dar und wird konsequent als Qualifikationstatbestand zu § 331 StGB eingeordnet.[259] Der BGH führt hierzu aus, die pflichtwidrige Diensthandlung sei zentraler Bezugspunkt aller in § 332 StGB befindlichen Tatbestandsvarianten und umschreibe „den materiellen Unrechtskern, der den Tatbestand der Bestechlichkeit von dem der Vorteilsannahme abhebt und die erhöhte Strafandrohung im Vergleich zu § 331 Abs. 1 StGB rechtfertigt“.[260] Die tatsächliche Verfälschung des Staatswillens durch eine pflichtwidrige Entscheidung stelle dabei die nachhaltigste Beeinträchtigung der

---

255 *Lackner/Kühl*, StGB § 331 Rn.1; ähnlich auch *Korte*, MüKo StGB § 331 Rn. 8.

256 Siehe oben Teil 2 A.

257 Hierzu ausführlich Teil 2 B. III. 3. sowie IV.

258 *Cramer*, Schönke/Schröder, Strafgesetzbuch, § 332 Rn. 1.

259 *Cramer*, Schönke/Schröder, Strafgesetzbuch, § 332 Rn. 1; *Fischer*, StGB, § 332 Rn.1.

260 BGH NStZ 2008, 567 (568); dazu *Kuhlen*, JR 2009, 53ff.; kritisch *Bernsmann*, GA 2009, 296 (308ff.).

Schutzgüter dar.[261] Die Bestechung sei daher im Falle einer tatsächlich umgesetzten Unrechtsvereinbarung erst dann beendet und damit der Verjährung zugänglich, wenn die letzte Handlung zur Erfüllung der Unrechtsvereinbarung tatsächlich abgeschlossen wurde.[262] Erscheint Letzteres auch inkonsequent im Hinblick auf den Grundsatz, dass schon der *Abschluss* einer Unrechtsvereinbarung für eine Strafbarkeit ausreichend und eine tatsächliche Vornahme der Diensthandlung eben nicht notwendig ist,[263] so zeigen die vorstehenden Äußerungen des Gerichts doch, dass § 331 und § 332 StGB ein System aufsteigenden Unrechts bilden, letztlich aber in derselben Schutzrichtung wurzeln.

261 BGH NStZ 2008, 567 (568).
262 BGH Urteil vom 19.06.2008 - 3 StR 90/08, S. 7.
263 Kritisch insoweit *Dann*, Anm. NJW 2008, 3078.

Teil 3 Die derzeitige Konzeption der Bestechungsdelikte

Nachdem nun feststeht, an welchem Schutzgut sich die Auslegung und Anwendung der Bestechungsdelikte zu orientieren hat, soll im Folgenden geklärt werden, ob die gegenwärtigen Fassungen der §§ 331, 333 StGB geeignet sind, tatsächlich nur solche Sachverhalte zu erfassen, bei denen eine Käuflichkeit (Kommerzialisierung) staatlicher Entscheidungen zu besorgen ist (Teil A). In diesem Zusammenhang werden die einzelnen Tatbestandsmerkmale auf ihre Tauglichkeit als Abgrenzungskriterien untersucht. Im Ergebnis wird festgestellt, dass hierzu grundsätzlich nur die Unrechtsvereinbarung in Frage kommt, die nach ihrem heutigen Verständnis jedoch faktisch jede Umgrenzungsfunktion verloren hat. Ein Schwerpunkt liegt dabei auf der Bewertung der sog. „Lockerung der Unrechtsvereinbarung" durch die Abschaffung des Erfordernisses der konkreten Diensthandlung sowie der Einbeziehung von Belohnungen für die rechtmäßige Dienstausübung.

In einem zweiten Schritt (Teil B) wird untersucht, inwieweit die §§ 332, 334 StGB sich tatsächlich auf den Schutz des Staatswillens beschränken. Dabei wird insbesondere diskutiert, ob die Einbeziehung der Belohnung pflichtwidriger Diensthandlungen sachgerecht ist. Darüber hinaus wird auf die Problematik des Ermessensbeamten und die des sog. inneren Vorbehalts, die pflichtwidrige Handlung nicht vorzunehmen, eingegangen.

Schließlich wird unter Teil C die Berechtigung der Bestrafung auch der „Aktivseite" einer verwerflichen Vereinbarung (§§ 333, 334 StGB) beleuchtet. Angesichts der besonderen Pflichtenstellung des Amtsträgers und dem den Bestechungsdelikten insgesamt zugrunde liegenden Ziel, die Unkäuflichkeit staatlicher Entscheidungen zu schützen, liegt die Entscheidung des Gesetzgebers, §§ 331 und 333 StGB sowie §§ 332 und 334 StGB als jeweils äquivalent strafwürdiges Unrecht zu betrachten, nicht ohne Weiteres auf der Hand.

A. Keine Beschränkung der §§ 331, 333 StGB auf Fälle der Kommerzialisierung staatlicher Entscheidungen

§ 331 StGB bestimmt, dass ein Amtsträger oder ein für den öffentlichen Dienst besonders Verpflichteter, der für die Dienstausübung einen Vorteil für sich oder einen Dritten fordert, sich versprechen lässt oder annimmt, bestraft wird. Spiegelbildlich dazu regelt § 333 StGB die Strafbarkeit desjenigen, der einem Amtsträger, einem für den öffentlichen Dienst besonders Verpflichteten [...] für die Dienstausübung einen Vorteil für diesen oder einen Dritten anbietet, verspricht oder gewährt.

I. Vorteil

Tatbestandliche Voraussetzung für eine Strafbarkeit nach den §§ 331 ff. StGB ist zunächst das Vorliegen eines Vorteils.

Unter einem Vorteil versteht die heute herrschende Auffassung jede Leistung, auf die der Amtsträger keinen Rechtsanspruch hat und die seine wirtschaftliche, rechtliche oder auch nur persönliche Lage objektiv verbessert.[264] Dabei ist nicht Voraussetzung, dass die Leistung sich beim Leistenden vermögensmindernd auswirkt.[265]

1. Entwicklung und Begriff des Vorteils

Bereits das Preußische Strafgesetzbuch wählte den Begriff des Vorteils als Tatbestandsmerkmal. Strafbar war nach § 309 des preußischen Strafgesetzbuches der Amtsträger, der für eine

> *„[...] in sein Amt einschlagende Handlung oder Unterlassung* ***Geschenke oder andere Vortheile*** *annimmt [...]“.*

---

264 Exemplarisch: BGHSt 31, 264 (279); BGHSt 35, 128 (133); *Korte*, MK-StGB, § 331 Rn. 61; *Heine,* Schönke/Schröder, Strafgesetzbuch, § 331 Rn. 17; *Kuhlen*, NK-StGB, § 331 *Rn. 33; Kindhäuser/Goy*, NStZ 2003, 291; *Dauster*, NStZ 1999, 63 (65); *Lippert/Ratzel*, NJW 2003, 3301(3304); *Bernsmann*, WissR 2002, 1 (7); *Satzger*, ZStW 115 (2003), 469 (475); *Kargl*, ZStW 114 (2002), 763 (768); *Rudolphi/Stein*, SK-StGB, 58. Lfg., 6. Auflage, Sept. 2003, § 331 Rn. 19.

265 BGH NStZ 1987, 326; *Rudolphi/Stein*, SK-StGB, 58. Lfg., 6. Auflage, Sept. 2003, § 331 Rn. 20.

Schon hier erregte der Begriff Bedenken, „weil der Ausdruck der weitesten Ausdehnung fähig sei“.[266] Ohne die Verwendung des Terminus erschien der Tatbestand jedoch „allzu eng“.[267] Die notwendige Einschränkung ergebe sich bereits „aus dem Sprachgebrauche“, wonach „darunter immer nur solche Zuwendungen zu verstehen seihen, welche einen gewissen reellen Werth für Jedermann hätten, und eine Bereicherung für den Empfänger enthielten“.[268] „Bloße Genüsse“ seien daher genauso wenig erfasst wie „blos vorübergehende Einwirkungen auf die Sinnlichkeit sowie bloße Gunstbezeugungen, selbst wenn sich der Amtsträger durch diese in der That verleiten ließe“.[269] Die Gegenmeinung vertrat hierzu, „unter 'Vortheilen`“ seien „nicht blos Vermögensvortheile“ zu verstehen, vielmehr gehöre dazu „Alles, was zur Befriedigung der Sinnlichkeit, der Genußsucht, der Eitelkeit, des Ehrgeizes etc. beiträgt“; insbesondere könnten auch vorübergehende Genüsse (z.B. Bewirtungen) hierher gezählt werden.[270] Der Abgrenzung zwischen „Geschenk“ und dem „anderen Vorteil“ kam nach herrschender Lehre keine gesonderte Bedeutung zu, da jede einengende Auslegung des Geschenkbegriffes zwangsläufig in den Bereich des „anderen Vorteils“ führte, der von beiden Begriffen den Weiteren darstellte.[271] Das Geschenk wurde definiert als „eine unentgeltliche Zuwendung, die mit einem endgültigen Vermögensübergang verbunden sein soll“[272] und verlangte damit einen Vermögensvorteil. Es lag daher nahe, den – weiteren – Vorteilsbegriff auch auf Vorteile immaterieller Natur zu erstrecken. Eine generelle Beschränkung des Tatbestandes auf Vermögensvorteile[273] wurde auch gar nicht als gerechtfertigt angesehen: Neben der Tatsache, dass die §§ 331ff. StGB im Gegensatz zu etwa § 263 StGB nicht explizit von einem Vermögensvorteil sprechen, habe sich der Gesetzgeber des Jahres 1871 ausdrücklich von den Landesstrafrechten, die als Bestechungsmittel häufig nur Geld oder Vermögensvorteile hatten gelten lassen, distanziert.[274] Vorteile waren folglich freiwillige, auch unentgeltliche Zuwendungen, die nicht bereits unter den Begriff der Geschenke fielen.[275] In zahlreichen älteren

266 Zitiert nach *Goltdammer*, Materialien, S. 671.
267 *Goltdammer*, Materialien, S. 671.
268 *Goltdammer*, Materialien, S. 671.
269 *Goltdammer*, Materialien, S. 671.
270 *Oppenhoff*, Preußisches StGB, S. 532.
271 Hierzu *Jescheck*, LK-StGB (9. Auflage), § 331 Rn. 10; *Dauster*, NStZ 1999, 63 (65); krit. *Baumann*, Bestechungstatbestände, S. 13ff.
272 *Baumann*, Bestechungstatbestände, S. 13.
273 So aber *Geerds*, Unrechtgehalt der Bestechungstatbestände, S. 65ff.
274 RGSt 9, 166; *Baldus*, LK-StGB (9. Auflage), § 331 Rn. 10.
275 *Jescheck*, LK-StGB (6. und 7. Auflage), § 331 Rn. 6.

höchstrichterlichen Entscheidungen findet sich infolgedessen die Formel, „dass auch eine Befriedigung des Ehrgeizes, der Eitelkeit, des Geltungsbedürfnisses und der Sinneslust“ als Zuwendung eines Vorteils angesehen werden kann.[276] Indes sind zur Entscheidung nur Fälle zur Gewährung von Geschlechtsverkehr für eine Amtshandlung gekommen.[277] In den übrigen höchstrichterlichen Entscheidungen geschah die Erwähnung dieser Formel ohne Auswirkungen für die Entscheidung des konkreten Falles.[278] Trotzdem ist die Tendenz, den Begriff des Vorteils weit auszulegen, bereits hier deutlich zu erkennen.

Mit dem *EGStGB 1974*[279] wurde schließlich das „Geschenk“ aus dem Tatbestand entfernt. Das Geschenk gehe im Vorteilsbegriff auf, an dem nach den Materialien festgehalten werden sollte, „um außer den materiellen auch immaterielle Verbesserungen der Lage des Empfängers zu erfassen“[280]. Ein weites Verständnis des Vorteilsbegriffs war danach klarer Wille des Gesetzgebers.

Schon der klassische „materielle Vorteil“[281] erfasste aber neben Geld und Sachwerten auch die Überlassung von Gegenständen, die Einräumung von Rabatten oder Vergünstigungen oder die Ausrichtung von Feiern.[282] Darüber hinaus beinhaltet der heute gängige Vorteilsbegriff nun nach beinahe einhelliger Meinung auch den immateriellen Vorteil.[283] Einladungen zu Vorträgen und Empfängen können ebenso Vorteile darstellen wie die Verleihung von Titeln oder etwa positive Berichterstattung in den Medien sowie die Vermittlung des Zugangs zu Clubs oder eine Einladung zur Jagd. Dies gilt nach der jetzt herrschenden Ansicht allerdings nur, soweit der Vorteil objektiv messbar ist.[284] Demnach ist die

276 RG DRiZ 1924, 326; RG HRR 1939 Nr. 664; RG HRR 1949 Nr. 872; RG DR 1943, 77; zur Duldung sexueller Handlungen und Gewährung von Geschlechtsverkehr RGSt 9, 166, 64, 291, 71, 369; dazu *Jescheck*, LK-StGB (10. und 11. Auflage), § 331 Rn. 9; *Rudolphi/Stein*, SK-StGB, 58. Lfg., 6. Auflage, Sept. 2003, § 331 Rn. 21.

277 RGSt 9, 166; 64, 291;71, 369.

278 Vgl. *Baldus*, LK-StGB (9. Auflage),§ 331 Rn. 11; einzig BGH JZ 1960, 30 entschied konkret, dass die Annahme einer flüchtigen Zärtlichkeit keine Bestechlichkeit begründe.

279 BGBl. I 1974 S. 469 (496f.).

280 BT-Drucks. 7/550 S. 271.

281 Für eine Beschränkung des Vorteilsbegriffs auf lediglich materielle Vorteile *Schmidt*, Bestechungstatbestände, S. 14ff.

282 BGHSt 48, 44 (Betriebs- und Weihnachtsfeiern); BGH NStZ 2000, 90 (Gourmet-Restaurant); Zusammenstellung einzelner Fallgruppen bei *Korte*, MK-StGB, § 331 Rn. 62ff.; sowie *Heine*, Schönke/Schröder, Strafgesetzbuch, § 331 Rn. 18.

283 Ausdrücklich BT-Drucks. 7/550 S. 721; statt aller *Korte*, MK-StGB, § 331 Rn. 65; kritisch *Geerds*, JR 1996, 309 (311).

284 Dazu BGHSt 47, 295 (304); *Kuhlen*, NK-StGB, § 331 Rn. 39; *Korte*, MK-StGB, § 331 Rn. 68ff; *Heine*, Schönke/Schröder, Strafgesetzbuch, § 331 Rn. 19; *Dauster*, NStZ

Befriedigung des Ehrgeizes, der Eitelkeit und des Geltungsbedürfnisses entgegen früherer Entscheidungen der Rechtsprechung[285] und Auslegung in der Literatur nunmehr richtigerweise ebenso wenig als Vorteil einzuordnen wie die Erlangung der Gunst des Vorgesetzten oder die Verbesserung der wissenschaftlichen Entfaltungsmöglichkeiten.[286] Der BGH legt sich nicht fest, bezeichnet die Einbeziehung solcher Besserstellungen in den Vorteilsbegriff jedoch in einem obiter dictum als „fernliegend“.[287] Problematisch ist in solchen Fällen stets die Bemessbarkeit der verlangten „objektiven Besserstellung“.

Auch vertraglich geschuldete Zuwendungen sind nach herrschender Meinung vom Vorteilsbegriff erfasst: Zwar fehlt es nach der Ausgangsdefinition an einem Vorteil, soweit die Zuwendung auf einem rechtlich wirksamen Vertrag zwischen dem Amtsträger und dem Zuwendenden beruht, weil dem Amtsträger dann ein Rechtsanspruch auf die Gegenleistung erwächst;[288] in einem solchen Fall wird der Amtsträger jedoch regelmäßig schon durch den Vertragsabschluss besser gestellt, auf den er in aller Regel keinen Anspruch hat.[289] Ansonsten würde der bloße Abschluss eines Vertrages eine Umgehung der §§ 331, 333 StGB ermöglichen.[290] Dies gilt nach umstrittener, aber herrschender Auffassung auch dann, wenn durch die Zuwendungen ein angemessener Leistungsaustausch bewirkt wird.[291] Schließlich könne auch bei diesen eine unlautere Verknüpfung zwischen der Dienstausübung und der Besserstellung des Amtsträgers oder des

---

1999, 63 (65); *Rudolphi/Stein*, SK-StGB, 58. Lfg., 6. Auflage, Sept. 2003, § 331 Rn. 21.

285 RGSt 77, 75 (78); BGHSt 14, 123 (128) (Ehrgeiz); BGHSt 35, 128 (136) (Ansehen); OLG Zweibrücken, NStZ 204 (205); OLG Karlsruhe, NStZ 2001, 654 (655); hierzu ablehnend *Ambos*, JZ 2003, 345 (348).

286 BGHSt 47, 295 (304); *Korte*, MK-StGB, § 331 Rn. 67; *Heine*, Schönke/Schröder, Strafgesetzbuch, § 331 Rn. 19; *Lippert/Ratzel*, NJW 2003, 3301 (3304); *Rudolphi/Stein*, SK-StGB, 58. Lfg., 6. Auflage, Sept. 2003, § 331 Rn. 21.

287 BGHSt 47, 295 (304).

288 *Rudolphi/Stein*, SK-StGB, 58. Lfg., 6. Auflage, Sept. 2003, § 331 Rn. 22; *Korte*, MK-StGB § 331 Rn. 72.

289 BGHSt 31, 264 (280); *Heine*, Schönke/Schröder, Strafgesetzbuch, § 331 Rn. 18; *Dauster*, NStZ 1999, 63 (65); *Rudolphi/Stein*, SK-StGB, 58. Lfg., 6. Auflage, Sept. 2003, § 331 Rn. 22a; *Korte*, MK-StGB § 331 Rn. 72; *Lackner/Kühl*, StGB, § 331 Rn. 4; dies gilt, wie *Fischer*, StGB, § 331 Rn. 12, feststellt, natürlich nicht, wenn der Abschluss von (entgeltlichen) Verträgen gerade die Dienstaufgabe des Beamten darstellt.

290 Stellv. *Korte*, MK-StGB § 331 Rn. 72.

291 BGHSt 31, 264 (280); BGH NStZ-RR 2003, 171; *Heine*, Schönke/Schröder, Strafgesetzbuch, § 331 Rn. 18; *Fischer*, StGB, § 331 Rn. 12; *Korte*, MK-StGB, § 331 Rn. 73f; *Lackner/Kühl*, StGB, § 331 Rn. 4; differenzierend *Sowada*, LK-StGB § 331 Rn. 46; a.A. *Lüderssen*, JZ 1997, 114f.; *Zieschang*, JZ 2000, 95; *ders.* StV 2001, 290 (291).

Dritten bezweckt werden, durch die der Schutzzweck der Bestechungsdelikte beeinträchtigt werde.[292] Die h.M. nimmt daher auch wirtschaftlich ausgewogene Vertragsverhältnisse nicht per se aus dem Vorteilsbegriff aus.[293] Korrekturen können schließlich im Rahmen des Tatbestandsmerkmals der „Unrechtsvereinbarung" erfolgen, dem – wie noch zu zeigen sein wird[294] – bei der Anwendung der Bestechungsdelikte eine besondere Bedeutung zukommt. Veranschaulicht sei dies durch folgendes Beispiel (nach BGH NJW 2006, 225):

Ein Fotograf verspricht einer Schule die Überlassung eines Computers im Wert von 800 €, wenn diese ihm eine Schulfotoaktion vermittelt, bei der die Bilder den Schülern und Eltern zum Kauf angeboten werden.[295] Eine Abnahmepflicht besteht nicht. Als Gegenleistung für den Computer verlangt der Fotograf konkret die Ermöglichung des Fototermins auf dem Schulgelände, eingebunden in den Schulalltag.

Der BGH (Senat für *Zivilsachen*!) hatte hier über die wettbewerbsrechtliche Zulässigkeit des Vorgehens des Fotografen zu entscheiden, hat aber in diesem Zuge auch zu der Frage Stellung genommen, ob in dem Sachverhalt eine unzulässige Vorteilsannahme/Vorteilsgewährung nach §§ 331 Abs. 1, 333 Abs. 1 StGB zu erblicken sei.[296] Der Senat verneinte schon das Vorliegen eines Vorteils.[297] Werde aufgrund eines entgeltlichen Vertrags für eine geldwerte Leistung eine Gegenleistung erbracht, liege darin zumindest dann kein Vorteil, wenn die Gegenleistung als Entgelt nicht unangemessen und nicht schon der Vertragsschluss als solcher als Vorteil anzusehen sei.[298] Eine solche Situation liege hier vor. Die Überlassung des PC stehe in einem Gegenseitigkeitsverhältnis zu den Leistungen der Schule.[299] Die Werte der beiderseitigen Leistungen stünden nicht in einem Ungleichgewicht und es bedeute auch nicht schon der Vertragsschluss an sich einen Vorteil.[300]

---

292 *Busch*, NJW 2006, 1100 (1101).

293 BGHSt 31, 264 (280); Lackner/*Kühl*, § 331 Rn. 4; *Kuhlen*, NK-StGB § 331 Rn. 51; Schönke/Schröder *Heine*, § 331 Rn. 18; *Rudolphi/Stein*, SK-StGB § 331 Rn. 22 a; *Korte*, MüKo StGB § 331 Rn. 74; *Busch*, NJW 2006, 1100 (1101);

294 Hierzu sogleich ausführlich unter Ziff. 3.

295 Fall nach BGH NJW 2006, 225 (zivilrechtliche Entscheidung); mit Besprechung (unter strafrechtlicher Beurteilung) von *Busch*, NJW 2006, 1100 ff; *Ambos/Ziehn*, NStZ 2008, 498ff.

296 BGH NJW 2006, 225 (228).

297 BGH NJW 2006, 225 (228).

298 BGH NJW 2006, 225 (228).

299 BGH NJW 2006, 225 (228).

300 BGH NJW 2006, 225 (228).

Diese Argumentation greift jedoch angesichts des Vorgesagten zu kurz.[301] Die Schule, oder wenigstens der Schulträger, wurde nämlich hier durch den Abschluss des Vertrages über die Zuwendung des Computers als Gegenleistung für die Vermittlung des Fototermins durchaus rechtlich besser gestellt, da ihr im Falle des Bedingungseintritts ein Anspruch auf den Computer erwächst. Auf den Abschluss eines solchen Vertrages bestand auch kein Anspruch, so dass das Vorliegen eines Vorteils grundsätzlich zu bejahen ist.[302] Ob Leistung und Gegenleistung in einem angemessenen Verhältnis zueinander stehen, kann schon deshalb keine Rolle spielen, weil es keine sachlichen Kriterien für einen objektiven Wettbewerbs- oder Marktpreis für die Mitwirkung an der Organisation eines Schulfototermins gibt.[303]

Entsprechend führt inzwischen auch der 3. Strafsenat des BGH[304] hierzu aus, für den Fall, dass der Fotograf den Schulleiter dazu bewegen wollte, ihm einen Auftrag für die Fotoaktion zu erteilen, komme eine Strafbarkeit (sogar) nach § 334 Abs. 3 Nr. 2 StGB unabhängig davon in Betracht, ob die angebotenen Leistungen objektiv auch als angemessenes Entgelt für die Mitwirkung der Lehrkörper an der Fotoaktion (z.B. durch Eingliederung der Aktion in den laufenden Schulbetrieb, Zurverfügungstellen der Räume etc.) angesehen werden könnten.[305] Es sei daher im gegenwärtigen Verfahrensstadium also gar nicht von Belang (im Rahmen einer Neuverhandlung aber zu beachten), ob der Abschluss eines derartigen Vertrages schulverwaltungsrechtlich zulässig sei und entsprechend der Ansicht des I. Zivilsenats geeignet wäre, den Vorteil im Sinne der Bestechungsdelikte entfallen zu lassen.[306] Auch der Hinweis auf den erfolgten Abschluss eines Vertrages lasse die Strafbarkeit nicht entfallen.[307] Um eine Umgehung der Bestechungstatbestände durch die Vereinbarung eines Vertragsverhältnisses zu verhindern, bedürfe es in solchen Fällen stets der „Abgrenzung des unlauteren korruptiven Kaufs einer Diensthandlung im formellen Gewande eines gegenseitigen Vertrages von den vielfältigen Fällen, in denen die öffentliche

301 So inzwischen wohl auch BGH (für Strafsachen!) 3 StR 492/10.

302 So auch *Ambos/Ziehn*, NStZ 2008, 498 (500).

303 Vgl. *Busch*, NJW 2006, 1100 (1101); a.A. *Ambos/Ziehn*, NStZ 2008, 498 (500), die den durchschnittlichen Gesamtkostenaufwand des Fotografen für den Fall der Verweigerung der Übernahme notwendiger Organisationsaufgaben auf Grundlage einer Erhebung der Bundesvereinigung deutscher Schulfotografen e.V. auf 2,70 € bestimmen.

304 BGH (für Strafsachen!) 3 StR 492/10.

305 BGH, Entscheidung vom 26.05.2011, 3 StR 492/10, Rn. 9, zitiert nach juris.

306 BGH, Entscheidung vom 26.05.2011, 3 StR 492/10, Rn. 23 ff., zitiert nach juris.

307 BGH, Entscheidung vom 26.05.2011, 3 StR 492/10, Rn. 20, zitiert nach juris.

Verwaltung zur Erfüllung ihrer Aufgaben regelmäßig öffentlich-rechtliche oder […] zivilrechtliche Verträge schließt".[308]

Diese Differenzierung ist konsequent. Für den Fall, dass die Zuwendung des PC als Gegenleistung für die Erlaubnis zur Durchführung des Fototermins erfolgte, war es gerade das Ziel des Fotografen, dass die entsprechenden Amtsträger sich bei der Ausübung ihres Ermessens durch den gewährten Vorteil beeinflussen lassen und diesen „in die Waagschale legen".[309] In dieser Konstellation läge somit auch das notwendige Äquivalenzverhältnis zwischen Vorteil und Dienstausübung vor, so dass entgegen der Ansicht des Zivilsenats eine Strafbarkeit durchaus in Betracht kommt. Nimmt man hingegen mit der Vorinstanz – dem LG Hildesheim[310] – an, der Fotograf habe mit den Geld- oder Sachleistungen lediglich die Arbeit der Schule beim Ablauf der Aktion, insbesondere beim Vertrieb der Bilder und beim Inkasso des Entgelts in angemessenem Umfang honoriert,[311] so könnte allenfalls die Einhaltung von Erlaubnisnormen aus dem geltenden Schulrecht und der damit verbundenen vergabe- und dienstrechtlichen Vorschriften zum Sponsoring öffentlicher Einrichtungen und Behörden durch Privatpersonen oder Unternehmen eine Unrechtsvereinbarung entfallen lassen.[312] Die Generalermächtigung zum Abschluss öffentlich-rechtlicher Verträge gem. § 54 VwVfG kann hier hingegen nicht herangezogen werden.[313] Denn die Erlaubnis zum Vertragsabschluss legalisiert nicht automatisch auch dessen Inhalt.[314] Im Ergebnis stützen sich daher auch *Ambos/Ziehn* schließlich auf eine „normative Gesamtbewertung".[315] Der BGH lässt diese Frage im Hinblick auf

308 BGH, Entscheidung vom 26.05.2011, 3 StR 492/10, Rn. 22, zitiert nach juris.

309 BGH, Entscheidung vom 26.05.2011, 3 StR 492/10, Rn. 8 ff., zitiert nach juris; Begrifflichkeit „in die Waagschale legen" nach BGHSt 15, 239.

310 LG Hildesheim, Entscheidung vom 11.05.2010, Az. 116 KLs 4252 Js 103632/04 (zitiert nach Juris).

311 LG Hildesheim, Entscheidung vom 11.05.2010, Az. 116 KLs 4252 Js 103632/04, Rn. 110 ff. (zitiert nach Juris).

312 So zum Beispiel §§ 98,99 NWSchulG; vgl. ausführlich zur Allgemeinen Verwaltungsvorschrift zur Förderung der Tätigkeit des Bundes durch Leistungen Privater *Schröder*, NJW 2004, 1353ff., die Verwaltungsvorschrift selbst abgedruckt in NJW 2004, 1367; hierzu auch *Ambos/Ziehn*, NStZ 2008, 498 (500); indes ist nicht, wie *Rosenau* in Satzger/Schmitt/Widmaier, StGB § 331 Rn. 44 vorschlägt, ein bloßer Hinweis auf die Grundsätze zur Drittmittelforschung ausreichend.

313 So aber neben den landesrechtlichen Vorschriften *Ambos/Ziehn*, NStZ 2008, 498 (500).

314 Siehe hierzu sogleich die Ausführungen zur Drittmittelentscheidung.

315 *Ambos/Ziehn*, NStZ 2008, 498 (501).

das gegenwärtige Verfahrensstadium dahinstehen.[316] Das LG habe zunächst ausreichende Feststellungen dahingehend zu treffen, welche Motivation den Zuwendungen des Fotografen zugrunde lag.[317] Auf das Vorliegen eines strafrechtlich relevanten Vorteils haben diese jedoch keine Auswirkungen. Die Frage der Angemessenheit ist hier – wie bereits eingangs erörtert – nicht von Belang, sondern kann allenfalls eine Rolle bei den wertenden Betrachtungen zur Unrechtsvereinbarung spielen.

Vorteilhaft kann auch das *Unterlassen* einer Handlung sein, das zur Vermeidung negativer Veränderungen führt und damit der Beibehaltung des status quo dient.[318] Es gilt jedoch, in diesen Fällen genau zu unterscheiden, ob es sich, statt um die Beibehaltung des status quo, nicht vielmehr um eine bloße Nachteilsvermeidung handelt.[319] Im Falle der Nachteilsvermeidung zeigt sich der Amtsträger nämlich nicht käuflich, sondern allenfalls nötigungsanfällig, so dass kein Vorteil im Sinne der Bestechungsdelikte vorliegt.[320]

Bis heute ist der Vorteilsbegriff Gegenstand einer lebhaften Diskussion mit teilweise weit reichenden Revisionsvorschlägen.[321] Nachhaltig diskutiert wird vor allem die Einführung einer Geringfügigkeitsklausel nach dem Vorbild des § 248a StGB, nach der geringfügige Zuwendungen nicht als Vorteile angesehen werden sollten.[322] In eine ähnliche Richtung ging der vor dem EGStGB 1974 vorgenommene Versuch, zwischen Geschenken und bloßen Aufmerksamkeiten zu unterscheiden, wobei die Aufmerksamkeiten von vornherein nicht als tatbestandsmäßig betrachtet werden sollten.[323] Jedoch sind auch Zuwendungen im

316 BGH, Entscheidung vom 26.05.2011, 3 StR 492/10, Rn. 5, 17ff.

317 BGH, Entscheidung vom 26.05.2011, 3 StR 492/10, Rn. 5, 17.

318 *Fischer*, StGB, § 331 Rn. 11d; *Korte*, MK-StGB, § 331 Rn. 64.

319 Zur Differenzierung *Kuhlen*, NK-StGB § 331 Rn. 36, 37; zustimmend *Korte*, MK-StGB, § 331 Rn. 64; *Rudolphi/Stein*, SK-StGB, 58. Lfg., 6. Auflage, Sept. 2003, § 331 Rn. 19. Als allgemeine Faustregel liegt nach der Literatur die Beibehaltung des status quo immer dann vor, wenn der Beamte ohnehin mit einer für ihn nachteiligen Veränderung rechnen musste; wird die Übelszufügung hingegen erst im Zusammenhang mit der erwarteten Dienstausübung ins Spiel gebracht, so steht die Nachteilsvermeidung im Vordergrund.

320 *Rudolphi/Stein*, SK-StGB, 58. Lfg., 6. Auflage, Sept. 2003, § 331 Rn. 19.

321 *Jescheck*, LK-StGB (10. Auflage), § 331 Rn. 8. Vorteile als *„Zuwendungen, die nach dem Willen der Beteiligten als Entgelt die Amtshandlung haben sollen, im übrigen unentgeltlich sind“*. Entwurf eines Allgemeinen Deutschen Strafgesetzbuches S. 15, Begründung S. 69 statt Vorteil sollte die Annahme eines Entgelts unter Strafe stehen; zum damaligen Streitstand *Kargl*, ZStW 114 (2002), 762 (770) m.w.N

322 So *Kaiser*, NJW 1981, 321 (322) (50 DM); dagegen auch *Fuhrmann*, GA 1959, 97 (98f.); *Creifelds*, GA 1962, 33 (34).

323 Dazu *Baumann*, Bestechungstatbestände, S. 13.

unteren Preissegment grundsätzlich geeignet, die Gunst des Beschenkten herzustellen oder zu erhalten.[324] Die Auswirkungen des materiellen Vorteils sind außerdem je nach wirtschaftlicher Lage des Empfängers unterschiedlich und daher nur schwer vermittels einer starren Wertgrenze zu erfassen.[325]

2. Drittvorteile

Die Entscheidung des Gesetzgebers, den Vorteilsbegriff durch das Korruptionsbekämpfungsgesetz 1997 noch um den Drittvorteil zu ergänzen, bestätigt die bis dahin auszumachenden Tendenzen einer extensiven Auslegung des Vorteilsbegriffes.[326]

Die Einbeziehung eines Dritten war zwar auch vor dem Korruptionsbekämpfungsgesetz nicht ausdrücklich ausgeschlossen, hierfür bedurfte es jedoch nach herrschender Meinung einer Ausdehnung des immateriellen Vorteilsbegriffs bzw. einer weit gefassten Auslegung des mittelbaren Vorteils.[327] Die dem Dritten zugedachte Zuwendung musste der Amtsperson danach zumindest in irgendeiner Hinsicht mittelbaren Nutzen bringen.[328] Probleme gab es daher bei Vorteilen, die lediglich einer Personenvereinigung zugute kamen. Da nach der ganz herrschenden Ansicht die Vorteilsannahme ein *eigennütziges* Handeln voraussetzte, war es hier nach der Rechtsprechung des BGH eine Frage des Einzelfalles, wann ein mittelbarer (Eigen-) Vorteil des Amtsträgers vorliegen sollte.

---

324 Kritisch auch *Baumann*, Bestechungstatbestände, S. 13ff; wie hier auch *Fuhrmann*, GA 1959, 97 (98f.), nach dem die „Erfahrung zeigt, dass auch die kleinsten Aufmerksamkeiten von den an den öffentlichen Aufträgen interessierten Wirtschaftskreisen nur an diejenigen Beamten verschenkt werden, mit denen sie in irgendeiner Weise zusammenarbeiten müssen".

325 *Baumann*, Bestechungstatbestände, S. 14.

326 Hierzu *Cramer*, Zum Vorteilsbegriff in den Bestechungsdelikten in: FS für Roxin, 945 (947); *Kargl*, ZStW 114 (2002), 762 (768f.).

327 RGSt 1, 404 (405); RGSt 13, 396f.; BGHSt 33, 336 (339); BGHSt 35, 128(135); *Jescheck*, LK-StGB, § 331 Rn. 7; *Kuhlen*, NStZ 1988, 433 (436); *Kaiser*, NJW 1981, 321 (322); in einer grundlegenden Entscheidung (BGHSt 15, 286 (287)) beschied der BGH, dass auch bei Weiterleitung des Geldes durch den annehmenden Beamten eine Vorteil nicht ausgeschlossen sein sollte. Er fingierte als Begründung auch im Folgenden (BGH NStZ 1988, 460, mit Anm. *Kuhlen*, NStZ 1988, 433) einen unmittelbaren Vorteil, da dem Beamten die faktische Möglichkeit zustehe, das Geld *irgendwie*, insbesondere: als *eigenes* zu behandeln. Bei ordnungsgemäßer Weiterleitung werde der Vorteil zwar beseitigt, das ändere jedoch an der einmal eingetretenen Strafbarkeit nichts; zum Ganzen auch *Cramer*, Zum Vorteilsbegriff bei den Bestechungsdelikten, in: FS für Roxin, 945 (947).

328 BGHSt 14, 123 (128); BGHSt 33, 339; BGHSt 35, 128 (134); *Pfeiffer*, NJW 1997, 782 (783).

Ebenso wurde aber vertreten, auch die fremdnützige Annahme eines Vorteils sei tatbestandsmäßig im Sinne der §§ 331 ff.[329] Mit Blick auf die gängige Praxis der Ausweitung des Vorteilsbegriffes zur Einbeziehung des Drittvorteils bezeichnet der Regierungsentwurf die Tatsache, dass die Strafbarkeit wegen Vorteilsannahme und Bestechlichkeit nunmehr nicht mehr davon abhängt, ob der Vorteil dem Amtsträger selbst oder einem Dritten gewährt wird, als bloße „Klarstellung".[330] Indes stellte das Gesetz nicht bloß die schon bis dahin von der Rechtsprechung praktizierte Einbeziehung von mittelbaren Eigenvorteilen klar, sondern erweiterte den Anwendungsbereich im Vergleich zur Situation vor dem Korruptionsbekämpfungsgesetz 1997 deutlich. Nach der heutigen Fassung der Bestechungsdelikte ist es mit dem Wortlaut durchaus vereinbar, auch völlig fremdnützige Vorteile zu erfassen.

Dies scheint auf den ersten Blick im Widerspruch zu der Wertung zu stehen, mit den Bestechungsdelikten vor allem den Eigennutz des Amtsträgers und sein dadurch motiviertes Handeln ahnden zu wollen.[331] Während man bei Zuwendungen an die Ehefrau oder die Kinder des Amtsträgers durchaus noch einen Bezug zu dessen Interessen herstellen und daher bei einer weiten Auslegung sogar noch den mittelbaren Eigennutz bejahen kann, gerät man vor allem dann in Schwierigkeiten, wenn der Drittvorteil einen – zumindest vordergründig – uneigennützigen Zweck verfolgt. Teilweise werden solche scheinbar uneigennützigen Spenden deshalb auch bei der gegenwärtigen Rechtslage aus dem Unrechtsbereich der Bestechungsdelikte herausgenommen.[332] Herangezogen wird hier stets das (Schul)-Beispiel des Feuerwehrmannes, welcher ein Kind vor dem sicheren Flammentod rettet und dessen Eltern sich nun mit einer Spende an die Feuerwehr erkenntlich zeigen möchten.[333] Den Kritikern ist im Ergebnis recht zu geben, dass dieser Fall nicht in den Unrechtsgehalt der §§ 331 ff. StGB fallen kann. Der Grund hierfür liegt jedoch nicht darin, dass hier kein relevanter Vorteil für den Amtsträger besteht, sondern ergibt sich schlicht aus dem richtigen

329 *Rudolphi*, NJW 1982, 1417 (1419ff.); *Kuhlen*, NStZ 1988, 433 (436); *Sonnen*, JA 1988, 232 (233).

330 BT-Drucks. 13/5584 S. 9; *Hettinger*, NJW 2006, 2263 spricht von einer „Ausdehnung". Der Entwurf des Bundesrates BT-Drucks. 13/3353 S. 2 bezeichnet die Erstreckung auf Drittzuwendungen korrekt als „Erweiterung".

331 Siehe dazu ausführlich Teil 1 der Arbeit.

332 *Geerds*, Bestechungsdelikte, S. 51.

333 *Schreier*, Unrechtsvereinbarung, S. 62f.; *Cramer*, Zum Vorteilsbegriff bei den Bestechungsdelikten, in: FS für Roxin, 945 (947).

Verständnis der Unrechtsvereinbarung, auf das noch einzugehen sein wird.[334] Für den Vorteilsbegriff ergibt sich indes folgendes:

Der Unrechtsgehalt der Bestechungsdelikte wird am Vorliegen einer verwerflichen Austauschbeziehung gemessen. Hierfür kann es aber keinen Unterschied machen, ob der Vorteil dem Amtsträger selbst nützt oder einem Dritten.[335] Denn auch wenn der Amtsträger sich großzügig zeigt, stellt der Vorteil das motivatorische Moment dar, welches ihn in seiner Entscheidung beeinflusst. Es ist kaum vorstellbar, dass der Vorteilsgeber irgendeiner Institution, die dem Amtsträger möglicherweise nicht einmal bekannt ist, einen Vorteil zuwendet und sich hiervon Auswirkungen auf etwa anstehende Verwaltungsentscheidungen erhofft. Ebenso wenig ist wahrscheinlich, dass der Amtsträger sich durch die Zuwendung an einen Dritten, die er nicht zumindest ideell wertschätzt, beeinflussen lassen wird. Der motivatorische Einfluss des Vorteils ist folglich jedenfalls dann zu bejahen, wenn zugleich die Voraussetzungen der Unrechtsvereinbarung erfüllt werden. Auch wenn die motivatorische Wirkung dann nicht auf das klassische Merkmal des Eigennutzes zurückzuführen ist, so hat doch offensichtlich auch diese Zuwendung Auswirkungen auf den Amtsträger, der ja ansonsten nicht angesichts eben dieses Vorteils eine Diensthandlung versprochen hätte. Der Unrechtsgehalt bleibt daher auch bei scheinbar uneigennützigen Vorteilen erhalten: auch hier ist der Amtsträger offensichtlich gewillt, mit Rücksicht auf eine Geldzahlung eine Entscheidung zu treffen.[336] Das Merkmal des Eigennutzes geht insoweit in dem Erfordernis der motivatorischen Wirkung des Vorteils auf. Diese Wirkung stellt indes keine gesondert zu prüfende Tatbestandsvoraussetzung dar, sondern ergibt sich nach dem Vorgesagten ohne Weiteres aus dem Vorliegen einer Unrechtsvereinbarung.

3. Fazit

Der Vorteilsbegriff ist berechtigterweise weit auszulegen. Seine Aufgabe ist es, jede Zuwendung zu erfassen, der potentiell eine motivatorische Wirkung auf den Amtsträger zukommen kann. Ob dies tatsächlich der Fall ist, zeigt sich erst bei der Beurteilung der Frage, ob auch das Merkmal der Unrechtsvereinbarung gegeben ist. In dieser Funktion kann der Vorteilsbegriff nur sehr bedingt als Anknüpfungspunkt für eine Unterscheidung strafwürdiger von nicht strafwürdigen Fällen dienen. Eine verlässliche Abgrenzung soll er aber auch gar nicht leisten.

---

334 Siehe im Weiteren unter III.
335 *Gribl*, Bestechungsdelikte, S. 78f.
336 *Rudolphi*, NJW 1982, 1417 (1420); *Gribl*, Bestechungsdelikte, S. 79.

Im Grundsatz müssen zunächst alle möglicherweise korruptiven Handlungsformen erfasst werden, um sie auf einer nächsten Ebene dahingehend zu untersuchen, ob sie das eigentliche Unrecht der Vorteilsannahme/Vorteilsgewährung verwirklichen.[337] Dieses liegt aber nicht schon in der Annahme eines Vorteils selbst, sondern bedarf des Hinzutretens weiterer Komponenten (ausdrücklich der eines verwerflichen Beziehungsverhältnisses zu einer Gegenleistung), die eine Beeinflussung des Amtsträgers und die Verletzung des geschützten Rechtsgutes nahe legen. Ein weites Verständnis des Vorteilsbegriffs ist daher angebracht und nützlich.

II. Die Tathandlungen

1. Annehmen/Gewähren

Nach der herrschenden Meinung ist unter dem Annehmen eines Vorteils zu verstehen, einen geforderten oder angebotenen Vorteil tatsächlich zu empfangen, entweder für sich selbst oder zwecks Weitergabe an einen Dritten, für den er bestimmt ist; darüber hinaus ist es nach überwiegender Auffassung ausreichend, dass der Vorteil im Einverständnis mit dem Täter unmittelbar an den Dritten gelangt.[338]

Das Annehmen eines Vorteils war bereits zu Beginn der Entwicklung der Bestechungsdelikte strafwürdiges Unrecht. Das ALR stellte in § 360 sogar *ausschließlich* die Annahme eines Vorteils unter Strafe. Als tatsächlicher Empfang ist die Annahme die deutlichste Form des Zusammenwirkens zwischen dem Vorteilsgeber und dem Amtsträger zum Zwecke der Schließung einer Unrechtsvereinbarung. Konsequent verlangt die Annahme weiterhin eine Willensübereinstimmung zwischen Geber und Nehmer dahingehend, dass die Leistung *für* eine Dienstausübung empfangen wird. Dem „Annehmen" des Vorteils in §§ 331, 332 StGB entspricht die Tathandlung des „Gewährens" in §§ 333, 334 StGB.

2. Sichversprechenlassen/Versprechen

Unter dem Sichversprechenlassen versteht man das ausdrückliche oder schlüssige Annehmen eines Angebots einer künftigen Leistung durch den Amtsträger.[339] Dabei ist die tatsächliche Vornahme der Leistung keine Voraussetzung für eine Strafbarkeit. Die Aufnahme des Sich-versprechen-lassens in den Katalog der

337 Vgl. auch *Dauster*, NStZ 1999, 63 (64); *Bottke*, ZRP 1998, 215 (218ff).

338 Statt aller *Fischer*, StGB § 331 Rn. 20.

339 Statt aller *Fischer*, StGB, § 331 Rn. 19.

Tathandlungen zeigt, dass bereits das Schließen einer Unrechtsvereinbarung zu einer Strafbarkeit führt und stellt daher ein wichtiges Indiz für die zentrale Stellung der Unrechtsvereinbarung dar. Das bloße Versprechen(lassen) könnte ansonsten noch kein Unrecht darstellen.

Dem Sich-versprechen-lassen korrespondiert das „Versprechen“ eines Vorteils auf der Geberseite.

3. Fordern/Anbieten

Unter dem „Fordern“ eines Vorteils versteht die überwiegende Ansicht das ausdrückliche oder konkludente Erkennenlassen des Amtsträgers, dass er einen Vorteil für seine Dienstausübung begehrt.[340] Spiegelbildlich dazu wird unter dem „Anbieten“ eines Vorteils das „Angebot zum Abschluss einer Unrechtsvereinbarung“ verstanden.[341] Dem Amtsträger wird ein Vorteil für eine Dienstausübung angeboten.[342]

Während die Handlungsalternativen des Annehmens und des Sichversprechenlassens konsequent Ausdruck der Idee eines Zusammentreffens zweier Seiten zu einer rechtswidrigen Übereinkunft sind, nimmt die Variante des „Forderns“ mit der auf Geberseite korrespondierenden Form des „Anbietens“ eine Sonderrolle ein, da es sich hier um einseitiges Verlangen des Amtsträgers bzw. ein einseitiges Angebot des Anbietenden handelt.

So ist nach inzwischen h.M. die Tatbestandsvariante des Forderns bereits vollendet, wenn die Forderung dem Adressaten zugegangen, d.h. zur Kenntnis gelangt ist.[343] Nicht erforderlich ist, dass der Adressat das an ihn gerichtete Ansinnen auch versteht.[344] Der Amtsträger stelle seine Forderung „häufig in versteckter Form und doch mit dem Willen, dass der andere Teil den wahren Zusammenhang erkennt“.[345] Die Strafbarkeit könne nicht davon abhängig gemacht werden, ob der andere Beteiligte zufällig „die von dem Beamten bei seiner Forderung verfolgte Absicht durchschaut oder wenigstens zu durchschauen vermag“.[346] Der Amtsträger müsse daher den Vorteil für eine Amtshandlung mit

340 Statt aller *Fischer*, StGB § 331 Rn. 18.
341 *Stein/Rudolphi*, SK-StGB, § 333, Rn. 7.
342 *Kuhlen*, NK-StGB, § 333, Rn. 4 unter Hinweis auf BGH NJW 2007, 3446 (3449).
343 Exemplarisch *Kuhlen*, NK-StGB, § 331, Rn. 17; *Fischer*, StGB, § 331, Rn. 18.
344 BGHSt 10, 237, 242; zust. Schönke-Schröder *Heine*, StGB, § 331 Rn. 22; *Fischer*, StGB, § 331, Rn. 18; *Kuhlen*, NK-StGB, § 331, Rn. 17f.; *Rudolphi/Stein*, SK-StGB § 331 Rn. 18.
345 BGHSt 10, 237, (242).
346 BGHSt 10, 237, (242).

dem – wenn auch nur bedingten – Willen verlangen, dass sich der andere des Zusammenhangs zwischen Vorteil und Amtshandlung bewusst werde, auch wenn dieses letztlich nicht geschehe.[347] Es genügt folglich, dass lediglich der Vorteilsnehmer (und spiegelbildlich beim „Anbieten" der Vorteilsgeber) die Vorstellung einer Unrechtsvereinbarung hat. Begründet wird diese Sichtweise mit der besonderen Verwerflichkeit dieses Tatbestandsmerkmals: „Der dargelegten besondersartigen Beurteilung des Merkmals 'Fordern` kann auch nicht etwa entgegengehalten werden, daß der einen Vorteil fordernde Beamte im Verhältnis zu demjenigen, der Vorteile annimmt oder sich versprechen läßt, insoweit schlechtergestellt sei; denn bei dem Fordern handelt der Beamte in besonders verwerflicher Weise, weil er von sich aus an den anderen herantritt und so überhaupt seine Käuflichkeit zu erkennen gibt, während bei dem bloßen 'Annehmen` und 'Sichversprechenlassen' der andere Beteiligte den Anstoß zur Tat gibt".[348]

Spiegelbildlich ist es in der Variante des „Anbietens" (§ 333 StGB) gleichgültig, ob der in Bezug genommene Amtsträger tatsächlich bereit ist, die angesonnene Handlung auszuführen.[349] Das Anbieten eines Vorteils besteht mithin in einer lediglich einseitigen Erklärung.[350] Es ist nach dem BGH „nicht erforderlich, dass zwischen dem Amtsträger und dem Vorteilsgeber eine Unrechtsvereinbarung geschlossen wird, so dass eine Strafbarkeit nicht schon wegen der Unkenntnis des Amtsträgers von den Hintergründen des Angebots ausscheiden würde".[351] Vollendet ist die Tat somit bereits, sobald die Angebotserklärung dem Amtsträger zur Kenntnis gelangt ist und zwar unabhängig davon, ob er sie auch verstanden hat.[352]

Zur Konturierung der Tatbestandsmerkmale wird zudem, teilweise unter Hinweis auf die Rechtsprechung,[353] überwiegend das Vorliegen eines objektiven Bedeutungsgehalts der Erklärung gefordert.[354] Maßstab ist dann, dass durch einen jedenfalls durchschnittlich befähigten Adressaten erkennbar ist, dass der

347 BGHSt 10, 237, (242).
348 BGHSt 10, 237, (242).
349 Schönke-Schröder *Heine*, StGB, § 333, Rn. 3, 9 unter Hinweis auf RGSt 74, 255; *Stein/Rudolphi*, SK-StGB, § 333, Rn. 8.
350 *Kuhlen*, NK-StGB, § 333, Rn. 4; RGSt 26, 424 (425).
351 BGH NJW 2007, 3446 (3449).
352 *Stein/Rudolphi*, SK-StGB, § 333, Rn. 8.
353 RGSt 70, 166, (171f.); 77, 75 (76); BGHSt 16, 40 (46).
354 *Kuhlen*, NK-StGB, § 331, Rn. 18, § 333, Rn. 4; *Korte*, MK-StGB § 331 Rn. 53; *Jeschek*, LK-StGB, § 331, Rn. 4.

Vorteil für eine Dienstausübung gefordert bzw. für eine solche angeboten wird.[355] Dies steht letztlich nicht im Widerspruch zu den Ausführungen des BGH in der bereits zitierten Entscheidung.[356] Hiernach kommt es lediglich nicht auf das Auffassungsvermögen des *konkret Adressierten* an. Darüber hinaus fordert aber auch der BGH in einer neueren Entscheidung ausdrücklich: „Die das Verlangen eines Vorteils objektiv zum Ausdruck bringende, d.h. von einem verständigen Betrachter in der Situation des Angesprochenen so zu verstehende Erklärung des Amtsträgers muss zur Kenntnis des potentiellen Gebers gebracht werden“.[357]

Das skizzierte Verständnis der Tatbestände ist zu befürworten. Es berücksichtigt, dass der Unrechtsgehalt bereits mit Kundgabe der Käuflichkeit/ dem Ansinnen der Vorteilsgewährung verwirklicht ist, konturiert aber gleichzeitig den Tatbestand durch das Erfordernis der objektiven Erkennbarkeit. Die Tatbestandsvariante des Forderns/Anbietens ist trotz ihrer Sonderstellung folglich konsequenter Ausdruck des den §§ 331, 333 StGB zugrunde liegenden Schutzgutes. Durch die Kundgabe seiner Forderung zeigt sich der Amtsträger tatsächlich käuflich und kommerzialisiert damit die Dienstausübung zu seinen Gunsten. Spiegelbildlich berührt auch der einen Vorteil lediglich Anbietende bereits das Schutzgut, indem er eine unlautere Beeinflussung des Amtsträgers intendiert.

III. Die Unrechtsvereinbarung

Unter der sog. „Unrechtsvereinbarung“ versteht die ganz herrschende Meinung die inhaltliche Verknüpfung von Dienstausübung und Vorteilszuwendung in Form einer Übereinkunft zwischen dem Amtsträger und dem Zuwendenden.[358] Schon *Eberhard Schmidt* stellte fest, dass die tatbestandsmäßigen Handlungen ihre Bedeutung niemals aus sich selbst heraus entfalten, sondern immer erst durch das spezifische Äquivalenzverhältnis, welches zwischen Vorteil und Diensausübung bestehen müsse.[359]

Dabei muss ein Leistungsaustausch nicht tatsächlich stattgefunden haben.[360] Um einen umfassenden Schutz des Rechtsgutes zu gewährleisten, genügt vielmehr schon das bloße Vorliegen der *Vereinbarung* für eine Strafbarkeit. Die Un-

355 *Kuhlen*, NK-StGB, § 331, Rn. 17.
356 BGHSt 10, 237, (242).
357 BGH wistra 2006, 344ff.
358 Statt aller *Fischer*, StGB § 331 Rn. 21; *Sowada*, LK-StGB § 331 Rn. 64.
359 *Schmidt*, Bestechungstatbestände, Rn. 125.
360 Vgl. *Fischer*, StGB § 331 Rn. 21.

rechtsvereinbarung beschreibt das tatbestandliche Beziehungsgeflecht zwischen Vorteil und Dienstausübung. Man versteht hierunter im Sinne der Bestechungsdelikte folglich nicht im Wortsinne eine „Vereinbarung über Unrecht", sondern ihren Gegenstand (d.h. das Übereingekommene) selbst, dh. die Konnexität zwischen Vorteil und Diensthandlung.[361] Weil das Unter-Strafe-Stellen dieses Beziehungsgeflechts selbst der negativen Bewertung eines derartigen Zusammenwirkens zwischen Amtsträger und Bürger Ausdruck verleiht, wird die Unrechtsvereinbarung oftmals als „Kern der Bestechungstatbestände"[362] bezeichnet.

1. Das Verhältnis von Leistung und Gegenleistung

a. Bestimmtheit der Gegenleistung

Die für eine Strafbarkeit nach den §§ 331 ff. StGB notwendige Äquivalenzbeziehung zwischen Vorteil und Dienstausübung ist im gesetzlichen Tatbestand durch das Wort „für" angelegt und war bereits seit der Einführung der Bestechungsdelikte das entscheidende Strafbarkeitsmoment. Während sich §§ 331, 333 StGB darauf beschränken, der Amtsträger müsse „für" eine Dienstausübung einen Vorteil annehmen (fordern oder sich versprechen lassen), verlangen §§ 332, 334 StGB darüber hinaus, der Vorteil müsse „*als Gegenleistung* dafür" gefordert, versprochen oder angenommen werden, dass der Amtsträger eine pflichtwidrige Diensthandlung „vorgenommen hat oder künftig vornehmen werde". Die Anforderungen an die Unrechtsvereinbarung sind folglich bei Vorteilsannahme und Bestechlichkeit (und entsprechend bei Vorteilsgewährung und Bestechung) unterschiedlich: so setzt § 331 StGB nicht (mehr) voraus, dass der Vorteil um einer *bestimmten* zukünftigen oder vergangenen Diensthandlung willen gewährt werde (oder gewährt werden solle).[363] Vielmehr ist nunmehr auch der Bereich der unspezifischen Zuwendungen von der Strafbarkeit erfasst, durch die das allgemeine Wohlwollen des Amtsträgers gesichert werden soll.[364] Hingegen verlangt § 332 StGB, dass sich die Tathandlung auf eine *bestimmte* (pflichtwidrige) Diensthandlung bezieht, wenngleich an die Bestimmtheit keine überspannten Anforderungen zu stellen sind.[365]

---

361 *Sowada*, LK-StGB § 331 Rn. 64.

362 BGHSt 39, 45; BGHSt 33, 336 (339); *Wessels/Hettinger*, Strafrecht BT 1, Rn. 1116; *Möhrenschlager*, JZ 1996, 822 (825); *Ambos*, JZ 2003, 345 (349); *König*, DRiZ 357 (359); *Korte,* MK-StGB, § 331 Rn. 93; *Heine,* Schönke/Schröder, Strafgesetzbuch, § 331 Rn. 26.

363 *Fischer*, § 331 Rn. 22.

364 *Fischer*, § 331 Rn. 22.

365 *Korte*, MK-StGB § 332 Rn. 12; *Fischer*, § 332 Rn. 3,8.

Bezugspunkt der Unrechtsvereinbarung ist nach dem Wortlaut der §§ 331, 333 StGB die „Dienstausübung". Unter einer solchen versteht man die Vornahme einer, mehrerer oder aller Diensthandlungen eines Amtsträgers.[366] In Abgrenzung hierzu verlangen §§ 332, 334 StGB die Hingabe eines Vorteils für eine „Dienst*handlung*". Dieser Begriff ist enger und beschreibt eine Handlung, durch die der Amtsträger die ihm übertragenen Dienstaufgaben wahrnimmt.[367] Die Unterscheidung zwischen den Begriffen ist bedeutsam, weil sie die Reichweite der Unrechtsvereinbarung und damit auch maßgeblich den Anwendungsbereich des jeweiligen Delikts bestimmt. Dabei kann der Begriff der Diensthandlung als systematisches Argument zur Auslegung des Begriffs der Dienstausübung herangezogen werden, da sich der eine (Dienstausübung) aus dem anderen (Diensthandlung) entwickelt hat.

Die vorgenannten Differenzierungen gehen, wie bereits im Rahmen der Darstellung der historischen Entwicklung der Bestechungsdelikte angedeutet, zurück auf das Korruptionsbekämpfungsgesetz 1997, welches eine „Lockerung der Unrechtsvereinbarung"[368] bei §§ 331, 333 StGB begründete.

aa. Vor dem Korruptionsbekämpfungsgesetz 1997

Der grundsätzlichen Wertung der Rechtsprechung und auch der Literatur war vor dem Korruptionsbekämpfungsgesetz 1997 stets zu entnehmen, dass zur Verwirklichung der Tatbestände zwischen Vorteil und Diensthandlung ein Verhältnis von Leistung und Gegenleistung bestehen müsse.[369] Unbedingtes, aber allein nicht ausreichendes Erfordernis für eine Strafbarkeit sei „der Kausalzusammenhang zwischen dem Annehmen und der Amtshandlung".[370] Das Wort „für" in den bisherigen Tatbestandsformulierungen sei daher zu verstehen „als Gegenleistung für eine amtliche Tätigkeit".[371] Es müsse „ein Zusammenhang bestehen, aus dem erkennbar wird, dass der Vorteil die Gegenleistung für eine

366 *Rudolphi/Stein*, SK-StGB § 331 Rn. 8.

367 *Rudolphi/Stein*, SK-StGB § 331 Rn. 8; *Fischer*, § 331 Rn. 6; *Kuhlen*, NK-StGB § 331 Rn. 61.

368 Hierzu *Schreier*, Unrechtsvereinbarung, S. 78ff; *Korte*, NJW 1997, 2556 (2557); *Satzger*, ZStW 115 (2003), 469 (479f.); *Kargl*, ZStW 114 (2002), 763 (767).

369 RGSt 2, 129; RGSt 63, 367 (368ff.); RGSt 65, 52; RGSt 77, 75 (76); auch BT-Drucks. 7/550 S. 271 stellt ausdrücklich auf ein Verhältnis im Sinne eines do ut des ab.

370 *Olshausen*, Kommentar zum StGB, § 331 Nr. 1.

371 *Göbel*, StGB für das Deutsche Reich, § 331 Nr. 2, vgl. auch RGSt 77, 75 (76): hiernach muss „ein Zusammenhang bestehen, aus dem erkennbar wird, dass der Vorteil die Gegenleistung für eine Amtshandlung bilden soll.

Amtshandlung bilden soll".[372] Hieraus folge, dass die Diensthandlung „eine in dem Grade bestimmte und konkrete sein muss, dass eine solche bewusste Beziehung möglich und nachweisbar wird".[373]

Eine solche Beschränkung galt schon für die Bestechungstatbestände in der Fassung des RStGB von 1871, obwohl das Erfordernis der Gegenleistung noch kein Tatbestandsmerkmal darstellte:

> *„Ein Beamter, welcher* ***für*** *eine in sein Amt einschlagende, an sich nicht pflichtwidrige Handlung Geschenke oder andere Vorteile annimmt, fordert oder sich versprechen lässt, wird [...] bestraft"*

Nach dem übereinstimmenden Willen des Gebers und des Nehmers musste die Handlung das Äquivalent für die Hingabe der Geschenke oder Vorteile bilden.[374] Die Diensthandlung musste nicht konkret feststehen, es musste aber erkennbar sein, welche Handlung oder welche Gruppe von Handlungen die Gegenleistung für die Vorteile bilden sollte.[375] An einem Äquivalenzverhältnis fehlte es auch hier, wenn der Vorteil nur aus Anlass oder bei Gelegenheit der Amtshandlung gegeben wurde.[376]

Auch die Rechtsprechung setzte voraus, dass „sich das Geschenk nach der Absicht des Gebers und des Empfängers als ein Äquivalent oder eine Gegenleistung auf die in das Amt einschlagende Handlung bezogen habe, woraus folgt, dass diese Handlung eine in dem Grade bestimmte und konkrete sein muss, dass eine solche bewusste Beziehung möglich und nachweisbar wird".[377] In das Wort „für" wurde einhellig das Erfordernis der Gegenleistung hineingelesen und eine „Bestimmtheit" der Handlung gefordert.[378] Es müsse „ein Zusammenhang bestehen, aus dem erkennbar ist, dass der Vorteil die Gegenleistung für eine Amtshandlung bilden soll".[379] Auch in einer weiteren Entscheidung betonte das Reichsgericht, dass „ein ausdrücklicher Zusammenhang zwischen der Annahme des Vorteils und der Amtshandlung vorhanden sein muss, welcher erkennen lässt, dass der Vorteil als Gegenleistung für die Amtshandlung erscheine und

372 RGSt 77, 75 (76).
373 RGSt 2, 129.
374 *Rohde-Ziegler*, LK-StGB (6. und 7. Auflage), § 331 Rn. 9.
375 *Rohde-Ziegler*, LK-StGB (6. und 7. Auflage), § 331 Rn. 9.
376 *Baldus*, LK-StGB (9. Auflage), § 331 Rn. 34; RGSt 2, 129; RGSt 19 (19, 22).
377 RGSt 2, 129.
378 BGHSt 11, 219 (220, 222); RGSt 2, 129; RGSt 77, 75 (76).
379 RGSt 77, 75 (76).

dass die Feststellung dieses Zusammenhanges die Grundlage des bezüglichen Tatbestandsmerkmals zu bilden hat".[380]

Die Grundidee dieses Verständnisses war, verlässlich zwischen strafbarem und allenfalls disziplinarisch zu verfolgendem Unrecht zu unterscheiden. Denn während die Gewährung oder Annahme eines Vorteils als (unzulässige) Bezahlung für die Amtshandlung eindeutig dem Bereich des Strafbaren zuzuordnen war, sei dies bei in den Regeln des sozialen Verkehrs oder der gewöhnlichen Höflichkeit begründeten Zuwendungen eben nicht der Fall.[381]

Die vorstehenden Überlegungen wurden 1975 durch den Gesetzgeber auch im Gesetzeswortlaut klargestellt. Das Erfordernis der Gegenleistung wurde ausdrücklich in die tatbestandliche Beschreibung der §§ 331, 333 StGB aufgenommen. Die über das Vorliegen der Tatbestandsmerkmale des Annehmens, Forderns oder Sichversprechenlassens hinaus notwendige Unrechtsvereinbarung ging aus der Wendung „als Gegenleistung für" hervor. § 331 Abs. 1 StGB in der Fassung von 1975 lautete dementsprechend:

> *„Ein Amtsträger oder ein für den öffentlichen Dienst besonders Verpflichteter, der einen Vorteil* **als Gegenleistung** *dafür fordert, sich versprechen lässt oder annimmt, dass er eine Diensthandlung vorgenommen hat oder künftig vornehme, wird [...] bestraft".*

Hierdurch sollte verdeutlicht werden, dass der Gesetzgeber nicht jeden Kausalzusammenhang für ausreichend hielt, sondern auf das Verhältnis von Leistung und Gegenleistung, das „do ut des" bzw. des „do quia dedisti" abstellte.[382] Die Feststellung des notwendigen Äquivalenzverhältnisses zwischen Vorteil und Diensthandlung setzte voraus, dass die Diensthandlung nach der Vorstellung und dem Willen der Beteiligten genügend bestimmt war.[383] Dabei musste sie nicht in allen Einzelheiten feststehen, solange ihr sachlicher Gehalt in die Unrechtsvereinbarung einbezogen war und es sich zumindest um eine *identifizierbare* Diensthandlung handelte.[384] Dadurch sollte festgestellt werden, ob der Vorteil vielleicht nur zur Sicherung des allgemeinen Wohlwollens und der Geneigtheit des Amtsträgers dienen sollte, oder ob es sich um eine bloße Höflichkeit

380 RGSt 19, 19 (22).
381 *Schmidt*, Bestechungstatbestände, Rn. 125.
382 BT-Drucks. 7/550 S. 271, *Sturm*, JZ 1975, 6 (13).
383 *Jescheck*, LK-StGB (10. und 11. Auflage), § 331 Rn. 13; *Schreier*, Unrechtsvereinbarung, S. 78; *Heine*, Schönke/Schröder, Strafgesetzbuch, vor § 331 Rn. 1b.
384 Vgl. *Jescheck*, LK-StGB (10. und 11. Auflage), § 331 Rn. 13.

oder Gefälligkeit aus Anlass oder bei Gelegenheit der Diensthandlung handelte.[385] Diese Intention reichte für die Annahme eines Äquivalenzverhältnisses seinerzeit nicht aus.[386]

bb. „Lockerung der Unrechtsvereinbarung" durch das Korruptionsbekämpfungsgesetz 1997

In der Praxis führten diese Grundsätze zu erheblichen Beweisproblemen mit der Folge, dass der mangelnde Nachweis der Äquivalenzbeziehung in nicht wenigen Fällen einer Anklage oder Verurteilung auf Grundlage der Bestechungsdelikte entgegenstand.[387] Die fehlende Nachweisbarkeit einer (konkreten) Unrechtsvereinbarung hinderte eine Verurteilung beispielsweise dann, wenn zwar sowohl Zuwendungen an den Amtsträger als auch Diensthandlungen der Amtsperson feststanden, beides aber nicht in einen konkreten Zusammenhang gebracht werden konnte.[388] Weiterhin konnten Fälle nicht erfasst werden, in denen Zuwendungen gemacht wurden, um nach und nach Nähe- und Abhängigkeitsverhältnisse aufzubauen, die sich zu einem nicht näher definierten Zeitpunkt in einer nicht näher bestimmten Weise in einem dienstlichen Entgegenkommen des Amtsträgers niederschlagen sollten (sog. „Klimapflege", „Anfüttern").[389] Auch die Annahme von Vorteilen durch höherrangige Amtsträger sowie solche mit weit gefächerter Entscheidungskompetenz war regelmäßig problematisch, weil der Bezug auf eine konkrete Diensthandlung nur schwer nachzuweisen war.[390] So ließ der BGH als Begründung für eine Strafbarkeit nicht ausreichen, dass der Angeklagte dem mit ihm befreundeten Vorteilsgeber unter Ausnutzung seiner Stellung als Angehöriger des Bundeskriminalamts gefällig sein solle.[391] Der Umstand, dass der Angeklagte dem Bundeskriminalamt angehöre, reiche für sich allein nicht aus, die Richtung und den sachlichen Gehalt der von ihm erwarteten Diensthandlungen hinlänglich zu bestimmen.[392] Dazu seien die diesem Amt anvertrauten Aufgaben zu mannigfach und vielfältig.[393]

---

385 Vgl. *Jescheck*, LK-StGB (10. und 11. Auflage), § 331 Rn. 13.
386 BGHSt 32, 290; dazu auch BT-Drucks. 13/8079 S. 15.
387 Hierzu ausführlich Teil 2 V. I..
388 *Dölling*, Gutachten C 61. DJT S. C 63.
389 *Dölling*, Gutachten C 61. DJT S. C 63; *Bannenberg* in: *Claussen/Ostendorf*, Korruption im öffentlichen Dienst, S. 65; hierzu auch Teil 2 V I.
390 Vgl. *Korte*, MüKo- StGB § 331 Rn. 99.
391 BGHSt 32, 290 (291).
392 BGHSt 32, 290 (291).
393 BGHSt 32, 290 (291).

Mit dem Korruptionsbekämpfungsgesetz 1997 wurden die Straftatbestände der Vorteilsannahme sowie der Vorteilsgewährung daher dahingehend geändert, dass bereits das Fordern, Sichversprechenlassen und Annehmen von Vorteilen „für die Dienstausübung" unter Strafe gestellt wurde. Mit dieser Formulierung sollte nach der Gesetzesbegründung klargestellt werden, „dass weiterhin eine Beziehung zwischen der Vorteilsannahme und den Diensthandlungen des Amtsträgers bestehen muss".[394] Lediglich eine hinreichend *bestimmte* Diensthandlung als „Gegenleistung" muss nun nicht mehr nachgewiesen werden.[395] Die Auslegung des Wortes „für" im Sinne einer Äquivalenzbeziehung ist daher auch nach der Neufassung gänzlich unbestritten.[396] Denn wäre dies nicht der Fall, so könnte nicht länger von einer „Unrechtsvereinbarung" gesprochen werden. Es würde sich dann vielmehr wertneutral um eine „Zuwendungsübereinkunft" handeln.[397]

cc. Folgen der durch das Korruptionsbekämpfungsgesetz 1997 vorgenommenen Änderungen

Dass die genannten Änderungen im Hinblick auf die Reichweite des Anwendungsbereichs der §§ 331, 333 StGB dennoch weit reichende Folgen haben, sei an folgenden Beispielen verdeutlicht:

Im Jahre 1885 hatte das Reichsgericht[398] über einen Fall zu entscheiden, in dem einem Gefängnisbeamten durch Angehörige eines Insassen edle Lebensmittel zugewendet wurden, die dieser daraufhin verzehrte. Das Gericht hielt es für erwiesen, dass die Geschenke nach Absicht der Geschenkgeber „als Gegenleistung auf die in das Amt des Angeklagten einschlagenden Handlungen bezogen sein sollen, welche derselbe vornehmen sollte, um dem Gefangenen den Aufenthalt im Gefängnis zu erleichtern".[399] Das Gericht führt wörtlich aus: „Nach den erstrichterlichen Feststellungen sind die Geschenke mit Bezug darauf bzw. dafür gegeben und angenommen, dass der Angeklagte bei seinen Amtsfunktionen als Gefangenenwärter solche in diesen Kreis fallende Handlungen vornehme, durch welche gerade dem verhafteten Kaufmann der Aufenthalt in dem Gefängnisse,

394 BT-Drucks. 13/8079, S. 15; der Vorschlag geht zurück auf *Dölling*, Gutachten C 61. DJT 1996, C 64ff. und 111ff; zu der Entwicklung siehe bereits oben, Teil 2 A. VI. b.

395 BT-Drucks. 13/8079, S. 15.

396 *Kuhlen*, NK-StGB, § 331 Rn. 77; *Höltkemeier*, Sponsoring, S. 112; *Rudolphi/Stein*, SK-StGB, 58. Lfg., 6. Auflage, Sept. 2003, § 331 Rn. 27; *Korte*, MK-StGB, § 331 Rn. 93; *Satzger*, ZStW 115 (2003), 469 (481); *Heine*, Schönke/Schröder, Strafgesetzbuch, § 331 Rn. 28; *Ambos*, JZ 2003, 345 (349).

397 *Schreier*, Unrechtsvereinbarung, S. 79.

398 RGSt 11, 219ff.

399 RGSt 11, 219 (220f.).

bei welchem der Angeklagte angestellt war, erleichtert, er vor anderen Gefangenen bevorzugt und begünstigt werden sollte. Die Geschenke sollten daher ein Äquivalent für diese Mehrheit von Handlungen des Angeklagten bilden".[400] In diesem Fall ließ sich eine schon nach damaligem Recht ausreichend konkretisierte Gegenleistung feststellen, die eine Strafbarkeit rechtfertigen konnte. Denn eine spezielle Bezugnahme auf einzelne konkrete Handlungen war auch hier nicht notwendig.[401]

Zu einem anderen Ergebnis kam der BGH hingegen in einem ähnlich gelagerten Fall[402]: Der Angeklagte war Justizvollzugsobersekretär und als solcher für die Betreuung eines in Untersuchungshaft befindlichen Lebensmittelgroßhändlers zuständig. Weil er von der freundlichen Art des Angeklagten angetan war, veranlasste der Untersuchungshäftling seine Ehefrau, dem Angeklagten ein Musterpaket mit Edelsalami und verschiedenen Alkoholika zu einem Gesamtwert von ca. 70 DM in dessen Wohnung zu bringen. Zum Zeitpunkt der Paketlieferung war der Angeklagte nicht anwesend. Nach seiner Rückkehr entdeckte er das Paket, erkundigte sich, was es damit auf sich habe und kümmerte sich nicht weiter darum. Die Edelsalami wurde schließlich vom Sohn des Angeklagten verzehrt.

Das Gericht sah sich an einer Verurteilung des Angeklagten wegen Vorteilsannahme gehindert, weil es nicht habe feststellen können, dass der Angeklagte das Paket als Gegenleistung für bereits vorgenommene oder künftig vorzunehmende Diensthandlungen angenommen habe.[403] Es sei zumindest nicht auszuschließen, dass der Untersuchungsgefangene dem Angeklagten das Paket ausschließlich wegen dessen freundlicher Art zugewendet habe.[404] Die Freundlichkeit und Höflichkeit, mit der ein Beamter seine Aufgaben erfülle, lasse sich von den von ihm vorgenommenen Diensthandlungen nach Ansicht des Gerichts ohne weiteres trennen.[405] Mangels einer bestimmten Gegenleistung kam eine Strafbarkeit nicht in Betracht.

In Ansehung des nunmehr maßgeblichen Begriffs der Dienstausübung ist dieses Ergebnis nach der Neufassung des Tatbestands der Vorteilsannahme 1997 weit weniger eindeutig, wenn nicht sogar fraglich. Denn ausweislich der Geset-

---

400 RGSt 11, 219 (221).

401 RGSt 11, 219 (221); die hierzu ergangene Rechtsprechung zusammenfassend BGHSt 21, 290ff.

402 BGHSt 39, 45.

403 BGHSt 39, 45 (46).

404 BGHSt 39, 45 (46).

405 BGHSt 39, 45 (49).

zesbegründung geschah die Erweiterung gerade, „um die strafwürdigen und strafbedürftigen Fälle zu erfassen, bei denen die Annahme oder Gewährung eines Vorteils als Gegenleistung für eine Diensthandlung nicht nachgewiesen werden kann".[406] Nach *Sowada* erhält die Norm damit Auffangcharakter für jene Fälle, in denen ein Beziehungsverhältnis zwischen Vorteil und hinreichend konkreter Diensthandlung nicht nachweisbar oder die Zuordnung des Vorteils zu einer bestimmten Diensthandlung nicht möglich ist.[407] Dies lässt sich für den obigen Fall bejahen, so dass nunmehr eine Strafbarkeit gegeben wäre.[408]

Schwer fällt nach der Neufassung auch die nach h.M. notwendige Abgrenzung der Gewährung eines Vorteils *für eine Dienstausübung* von Zuwendungen „bei Gelegenheit" einer Diensthandlung und solchen, die ganz allgemein „im Zusammenhang mit dem Amt" gewährt werden.[409] Solche sind auch nach der Idee des Gesetzgebers aus dem Anwendungsbereich des § 331 StGB auszuscheiden.[410] Als Begründung wird hier angeführt, ein solches Verständnis des Tatbestandes sei zu weitgehend und führe zu einer uferlosen Strafbarkeit.[411]

Schon in einer frühen Entscheidung stellte das Reichsgericht fest, die Zuwendung eines Vorteils an einen Amtsträger könne auch aus „Dankbarkeit und Pietät" geschehen, was eine Unrechtsvereinbarung im Sinne des § 331 StGB nicht begründen könne.[412] Auch der BGH betonte in seiner bereits zitierten Entscheidung hinsichtlich des JVA-Beamten[413], werde der Vorteil nicht für die Diensthandlung selbst gewährt, sondern ausschließlich für die Art und Weise, wie diese erbracht wurde, so reiche dieser Zusammenhang für die Annahme einer Unrechtsvereinbarung grundsätzlich nicht aus.[414] Dem ist insoweit zuzustimmen, als es sich bei dem Attribut besonderer Freundlichkeit um lediglich die

---

406 BT-Drucks. 13/8079 S. 15.

407 *Sowada*, LK-StGB § 331 Rn. 64.

408 Eine Strafbarkeit nach neuem Recht bejahend auch *Arzt/Weber*, Strafrecht BT § 49 Rn. 26; *Krey*, Strafrecht BT I Rn. 669a; *Maurach/Schroeder/Maiwald,* Strafrecht BT 2 § 79 II Rn. 18; nicht entschieden *Rudolphi/Stein*, SK-StGB § 331 Rn. 27; dagegen *Kuhlen*, NK-StGB § 331 Rn. 75. Ergänzend sei hier angemerkt, dass (auch nach neuem Recht) eine Straffreiheit allenfalls nach den Grundsätzen der Sozialadäquanz in Betracht denkbar wäre. Hierzu ausführlich Teil 4 A . dieser Arbeit.

409 Vgl. *Korte*, MK-StGB § 331 Rn. 96.

410 BT-Drucks. 13/8079 S. 15; *Gössel/Dölling*, Strafrecht BT 1 19. Kapitel Rn. 13.

411 BT-Drucks. 13/8079 S. 15; *Dölling*, Gutachten DJT S. C 64; *Sowada*, LK-StGB § 331 Rn. 51.

412 RGSt 2, 129 (131).

413 BGHSt 39, 45.

414 BGHSt 39, 45 (48).

Dienstausübung begleitende Umstände handelt.[415] Diese können schon nach dem Schutzzweck des § 331 StGB die Strafbarkeit nicht begründen, weil hier keine Gefahr für die Sachlichkeit und Unkäuflichkeit der Amtsführung entsteht.[416] Eine Trennbarkeit der Diensthandlung von der Art und Weise ihrer Erbringung ist jedoch nur dann möglich, wenn eine zumindest in groben Umrissen bestimmte Diensthandlung feststeht. Nach der Tatbestandsänderung des § 331 StGB im Jahre 1997 reicht es hingegen aus, dass die Zuwendung in dem Bewusstsein vereinbart bzw. gefordert wird, dass die Amtsperson dafür in irgendeiner Weise dienstlich tätig gewesen ist oder tätig sein wird.[417] Auch im Falle der aus Dankbarkeit motivierten Geschenke hat aber letztlich die Diensthandlung den Antrieb für die Zuwendung gegeben.[418] Eine klare Abgrenzung der eine Dienstausübung lediglich begleitenden Umstände von der Diensthandlung selbst ist daher ohne ein Mindestmaß an Bestimmtheit nicht möglich.[419]

dd. Zwischenergebnis

Seit der Einführung des weiteren Begriffes der „Dienstausübung“ erfasst der Tatbestand der Vorteilsannahme jedenfalls die Fälle, die auch unter den vor 1997 maßgeblichen, engeren Begriff der Diensthandlung gefallen sind. Insoweit hat sich nichts geändert. Hingegen fällt die Abgrenzung zu solchen Konstellationen, in denen der Vorteil nur *bei Gelegenheit* oder „im Zusammenhang mit dem Amt“ gegeben wird, nach der neuen Rechtslage schwer. Da die Bezugspunkte der für eine Strafbarkeit notwendigen Unrechtsvereinbarung nicht mehr feststehen müssen, kann eine Differenzierung kaum noch vorgenommen werden. Denn auch die Hingabe eines Geschenks beispielsweise aus Dankbarkeit findet ihre Grundlage letztlich in der Dienstausübung. Durch den Wegfall des Erfor-

---

415 *Wentzell*, Tatbestandsproblematik, S. 144; *Sowada*, LK-StGB § 331 Rn. 59 „kein geeignetes Bezugsobjekt für eine Unrechtsvereinbarung“; vgl. auch BGHSt 48, 213 (220f.).

416 *Wentzell*, Tatbestandsproblematik, S. 144; zu beachten ist jedoch, dass Zuwendungen aus Dankbarkeit für eine vergangene Dienstausübung den Tatbestand des § 331 StGB möglicherweise mit der Begründung erfüllen, dass eine Beeinflussung für künftiges Tun des Beamten naheliegt.

417 *Gössel/Dölling*, Strafrecht BT 1 19. Kapitel Rn. 13.

418 *Wentzell*, Tatbestandsproblematik, S. 141.

419 So kann in dem Bsp. des Bauunternehmers, der einem Bürgermeister mit den Worten „auf gute Zusammenarbeit“ 100.000 DM überreicht, nicht ohne weiteres abgeleitet werden, ob nicht nur die Herbeiführung eines die Dienstausübung lediglich begleitenden Umstandes wie besonderer Höflichkeit oder Aufmerksamkeit intendiert ist. Wobei die Höhe der Zuwendung auch hier natürlich eine Rolle spielen muss. Bsp. nach *Dölling*, Gutachten DJT 1996, S. C 65.

dernisses der Gegenleistung werden die Abgrenzungsschwierigkeiten noch begünstigt.

2. Bezugspunkt vergangene/zukünftige Dienstausübung

Der Tatbestand des § 331 StGB erfasst, wie bereits vor dem Korruptionsbekämpfungsgesetz von 1997, das Fordern, Sichversprechenlassen und Annehmen von Vorteilen für eine *vergangene oder künftige* Dienstausübung.[420] Dies hat sich auch nicht dadurch geändert, dass der Gesetzgeber auf die Wendung „vorgenommen hat oder künftig vornehme" verzichtet hat. Die sprachliche Weite des Begriffs der Dienstausübung vermag nach allgemeinem Verständnis auch vergangene Diensthandlungen zu erfassen.[421]

a. Die Frage der Erstreckung des Tatbestands auf zukünftige und vergangene Diensthandlungen/Dienstausübungen bis heute

Schon sehr früh stellte sich die Rechtsprechung auf den Standpunkt, „für die Anwendung des § 331 [sei] zwischen vollzogenen und zukünftigen Handlungen, wofür ein Geschenk gegeben wird, kein Unterschied zu machen".[422] In seinem Grundsatzurteil vom 16. Dezember 1929[423] bestätigte das Reichsgericht diese Auffassung. § 331 StGB sei auch dann anwendbar, wenn der Amtsträger weder durch das gewährte oder ein in Aussicht gestelltes Geschenk zu der Amtshandlung bestimmt worden sei, noch sie in Erwartung eines solchen vorgenommen habe.[424] Wörtlich führte das Reichsgericht aus: „Wird das Geschenk erst nach Vornahme der Amtshandlung gegeben, so ist vielfach zwar zu vermuten, aber schwer nachzuweisen, dass es vorher zugesagt oder erwartet und deshalb für die Vornahme der Amtshandlung bestimmend war".[425] Es sei angesichts des umfassenden Schutzes, der durch §§ 331, 332 StGB gewährt werden solle, „einerlei", ob die Zuwendung „vor, bei oder nach der Amtshandlung geschieht, und ob der Beamte bei ihrer Vornahme mit einem Geschenk gerechnet hat".[426]

420 *Korte*, MK-StGB § 331 Rn. 98; *Sowada*, LK-StGB § 331 Rn. 67; *Maurach/Schroeder/Maiwald*, Strafrecht BT 2 § 79 II Rn. 17; zum EGStGB BT-Drucks. 7/550, S. 271.

421 Statt aller *Sowada*, LK-StGB § 331 Rn. 67.

422 RGSt 2, 129, hier allerdings nicht entscheidungserheblich.

423 RGSt 63, 367.

424 RGSt 63, 367 (369).

425 RGSt 63, 367 (370).

426 RGSt 63, 367 (370).

Dieses Verständnis ergibt sich nach dem Reichsgericht aus der Entstehungsgeschichte des § 331 StGB wie auch aus seinem Sinn und Zweck.[427] Das Gericht führt zur Begründung aus, § 331 StGB habe seinen Ursprung im weitgehend wortgleichen § 309 PreußStGB. In den § 309 PreußStGB vorausgehenden gesetzgeberischen Verhandlungen sei der Unterschied zwischen der Geschenkannahme nach Vollziehung der pflichtgemäßen Handlung und für die erst vorzunehmende Handlung bereits bekannt gewesen.[428] Versuchen, nur letztere von einer Strafbarkeit zu erfassen, sei aber keine Folge geleistet worden.[429] Weil Wortlaut und anerkannte Auslegung insoweit unbeanstandet und unverändert in § 331 StGB übernommen wurden, folgerte das Reichsgericht hieraus, dass das Verständnis des § 331 StGB mit dem des § 309 PrStGB identisch sein müsse und § 331 StGB sich somit auch auf vergangene Diensthandlungen beziehe.[430]

Dieses Ergebnis werde auch vom gesetzgeberischen Zweck der Vorschrift des § 331 StGB getragen. Sie wende sich gegen die Käuflichkeit der Amtshandlung und solle namentlich auch jede versteckte Bestechung unterdrücken.[431] Damit es nicht zu einer Umgehung der Strafvorschriften durch Gewährung der Zuwendung erst nach der Ausführung der Amtshandlung komme, müsse sich die Bestimmung des § 331 StGB auch auf die Annahme von Geschenken für eine bereits begangene Handlung erstrecken, weil andernfalls die Strafvorschrift leicht illusorisch gemacht würde.[432] Außerdem seien präventive Gesichtspunkte zu bedenken. Denn erfahrungsgemäß bilde der Empfang von Geschenken usw. für bereits begangene Pflichtwidrigkeiten ein Reizmittel, dergleichen auch fernerhin zu begehen.[433]

Auch die damalige Literatur war überwiegend der Ansicht, vergangene Diensthandlungen seien in den Anwendungsbereich einzubeziehen.[434] Begründet wurde dieser Standpunkt zum einen mit dem Wortlaut der Vorschrift und zum anderen damit, dass nur diese Sichtweise dem Zweck des § 331 StGB entspre-

---

427 RGSt 63, 367 (369).
428 RGSt 63, 367 (369).
429 RGSt 63, 367 (369).
430 RGSt 63, 367 (369f.).
431 RGSt 63, 367 (369).
432 RGSt 63, 367 (370); so auch schon die Motive zu dem Entwurf eines Strafgesetzbuches für den Norddeutschen Bund (Entwurf 1870) S. 85.
433 RGSt 63, 367 (370).
434 *V. Liszt*, Lehrbuch, S. 588; *Rohde-Ziegler*, LK-StGB (6. und 7. Auflage), § 331 Nr. 4, ebenso *Baldus*, LK-StGB (9. Auflage), § 331 Rn. 22; zu § 332 *Engelhardt*, Struktur der Bestechungstatbestände, S. 114ff; *Rubo*, Kommentar über das StGB § 331.

che, die Integrität der Beamtenschaft aufrecht zu erhalten.[435] Der Gesetzgeber könne schließlich nicht erst dann einschreiten, wenn das Rechtsgut bereits verletzt wurde.[436] Für eine derartige Auslegung sprach außerdem die Tatsache, dass die Vorschrift vom Gesetzgeber in dieser Hinsicht unverändert übernommen wurde.

Hingegen enthielt – wie bereits im historischen Teil dieser Arbeit ausgeführt – § 333 Abs. 1 StGB noch eine Beschränkung auf zukünftige Amtshandlungen mit der Begründung, „dass in der Allgemeinheit die Anschauung sehr verbreitet [sei], in der Gewährung eines Vorteils für eine ordnungsgemäße Handlung sei nichts Verfängliches, sondern nur ein Akt des Wohlwollens oder der Dankbarkeit zu erblicken, so dass nicht verstanden würde, wenn man ein solches Verhalten allgemein unter Strafe stellen würde".[437] Die Frage, warum dieses Argument nur zu einer Straffreiheit des Vorteilsgebers führte, nicht aber auch für den Amtsträger galt, beantworten die Materialien nicht. Die Beschränkung der Vorteilsgewährung auf zukünftige Handlungen wurde schließlich durch das KorrbekG 1997 korrigiert und die Spiegelbildlichkeit hergestellt.

Die Erstreckung des Tatbestandes auch auf bereits erbrachte Diensthandlungen war jedoch auch in der frühen Literatur nicht unbestritten: Schon *Binding* betonte, dass die Einbeziehung auch vergangener Amtshandlungen „zu einer großen Zahl vollständig sinnloser Resultate" führe.[438] Dies gelte insbesondere, „soweit der Beamte nur eine nachträgliche Belohnung für durchaus pflichtmäßiges, vielleicht sehr mühseliges amtliches Handeln annimmt".[439] Aber nicht nur die „sinnlosen Resultate" waren es, die *Binding* zu der Erkenntnis kommen ließen, § 331 StGB sei auf zukünftige Amtshandlungen zu beschränken. In einem Vergleich zu § 332 StGB ging er davon aus, dass es sich hierbei um ein „Bestimmungsverbrechen" handle, und es daher selbstverständlich erscheine, dass die Bestechung der Amtshandlung vorausgehe, da der Amtsträger ansonsten zur Zeit der Handlung ja gar nicht bestochen sein könne.[440] Führe der Amtsträger die Handlung hingegen unbestochen pflichtwidrig aus, so tue er dies unbeeinflusst. Ihm sei daher der (disziplinarische) Vorwurf der – eigenständigen – Pflichtwidrigkeit für die Annahme des Geschenks, nicht aber der der Bestech-

435 RGSt 2, 129.
436 *Engelhardt*, Bestechungstatbestände, S. 115.
437 BT-Drucks. 7/550 S. 274.
438 *Binding*, Lehrbuch S. 730 Fn. 4.
439 *Binding*, Lehrbuch S. 730, Fn. 4.
440 Vgl. *Binding*, Lehrbuch, S. 713, 727.

lichkeit zu machen. Wenn aber, wie sich aus dieser Argumentation ergebe, § 332 StGB auf zukünftige Amtshandlungen zu beschränken sei, so könnten die bis auf die Pflichtwidrigkeit „vollständig analogen“ Worte des § 331 StGB nicht anders verstanden werden. Das aufgrund der Pflichtwidrigkeit schwerwiegendere Unrecht würde sonst im Vergleich besser behandelt.[441] In eine ähnliche Richtung argumentierte *Abegg*[442] in Bezug auf den Straftatbestand der „Bestechlichkeit“, wie er vor dem PrALR/PrStGB verstanden wurde: „Nur auf das Amtsverhältnis und die Pflicht, nicht auf außerordentliche Leistungen bezieht sich die Bestechung; ferner nur auf künftige, nicht auf bereits früher vorgenommene Amtshandlungen, versteht sich, sofern nicht im letzten Falle der später gewährte Vorteil vorher in irgend einer Form zugesichert war“.[443] Voraussetzung für die Strafbarkeit sei „der Zweck von Seiten des Bestechenden auf die amtliche Tätigkeit und deren Inhalt, für einen noch unerledigten Gegenstand widerrechtlich einzuwirken“.[444] Zwar beziehen sich diese Ausführungen auf die Bestechlichkeit, aus den weiteren Ausführungen ergibt sich jedoch, dass *Abegg* unter diese Begrifflichkeit auch die Vorteilsannahme fasste. Es komme nämlich nicht darauf an, dass der Amtsträger „in Betreff der amtlichen Handlung selbst eine materiale Pflichtverletzung sich zu Schulden kommen ließ, oder nicht“.[445] Weiterhin spricht er von „beider hier möglichen Verbrechen“ und macht damit deutlich, dass beide Fälle unter den Begriff der Bestechlichkeit zu subsumieren sind. Da *Abegg* die Begrenzung auf zukünftige Handlungen nicht auf den Fall der Pflichtwidrigkeit reduziert, ist davon auszugehen, dass auch er – in heutiger Begrifflichkeit – sowohl die Vorteilsannahme als auch die Bestechlichkeit als Bestimmungsdelikte begriff.

Auch *Goltdammer* gab sich einigermaßen erstaunt ob der Tatsache, dass § 309 PrStGB offenbar sowohl die vergangene, als auch die zukünftige Handlung umfasse.[446] Zwar seien ganz zu Beginn der Entwicklung beide Fälle unterschieden und nur das Geschenk für eine erst vorzunehmende Handlung für strafbar gehalten worden, bei der Redaktion des Entwurfs von 1843 habe man diesen Unterschied aber nicht mehr hervorgehoben und er sei „auch überhaupt später nicht wieder zur Sprache gekommen“.[447] In der Tat wurde es zwar teil-

441 Vgl. *Binding*, Lehrbuch, S. 727.
442 *Abegg*, Lehrbuch des Strafrechts, § 492.
443 *Abegg*, Lehrbuch des Strafrechts, § 492.
444 *Abegg*, Lehrbuch des Strafrechts, § 492.
445 *Abegg*, Lehrbuch des Strafrechts, § 492.
446 *Goltdammer*, Materialien, S. 669.
447 *Goltdammer*, Materialien, S. 669.

weise als „bestritten“[448] bezeichnet, ob die Geschenkannahme der Amtshandlung vorausgehen müsse, eine wirkliche Auseinandersetzung hierüber fand indes nicht statt.[449]

b. Bewertung dieser Entwicklung

Der Tatbestand der §§ 331, 333 StGB erfasst nach dem Vorgesagten nach heutigem Verständnis sowohl die Fälle des (klassischen) do ut des wie auch die des do quia dedisti.[450]

Die Notwendigkeit der Einbeziehung der Fälle des do ut des in die Strafbarkeit der §§ 331, 333 StGB ergibt sich schon aus der Betrachtung der Schutzgüter. Bezweckt der Geschenkegeber, mit Blick auf zukünftige Diensthandlungen das Wohlwollen des Amtsträgers zu erkaufen, so ist die Unkäuflichkeit staatlicher Entscheidungen (konkret) gefährdet.

In der bereits zitierten[451] Entscheidung RG St 11, 219 hatte der Vorteilsgeber dem angeklagten Vollzugsbeamten Vorteile zugewandt, *damit* dieser einem Untersuchungsgefangenen den Aufenthalt im Gefängnis erleichtere und ihn vor anderen Gefangenen bevorzuge und begünstige.[452] Dies stellt den geradezu klassischen Fall einer Beeinflussung von Amtsträgern dar, wie er schon in den Anfängen die Idee der Bestechungsdelikte geprägt hat.[453] Das soeben[454] beschriebene Verhältnis von Leistung und Gegenleistung kommt hier eindeutig zum Ausdruck und das vornehmlich von der Literatur vorausgesetzte synallagmatische Verhältnis, welches oftmals mit dem Modell eines Vertragsschlusses erklärt wird,[455] liegt vor.

Für den Fall des do quia dedisti ergibt sich die Verwerflichkeit hingegen nicht ohne weiteres. Denn geht man mit *Heinrich*[456] davon aus, dass niemand

---

448 *Rohde-Ziegler,* LK-StGB (6. und 7. Auflage), § 331 Nr. 4.

449 So beschränkt sich *Oppenhoff*, Preußisches StGB, § 310 Nr. 2 darauf festzustellen, „auch derjenige, welcher für eine bereits stattgehabte Verletzung seiner Amtspflicht Geschenke fordert, oder annimmt etc, fällt unter den § “; *v. Liszt*, Lehrbuch, S. 588 bezeichnet die Ansicht, die Geschenkannahme müsse „(...) für eine an sich nicht pflichtwidrige gegenwärtige, vergangene oder zukünftige Amtshandlung“ geschehen, als „gem. Meinung“. Für die Gegenauffassung wird aber lediglich *Binding* angeführt.

450 *Kuhlen*, NK-StGB § 331 Rn. 78.

451 Siehe oben Teil 3 III 1. b. aa.

452 RGSt 11, 219 (221).

453 Siehe oben Teil 2 A. I, III, IV; Teil 3 A. III. 1. a.

454 Siehe oben unter Teil 3 A. III 1 und 2.

455 *Sowada*, LK-StGB § 331 Rn. 21, 65; *Ambos*, JZ 2003, 345 (349f.); *Knauer/Kaspar*, GA 2005, 385 (393); *Rudolphi/Stein*, SK-StGB § 331 Rn. 24.

456 *Heinrich* in: Arzt/Weber, Strafrecht BT § 49 Rn. 27.

ein Rad schmiert, an dessen Umdrehungen ihm nichts mehr liegt,[457] so liegt eine Gefahr für die Unkäuflichkeit staatlicher Entscheidungen im Falle nachträglicher Zuwendungen nicht vor. Soweit Heinrich hieraus ableitet, die Vorteilsgewährung für eine konkrete schon erbrachte Diensthandlung sei nichts anderes als die vorsorgliche Sicherung allgemeinen Wohlwollens,[458] vermag dieser Ansatz die Einbeziehung der Fälle des do quia dedisti nicht abschließend zu erklären und schon gar nicht zu rechtfertigen. Denn die Sicherung des Wohlwollens für eine in der Zukunft liegende Dienstausübung ist – jedenfalls nach heutiger Auffassung – ohnehin von § 331 StGB erfasst.

Teilweise wird vertreten, die nachträgliche Geschenkannahme könne sich zwar nicht mehr bestimmend auf die bereits vorgenommene Amtshandlung auswirken, aber schon die Erwartung eines Geschenks entfalte unter Umständen eine entsprechende Wirkung.[459] Diese Ansicht zielt auf die Annahme ab, der Amtsträger könnte, soweit er bereits einmal durch ein Geschenk für eine ihm obliegende Dienstausübung belohnt wurde, auch zukünftig in der Erwartung handeln, Belohnungen zu erhalten.[460]

Diesem Ansatz ist zuzugestehen, dass hierdurch die umfassende Reinhaltung des Amtes von äußeren Einflüssen erreicht werden kann. Tatsächlich ist denkbar, dass der Amtsträger, der sich für tatsächlich vorgenommene Diensthandlungen entlohnen lässt, lernt, dass es persönlich profitabel erscheint, sein dienstliches Verhalten an fremden Wünschen auszurichten.[461] Dem Grundsatz, dass die Unrechtsvereinbarung den Mittelpunkt der Bestechungsdelikte bildet, wird diese Überlegung jedoch nicht gerecht. Es würde nicht länger eine verwerfliche Verknüpfung zwischen Leistung und Gegenleistung durch die Beteiligten unter Strafe gestellt, sondern die generelle Gefährdung der Integrität der Beamtenschaft durch die Gewährung von Geschenken an sich.[462] Angesichts des durch die Lockerung der Unrechtsvereinbarung entfallenen Erfordernisses der

457 *Heinrich* in: Arzt/Weber, Strafrecht BT § 49 Rn. 27.

458 *Heinrich* in: Arzt/Weber, Strafrecht BT § 49 Rn. 27.

459 *Rohde-Ziegler*, LK-StGB (6. und 7. Auflage), § 331 Nr. 4.

460 So nahegelegt bei *Engelhardt*, Bestechungstatbestände, S. 115; RGSt 2, 129; RGSt 63, 367 (370); vgl. *Sowada*, LK-StGB § 331 Rn. 63 spricht von einer „vorbeugenden Strafbarkeit“.

461 *Sowada*, LK-StGB, § 331 Rn. 63.

462 So führt auch *Sowada*, LK-StGB § 331 Rn. 67 aus: „Auch die Hoffnung auf eine spätere Entlohnung vom Amtsträger einseitig vorgenommener Amtstätigkeit erfüllt für sich allein noch nicht den Tatbestand“.

Konkretisierbarkeit der Gegenleistung im Rahmen der Vorteilsannahme, würde der Tatbestand des § 331 StGB dadurch einer zu großen Ausdehnung fähig.

Weiterhin wird für die Einbeziehung auch vergangener Dienstausübung angeführt, es sei, werde das Geschenk erst nach Vornahme der Amtshandlung gegeben, vielfach zwar zu vermuten, aber schwer nachzuweisen, dass es vorher zugesagt oder erwartet war.[463] Hier werden aber zwei voneinander zu unterscheidende Fälle vermengt. Ausgehend von der Prämisse, dass §§ 331, 333 StGB die regelwidrige Verknüpfung von Vorteil und Äquivalent zu einer Unrechtsvereinbarung unter Strafe stellen, kann es grundsätzlich (schon um Umgehungshandlungen zu vermeiden) nicht darauf ankommen, in welcher Reihenfolge die einzelnen Komponenten der Vereinbarung erbracht werden oder erbracht werden sollen, solange ein (verwerflicher) Bezug zwischen ihnen besteht. Ein solcher Bezug kann jedoch lediglich im Falle des „do ut des" gegeben sein, denn die Beeinflussung der vergangenen Diensthandlung ist denklogisch ausgeschlossen. Die nachträgliche Gewährung des Vorteils ist daher zu unterscheiden von der „nachträglichen Unrechtsvereinbarung"[464], bei der ein Zusammenhang zwischen Vorteil und Dienstausübung erst im Nachhinein hergestellt wird. Die nachträgliche Hingabe des vorher versprochenen Geschenks ändert naturgemäß nichts daran, dass es zu einer verwerflichen Vereinbarung gekommen ist, die eine Gefahr für die Unkäuflichkeit staatlicher Entscheidungen begründet.

Im Ergebnis ist daher folgende Unterscheidung vorzunehmen: stellt das nachträglich gewährte Geschenk lediglich die „Ausführung" der bereits vor der in Rede stehenden Diensthandlung geschlossenen Unrechtsvereinbarung dar, so ist diese Handlungsform in den Unrechtsbereich der §§ 331, 333 StGB einzuschließen. Wird jedoch erst im Nachhinein ein Zusammenhang zwischen Vorteil und Gegenleistung hergestellt, so mag man zwar eine Kommerzialisierung der Amtshandlung bejahen; eine Gefahr für das letztlich geschützte Rechtsgut der Lauterkeit der öffentlichen Staatsgewalt sowie des Staatswillens stellt diese Konstellation jedoch nicht dar. Denn eine Einflussnahme ist – zumindest für die in Bezug genommene Diensthandlung – ausgeschlossen.

463 Vgl. RGSt 63, 367 (369).
464 Terminologie bei *Heinrichs* in: *Arzt/Weber*, Strafrecht BT § 49 Rn. 27.

IV. Zusammenfassung und Stellungnahme

Die vorstehenden Ausführungen zeigen, dass insbesondere aufgrund der Lockerung der Unrechtsvereinbarung die Tatbestandsvoraussetzungen der §§ 331, 333 StGB diesen aus sich heraus nicht (mehr) genügend Kontur zu verleihen vermögen. Nicht bei allen Merkmalen ist diese mangelnde Konturierungsfunktion jedoch kritisch zu sehen. So hat der Vorteilsbegriff gerade die Aufgabe, eine Vielzahl von Zuwendungen zu erfassen, die sich möglicherweise als korruptionsrechtlich relevant erweisen könnten.[465] Entscheidend für den korruptiven Charakter einer Handlung ist er jedoch nicht. Auch die Handlungsvarianten des Annehmens, Sichversprechenlassens und des Forderns sind für sich genommen lediglich in Einzelfragen unscharf.[466] Die eigentliche Aufgabe der Abgrenzung zwischen strafbaren und nicht strafbaren Verhaltensweisen kommt der Unrechtsvereinbarung – also dem Äquivalenzverhältnis zwischen Vorteil und Dienstausübung – zu. Sind Vorteil und Dienstausübung zu einer Unrechtsvereinbarung verknüpft, ist strafbares Unrecht gegeben. Die Bejahung der Strafbarkeit hängt daher entscheidend von diesem Merkmal ab, weshalb die Unrechtsvereinbarung zu Recht regelmäßig als „Kern der Bestechungsdelikte“[467] bezeichnet wird. Ob ihr diese Funktion nach heutigem Verständnis immer noch zugeschrieben werden kann, ist im Hinblick auf §§ 331, 333 StGB zumindest zweifelhaft. Die Beweisanforderungen an das Äquivalenzverhältnis zwischen Vorteil und Diensthandlung sind nach dem Vorgesagten in der jetzigen Fassung des § 331 StGB gleich in zweifacher Hinsicht herabgesetzt: zum einen muss eine bestimmte Diensthandlung nicht einmal mehr in groben Zügen erkennbar und festgelegt sein.[468] Für eine Strafbarkeit genügt vielmehr bereits, dass der Vorteil überhaupt für dienstliche Handlungen angenommen wird.[469] Darüber hinaus spielt es auch keine Rolle, ob der Vorteil einen Bezug zu einer vergangenen oder erst noch zu erbringenden Diensthandlung aufweist.[470]

465 Siehe Teil 3 A. I. 3.

466 Teil 3 A. II.

467 BGHSt 39, 45; BGHSt 33, 336 (339); *Wessels/Hettinger*, Strafrecht BT 1, Rn. 1116; *Möhrenschlager*, JZ 1996, 822 (825); *Ambos*, JZ 2003, 345 (349); *König*, DRiZ 357 (359); *Korte*, MK-StGB, § 331 Rn. 93; *Heine,* Schönke/Schröder, Strafgesetzbuch, § 331 Rn. 26.

468 *Korte*, MK-StGB § 331 Rn. 97.

469 *Korte*, MK-StGB § 331 Rn. 97.

470 *Sowada*, LK-StGB § 331 Rn. 67.

Dabei zeigt die historische Entwicklung der Bestechungsdelikte[471], dass die Frage der Abgrenzung strafbaren Unrechts von nicht strafwürdigen Verhaltensweisen kein völlig neues Problem ist. Insbesondere die Einführung der heute als Vorteilsannahme/Vorteilsgewährung bezeichneten Tatbestände wurde von kritischen Diskussionen begleitet.[472] Hier wurde zum einen die Frage gestellt, ob man der Annahme eines Vorteils für eine pflichtgemäße Dienstausübung überhaupt kriminellen Charakter zuschreiben könne,[473] zum anderen wird vor allem die schwierige Abgrenzung strafbarer von straflosen Verhaltensweisen kritisiert.[474] Insbesondere die durch das Korruptionsbekämpfungsgesetz 1997 eingeführten Änderungen[475] der §§ 331, 333 StGB wurden als wenig geeignet empfunden, strafwürdiges von nicht strafwürdigem Verhalten zu unterscheiden.[476] Danach muss der Vorteil nur noch „für die Dienstausübung" gefordert, versprochen oder angenommen werden.[477] Eine *konkrete Diensthandlung* ist – im Gegensatz zu §§ 332, 334 StGB – als Bezugspunkt nicht mehr notwendig.[478] Durch diese sog. „Lockerung der Unrechtsvereinbarung"[479] sollten auch Zuwendungen in den Anwendungsbereich der Vorteilsannahme/Vorteilsgewährung einbezogen werden, die einer bestimmten Diensthandlung nicht hinreichend konkret zugeordnet werden können.[480] Hierbei handelt es sich namentlich um Vorteile, die „auf gute Zusammenarbeit" gerichtet sind oder die „allgemeine Geneigtheit" des Amtsträgers sichern sollen.[481] Damit rechtfertigt nach dem heutigen Verständnis der Unrechtsvereinbarung die bloß hypothetische Möglichkeit der Kommerzialisierung der Dienstausübung strafrechtliches Eingreifen.[482] Soweit für ein solches

---

471 Teil 2 A.

472 Teil 2 A. I. – IV.

473 Vgl. *Goldtdammer*, Materialien zum PrStGB, S. 669.

474 *Fischer*, StGB, § 331, Rn. 24; *Paster/Sättele*, NStZ 2008, 366 (370); vgl. *Lüderssen*, JZ 1997, 112 (119);

475 Dazu ausführlich Teil 2 A. VI. dieser Arbeit.

476 *Korte*, NStZ 1997, 513 (515); *Diettrich/Schatz*, ZRP 2001, 521; zu einer „deutlichen Erweiterung der Strafbarkeit" *Heinrich*, NStZ 2005, 197 (204).

477 *Fischer*, StGB, § 331, Rn. 23.

478 *Fischer*, StGB, § 331, Rn. 23; *Kuhlen*, NK-StGB, § 331, Rn. 75ff.

479 Hierzu ausführlich Teil 2 A. V. 2. b. sowie Teil 3 A. III. 1. b.

480 *Fischer*, StGB, § 331, Rn. 23.

481 *Kuhlen*, NK-StGB, § 331, Rn. 75a unter Hinweis auf BGHSt 19, 275 (281); *Dölling*, Gutachten C für den 61. Deutschen Juristentag, C 22; zu den einzelnen Erscheinungsformen der Korruption auch *Bannenberg* in: *Claussen/Ostendorf*, Korruption im öffentlichen Dienst, S. 57ff.

482 Skeptisch auch *Wentzell*, Tatbestandsproblematik, S. 145; *Ransiek*, StV 1996, 446 (450f.); *Kargl*, ZStW 114 (2002), 763 (766); *Ambos*, JZ 2003, 345 (349).

Verständnis im Einklang mit der Gesetzesbegründung angeführt wird, mit der Lockerung der Unrechtsvereinbarung habe man bezweckt, auch diejenigen Fälle zu erfassen, bei denen die Annahme eines Vorteils als Gegenleistung für eine (konkrete) Diensthandlung nicht nachgewiesen werden kann,[483] stehen dem grundsätzliche Wertungen des Straf(prozess)rechts entgegen. Hiernach ist, was nicht erwiesen werden kann, auch nicht zu bestrafen. Auch für die §§ 331, 333 StGB kann insoweit nichts anderes gelten, wollen sie sich nicht in Widerspruch zu der in Art. 6 Abs. 2 EMRK niedergelegten Unschuldsvermutung setzen.[484]

Die intendierte Beweiserleichterung bedeutet aber auch in anderer Hinsicht eine Aufweichung der Unrechtsvereinbarung als zentrales Tatbestandselement der Vorteilsannahme. Es wurde bereits gezeigt, dass eine Abgrenzung zwischen einer Zuwendung „für eine Dienstausübung" und einer solchen „bei Gelegenheit" oder „im Zusammenhang mit dem Amt" kaum noch möglich erscheint.[485] Darüber hinaus belegen auch höchstrichterliche Entscheidungen, die seit der Änderung des Tatbestandes 1997 ergangen sind, dass die Konturierungsfunktion der Unrechtsvereinbarung allenfalls rudimentär vorhanden ist und eine sicher umgrenzte Anwendung der Bestechungsdelikte daher nur noch schwer möglich erscheint:

1. Wahlkampfspenden

Im Falle der zu Beginn der Arbeit angesprochenen Wahlkampfspenden[486] musste das Gericht aufgrund der tatbestandlichen Erweiterung der §§ 331, 333 StGB[487] das Bestehen einer Unrechtsvereinbarung annehmen, obwohl nicht festgestellt werden konnte, für welche (konkrete oder konkretisierbare) Dienstausübung dem Bürgermeister die in Rede stehende Wahlkampfspende zugewendet werden sollte. Der BGH führt dazu aus:

> *„Hierfür* [für die Annahme einer Unrechtsvereinbarung] *ist es nach der Neufassung des § 331 Abs. 1 ausreichend, dass er* [der Angeklagte] *die Absicht des Mitangeklagten C. erkannte, ihm die Wahlkampfunterstützung 'aufgrund seiner dienstlichen Stellung als Oberbürgermeister und seiner investorenfreundlichen Politik' zukommen zu lassen. Damit war*

483 *Zieschang*, WissR 1999, 111 (124).
484 Vgl. *Deiters*, MIP 2004/2005, 18 (29); *Schäfer/Liesching*, ZRP 2008, 173
485 Siehe oben, Teil 3 A. IV. 1. B. bb.
486 Siehe oben, Teil 1 der Arbeit.
487 Vgl. BGHSt 49, 275 (280).

das auch nach § 331 Abs. 1 StGB n.F. in der Tatvariante des Sichversprechenlassens von Vorteilen erforderliche Gegenseitigkeitsverhältnis zwischen Vorteil und Dienstausübung – die Unrechtsvereinbarung – hergestellt. Einer weiteren Konkretisierung der als Gegenleistung für die Vorteile zu erbringenden dienstlichen Tätigkeit des Angeklagten Dr. Kr. bedurfte es nicht. Insbesondere war ohne Belang, in welcher Form die 'investorenfreundliche Politik' im Rahmen der gesetzlich vorgesehenen Zuständigkeiten des Angeklagten Dr. Kr. als Leiter der Geschäfte der Stadtverwaltung (§ 62 Abs. 1 Satz 3 GO-NW) im einzelnen zur Geltung gebracht werden sollte.[488]

Das Gericht sah sich aber wegen des Grundsatzes der Wahlgleichheit dazu veranlasst, eine Einschränkung des Tatbestandes vorzunehmen. Ansonsten würde sich der Amtsträger durch die Einwerbung von Wahlkampfspenden der Gefahr einer Strafbarkeit aussetzen, der (naturgemäß nicht mit einer Amtsträgereigenschaft ausgestattete) Gegenkandidat jedoch nicht.[489]

2. Politische Repräsentation

Auch im Falle der WM-Karten musste das Gericht zunächst die Handlung des Sponsors unter den Wortlaut der Bestechungsdelikte subsumieren.[490] Dass der BGH am Ende eine Unrechtsvereinbarung als nicht erwiesen ansah, ist lediglich das Ergebnis einer wertenden Gesamtschau. Das Gericht führt hierzu wörtlich aus: *„Auch in diesem Fall ist maßgeblich, wie sich das Vorgehen auf Grund der gesamten Umstände, unter denen es geschieht, darstellt“*. Weiterhin betont der Senat, er sei sich durchaus *„bewusst, dass das Merkmal der Unrechtsvereinbarung nach der hier vorgenommenen Auslegung im Randbereich kaum trennscharfe Konturen aufweist; dies kann zu Beweisschwierigkeiten führen und räumt dem Tatrichter eine beträchtliche Entscheidungsmacht ein. Diese Auslegung trägt jedoch dem Willen des Gesetzgebers Rechnung“*.

Schon diese Auswahl höchstrichterlicher Rechtsprechung verdeutlicht die Schwierigkeiten bei der Anwendung des Tatbestands der Vorteilsannahme nach seiner Erweiterung im Jahre 1997 und zeigt einmal mehr, dass Wertentscheidungen bei der Beurteilung von Zweifelsfällen eine größere Rolle spielen, als ihnen im Rahmen der strafrechtlichen Verfolgung eigentlich zukommen dürfte.

488 BGHSt 49, 275 (282f.).
489 BGHSt 49, 275 (285, 291ff.).
490 BGH NJW 2008, 6 (17), Rn 34.

Dies hat zur Folge, dass den Strafverfolgungsbehörden ein unangemessen großer Freiraum zusteht, innerhalb dessen sie über ihr Eingreifen frei entscheiden können.[491] Dieser Zustand wird treffend kommentiert von *Hettinger,* wenn dieser ausführt: „Wer weit gefasste Normen sät, braucht sich über den aufgezeigten Befund nicht zu wundern. Normen solcher Qualität haben schon länger Konjunktur. Sie ergänzen die prozessualen Opportunitätsregeln in kongenialer Weise: Man kann jederzeit zupacken, aber man muss nicht müssen".[492] Dies kollidiert jedoch in letzter Konsequenz mit dem in Art. 103 Abs. 2 GG verankerten Bestimmtheitsgebot.[493] Zurückzuführen sind die genannten Unzulänglichkeiten – wie bereits gezeigt – auf den Verzicht auf das Erfordernis der bestimmten Diensthandlung und die Einbeziehung nachträglicher Zuwendungen in den Anwendungsbereich der §§ 331, 333 StGB.

Der Gesetzgeber befindet sich nach dem augenblicklichen Stand der Diskussion in dem Dilemma, einerseits immer mehr Fallgruppen erfassen zu wollen und andererseits – schon aus Gründen der Rechtssicherheit – für einen klar umgrenzten Anwendungsbereich der §§ 331, 333 StGB sorgen zu müssen. Abhilfe könnte hier zum einen eine völlig neue Wertentscheidung schaffen. Würde beispielsweise die Annahme von Vorteilen durch Amtsträger generell unter Strafe gestellt, so würde eine umfassende Reinhaltung des Amtes von äußeren Einflüssen erreicht werden können.[494] Einen so weitgehenden Anwendungsbereich hat der Gesetzgeber jedoch ausdrücklich nicht vorgesehen.[495] Will man aber – entsprechend dem Willen des Gesetzgebers – daran festhalten, dass zwischen dem dienstlichen Verhalten und dem Vorteil ein Äquivalenzverhältnis bestehen soll, das für das Unrecht der Bestechungsdelikte prinzipiell konstitutiv ist, so kann kaum an dem aktuellen Wortlaut der §§ 331, 333 StGB festgehalten werden, da dieser gemäß den vorstehenden Ausführungen eine verlässliche Abgrenzung zwischen Strafbarem und nicht Strafwürdigen nicht mehr zulässt.

---

491 Vgl. hierzu *Schneider* in: Festschrift Seebode, S. 331ff.; *Schlösser/Nagel*, wistra 2007, 211ff.; *Hettinger*, JZ 2009, 370 (372); *Deiters*, ZJS 2009, 578 (580); *Deiters*, MIP 2004/2005, 18 (27) spricht insoweit von „Kompetenznormen".

492 Hettinger, JZ 2009, 370 (372).

493 Vgl. *Schneider* in: Festschrift Seebode, S. 331ff.; *Schlösser/Nagel*, wistra 2007, 211ff.; *Hettinger*, JZ 2009, 370 (372); *Deiters*, ZJS 2009, 578 (580).

494 *Wentzell*, Tatbestandsproblematik, S. 144f.

495 BT-Drucks. 13/8079 S. 15.

B. §§ 332, 334 StGB und der Schutz des Staatswillens

Nach § 332 Abs. 1 StGB macht sich ein Amtsträger oder ein für den öffentlichen Dienst besonders Verpflichteter strafbar, der einen Vorteil für sich oder einen Dritten als Gegenleistung dafür fordert, sich versprechen lässt oder annimmt, dass er eine Diensthandlung vorgenommen hat oder künftig vornehme und dadurch seine Dienstpflichten verletzt hat oder verletzen würde. Spiegelbildlich dazu sieht § 334 StGB die Strafbarkeit desjenigen vor, der einem Amtsträger, einem für den öffentlichen Dienst besonders Verpflichteten oder einem Soldaten der Bundeswehr einen Vorteil für diesen oder einen Dritten als Gegenleistung dafür anbietet, verspricht oder gewährt, dass er eine Diensthandlung vorgenommen hat oder künftig vornehme und dadurch seine Dienstpflichten verletzt hat oder verletzen würde.

I. Die Unrechtsvereinbarung bei §§ 332, 334 StGB

Als zentrales Element der Bestechungstatbestände ist auch im Rahmen der §§ 332, 334 StGB zunächst zu untersuchen, ob das heutige Verständnis der Unrechtsvereinbarung es ermöglicht, strafbedürftige Fälle von nicht Strafwürdigem abzugrenzen. Mit Blick auf den der Bestechlichkeit/Bestechung zugrunde liegenden Unrechtsgehalt stellt sich außerdem die Frage, ob die Einbeziehung von Belohnungen für bereits vorgenommene Diensthandlungen sachgerecht ist.

1. Bestimmtheit und Pflichtwidrigkeit der Diensthandlung

Die von § 332, 334 StGB erfassten Tathandlungen sind grundsätzlich dieselben wie in den §§ 331, 333 StGB. Anders als bei §§ 331, 333 StGB muss sich die Unrechtsvereinbarung jedoch auf eine *bestimmte, pflichtwidrige* Diensthandlung beziehen. Eine solche stellt sich dann als pflichtwidrig dar, wenn sie gegen Gesetze, Verwaltungsvorschriften, Richtlinien, allgemeine Dienstanweisungen oder Anweisungen des Vorgesetzten verstößt.[496] Aufgrund dieses Erfordernisses wird § 332 StGB häufig als die „erschwerte Form der passiven Bestechung“[497] bezeichnet. Weil nach diesen Grundsätzen nur konkrete Diensthandlungen überhaupt pflichtwidrig sein können, scheidet eine Ausdehnung des Tatbestands nach dem Vorbild des KorrBekG 1997 auf die allgemeine Dienstausübung von

496 *Cramer*, Schönke/Schröder, Strafgesetzbuch, § 332 Rn. 7; *Kuhlen*, NK-StGB, § 332 Rn. 8; *Fischer*, StGB, § 332 Rn. 6.

497 *Cramer*, Schönke/Schröder, Strafgesetzbuch, § 332 Rn. 1.

vornherein aus.[498] Jedoch muss auch nach §§ 332, 334 StGB die Diensthandlung nicht im Einzelnen festgelegt sein, sondern es genügt nach ständiger Rechtsprechung, wenn zwischen den Beteiligten das Einverständnis besteht, dass der Amtsträger innerhalb eines bestimmten Aufgabenbereichs oder Kreises von Lebensbeziehungen nach einer gewissen Richtung hin tätig werden soll und die ins Auge gefasste Diensthandlung dabei nach ihrem sachlichen Gehalt mindestens in groben Umrissen erkennbar und festgelegt ist.[499] Nach dem Wortlaut ist außerdem erforderlich, dass der Vorteil die Gegenleistung für die Diensthandlung darstellt.

2. Pflichtwidrigkeit des Ermessensbeamten

Wie vorstehend dargelegt, bestimmt sich die Unterscheidung zwischen §§ 331, 333 StGB und §§ 332, 334 StGB maßgeblich nach der Pflichtwidrigkeit der Diensthandlung.[500] Für eine Einordnung entscheidend ist danach, ob der Vorteil zur Tatzeit (im Falle des § 332 StGB als Gegenleistung) für eine pflichtwidrige oder eine pflichtgemäße Diensthandlung angenommen wird. Wie bereits ausgeführt,[501] ist ausschlaggebend für eine Dienstpflichtverletzung ein *Rechtsverstoß*.[502] Im Rahmen einer Ermessensentscheidung verfügt der Amtsträger aber regelmäßig über mindestens zwei rechtmäßige Entscheidungsalternativen.[503] Der Amtsträger kann innerhalb des ihm zustehenden Ermessensspielraums daher grundsätzlich nicht „richtig" oder „falsch" entscheiden.

Trotzdem ist die Anwendung der §§ 332, 334 StGB auch auf den Ermessensbeamten nach ganz einheitlicher und schon frühester Rechtsprechung unbestritten und inzwischen in § 332 Abs. 3 StGB verankert.[504] Der mit Ermessen ausgestattete Amtsträger handelt danach – wie sich bereits aus der oben genannten Definition ergibt – pflichtwidrig, wenn er unter Missachtung der Ermessensgrenzen eine im Ergebnis sachwidrige Entscheidung trifft.[505] Darüber hinaus ist eine Pflichtwidrigkeit anzunehmen, wenn sich diese zwar nicht im Ergebnis der Entscheidung offenbart, der Amtsträger aber durch nicht ausschließlich sachli-

498 *Fischer*, StGB, § 332 Rn. 6.
499 St. Rspr. seit BGHSt 32, 290 (291); BGHSt 39, 45 (46f.).
500 Siehe oben, Teil 2 B. IV.; Teil 3 B.
501 Teil 3 I. 1.
502 Vgl. BGHSt 48, 44 (46); *Fischer*, StGB § 332 Rn. 6.
503 *Sowada*, LK-StGB § 332 Rn. 13; *Rudolphi*, SK-StGB § 332 Rn. 7; Schönke/Schröder *Heine*, § 332 Rn. 10.
504 RGSt 1, 404; RGSt 4, 101 (103).
505 BGHSt 48, 44 (46); OLG Hamburg, StV 2001, 277 (281); Schönke/Schröder *Heine*, § 332 Rn. 10; *Sowada*, LK-StGB § 332 Rn. 13.

che, insbesondere eigennützige, Gesichtspunkte zu seiner Entscheidung gekommen ist.[506] Dass die Entscheidung im Ergebnis nicht zu beanstanden ist, beseitigt die Pflichtwidrigkeit nicht.[507]

Auch die im Verwaltungsrecht entwickelte Lehre von den Ermessensfehlern trägt dieses Ergebnis. Diese kategorisiert die Ermessensfehler und enthält unter anderem die Fallgruppe des Ermessensfehlgebrauchs. Ein solcher liegt vor, wenn sich die Behörde nicht ausschließlich vom Zweck der Ermessensentscheidung leiten lässt.[508] Der Zweck der Ermessenseinräumung liegt vor allem in der Schaffung von Einzelfallgerechtigkeit und versetzt die Behörde in die Lage, unter Berücksichtigung der gesetzlichen Zielvorstellungen einerseits und der konkreten Umstände andererseits eine dem Einzelfall angemessene und sachgerechte Lösung zu finden.[509] Ermessensfehlerhaft sind daher vor allem persönliche Rücksichtnahmen.[510] Die Berücksichtigung des Vorteils im Rahmen des Ermessens stellt damit einen Ermessensfehler dar. Die darauf basierende Entscheidung ist nach den oben ausgeführten Grundsätzen pflichtwidrig. Nach den Leitsätzen[511] zweier viel besprochener Entscheidungen des Reichsgerichts wurde nach Ansicht der erkennenden Senate die Urteilskraft des Ermessensbeamten regelmäßig sogar schon dann getrübt, wenn ihm ein Vorteil versprochen wurde oder er einen solchen gar bereits erhalten habe. [512] Der innere Vorbehalt, sich nicht beeinflussen zu lassen, ändere nichts an der Strafbarkeit.[513] Für eine solche genüge vielmehr, dass der Amtsträger erkannt habe, der Vorteilsgeber erwarte von ihm eine pflichtwidrige Amtshandlung, gleichwohl aber den Vorteil oder das Versprechen entgegen nehme.[514] Die tatsächliche Begehung einer Amtspflichtwidrigkeit sei dabei keine Voraussetzung.[515] Zusammenfassend führt das Reichsgericht aus, ein Beamter, der seine Entscheidungen nach seinem Ermessen zu treffen habe, handle dann pflichtwidrig, wenn er sich nicht ausschließlich von sachlichen Gesichtspunkten leiten lasse, sondern bei seinen Entscheidungen

506 RGSt 4, 101 (103).

507 BGHSt 48, 44 (46); *Sowada*, LK-StGB § 332 Rn. 13.

508 *Maurer*, Allgemeines Verwaltungsrecht, § 7 Rn. 22; *Kopp/Ramsauer*, VwVfG, § 40, Rn. 1, 61; Stelkens/Bonk/*Sachs,* VwVfG, § 40 Rn. 53.

509 *Maurer*, Allgemeines Verwaltungsrecht, § 7 Rn. 13; vgl. auch *Kopp/Ramsauer*, VwVfG, § 40 Rn. 1; inzident auch *Kopp/Schenke*, VwGO, § 114 Rn. 1.

510 *Maurer*, Allgemeines Verwaltungsrecht, § 7 Rn. 22.

511 Zusammengestellt bei BGHSt 15, 88 (90f.); Leitsätze aus RGSt 74, 251 und 77, 75.

512 RGSt 74, 251 und 77, 75. Siehe vor allem *Schmidt*, Bestechungstatbestände, Rn. 94ff.

513 RGSt 74, 271.

514 RGSt 74, 271; RGSt 77, 75 (78).

515 RGSt 74, 271; RGSt 77, 75 (78).

der Rücksicht auf einen Vorteil Raum gebe, den er erhalten oder sich versprechen lassen habe.[516] Er verstoße in einem solchen Fall schon dadurch gegen seine Amtspflicht, dass er an die Entscheidungen nicht unbefangen, sondern mit der inneren Belastung herangehe, die für ihn in dem gewährten oder erwarteten Vorteil liege.[517] Durch eine solche Belastung werde sein Urteil regelmäßig getrübt.[518] Hingegen gehöre es nicht zum Tatbestand des § 332 StGB, dass sich der Amtsträger innerlich entschlossen habe, sich in der Freiheit seines Ermessens durch die Vorteile beeinflussen zu lassen.[519] Die tatsächliche Pflichtwidrigkeit sei ebenso wenig Voraussetzung für § 332 StGB wie die innere Bereitschaft des Amtsträgers zur einer solchen.[520]

Weil diese Entscheidungen ihrem Wortlaut nach nahelegten, die mitunter schwierige Feststellung des Bestehens einer Unrechtsvereinbarung sei bereits mit dem Hinweis auf die innere Belastung des Amtsträgers durch den dargebotenen Vorteil entbehrlich, wurde teilweise ein Bruch mit der bisherigen Rechtsprechung befürchtet, die zusätzlich verlangte, dass der Amtsträger sich nicht ausschließlich von sachlichen Gesichtspunkten *leiten* ließ.[521] Die konsequente Anwendung der nun durch das Gericht entwickelten Grundsätze führte in den Augen der Kritiker dazu, dass ein Ermessensbeamter, der einen Vorteil bekomme, nicht anders als pflichtwidrig handeln könne.[522] Die Gefahr einer solchen Auslegung sei letztlich, dass § 331 StGB für Ermessensbeamte nicht mehr zur Anwendung kommen könne, da jede Beeinflussung bereits die Pflichtwidrigkeit bedinge und damit den Anwendungsbereich des § 332 StGB eröffne. Der Vorteilsannahme komme bei einem solchen Verständnis bei Ermessensentscheidungen kaum noch eine eigenständige Bedeutung neben der Bestechlichkeit zu.[523]

Dem stimmte der BGH in einer Folgeentscheidung teilweise zu: es sei richtig, dass die Formulierung, das Urteilsvermögen des Beamten sei durch den Vorteil „regelmäßig getrübt" missverständlich und einer richtigen Anwendung der Bestechungstatbestände nicht förderlich gewesen sei.[524] Zwar möge dies

516 RGSt 77, 75 (78).
517 RGSt 77, 75 (78).
518 RGSt 77, 75 (78).
519 RGSt 77, 75 (78).
520 RGSt 77, 75 (78).
521 *Schmidt*, Bestechungstatbestände, Einleitung.
522 Zu den Positionen im Einzelnen ausführlich *Schmidt*, Bestechungstatbestände, Rn. 110ff.; die Argumentation aufgreifend BGHSt 15, 88 (91).
523 Hierzu auch *Kuhlen*, JR 2003, 231 (236).
524 BGHSt 15, 88 (93).

nach der Lebenserfahrung häufig zutreffen, sei aber in dieser Allgemeinheit „sicher nicht richtig".[525] Der Senat stellte klar, die Feststellung der Unrechtsvereinbarung und damit die Voraussetzung, der Beamte möge sich ausdrücklich oder stillschweigend bereit zeigen, bei seinen künftigen Entscheidungen nicht nur sachliche Gesichtspunkte walten lassen, sei nicht durch einen allgemeinen Hinweis auf die innere Belastung des Beamten zu umgehen. Für die Bewertung des Verhältnisses zwischen Vorteil und der Diensthandlung eines Ermessensbeamten sei damit die Unrechtsvereinbarung nicht entbehrlich.[526] Es komme aber, soweit nicht eine bewusste Überschreitung des Ermessens vorliege, nicht auf das Ergebnis der Entscheidung des Amtsträgers, sondern auf die ihm zugrunde liegenden Erwägungen an.[527]

Zusammenfassend gilt für die Anwendung der Bestechungsdelikte auf Ermessensbeamten folglich: Lässt sich der Amtsträger im Rahmen seines Entscheidungsprozesses nicht lediglich von sachlichen Gesichtspunkten leiten, sondern von dem Vorteil beeinflussen, legt er diesen also bei der Abwägung in die Waagschale, so handelt er ermessensfehlerhaft und damit pflichtwidrig.[528] Hingegen begründet die bloße Annahme eines Vorteils nicht bereits eine unwiderlegliche Vermutung der Ermessensfehlerhaftigkeit. Vielmehr ist der konkrete Beweis einer Unrechtsvereinbarung notwendig.[529] Die Rechtsprechung zur Pflichtwidrigkeit stellt eine konsequente Umsetzung des Schutzgutes der Lauterkeit der öffentlichen Staatsgewalt und des Staatswillens dar und hat mit dem EGStGB 1974 Eingang in § 332 Abs. 3 Nr. 2 StGB gefunden.[530] Aufgrund der besonderen Struktur von Ermessensentscheidungen ist der Staatswille regelmäßig gefährdet, wenn der Amtsträger bei seiner Entscheidung den Vorteil in die Waagschale legt. Denn dem Ermessensbeamten wurde nicht nur die Macht staatlicher Ausführungshandlungen verliehen, er darf in Grenzen sogar selbst entscheiden. Ausgehend von dem Grundsatz, dass die Bestechungsdelikte das Korrektiv zu staatlich gegebener Macht bilden,[531] ist ein solcher Ausgleich bei Ermessensbeamten besonders wichtig.

525 BGHSt 15, 88 (93).
526 BGHSt 15, 239 (242).
527 BGHSt 15, 239 (242).
528 BGH NStZ-RR 2002, 272 (273).
529 So auch *Geppert*, Jura 1981, 42 (50).
530 BT-Drucks. 7/550 S. 274.
531 Hierzu Teil 2 A. I; B. III.

3. Belohnung pflichtwidriger Diensthandlungen

Problematisch im Hinblick auf das Schutzgut erscheint hingegen die Einbeziehung auch solcher Zuwendungen, die als Gegenleistung für bereits vorgenommene Diensthandlungen zugewendet werden. §§ 332 Abs. 1 StGB bestimmt eine Strafbarkeit des Amtsträgers (und spiegelbildlich § 334 Abs. 1 StGB des Vorteilsgebers), wenn er einen Vorteil als Gegenleistung dafür fordert etc., dass er eine pflichtwidrige Diensthandlung *vorgenommen hat oder künftig vornehme*. Vom Tatbestand erfasst ist damit ausweislich des Wortlauts ausdrücklich auch die (nachträgliche) Belohnung pflichtwidriger Diensthandlungen. Dies scheint auf den ersten Blick im Widerspruch zum im Rahmen des 1. Teil dieser Arbeit herausgearbeiteten Unrechtsgehalts der §§ 332, 334 StGB zu stehen. Danach schützen die §§ 332, 334 StGB vor einer Verfälschung des Staatswillens und es liegt damit nahe, dass die Belohnung pflichtwidriger Diensthandlungen nicht ausreicht.[532] Der Staatswille wird im Falle der §§ 332, 334 StGB stets dadurch verletzt oder jedenfalls gefährdet, dass der Amtsträger eine pflichtwidrige Diensthandlung vornimmt oder sich im Rahmen der Unrechtsvereinbarung hierzu bereit erklärt. Im Falle der Belohnung einer bereits ohnehin vorgenommenen, pflichtwidrigen Diensthandlung ist eine auf die Zuwendung zurückzuführende Staatswillenverfälschung damit praktisch ausgeschlossen. Ähnlich wie bei § 331 StGB[533] soll das Verbot nachträglicher Zuwendungen aber auch hier eine positive Verstärkung des Verhaltens des Amtsträgers verhindern. Dieser soll nicht künftig in der Erwartung handeln, eine Belohnung für sein (pflichtwidriges) Tun zu erhalten.[534] Während dies im Hinblick auf §§ 331, 333 StGB vorstehend grundlegend als zu weitgehend kritisiert wurde,[535] ist die Ausweitung des Tatbestands mit Rücksicht auf den Unrechtsgehalt der §§ 332, 334 StGB gerechtfertigt. Denn durch die Belohnung besteht die Gefahr einer positiven Verstärkung eines *pflichtwidrigen* Verhaltens des Amtsträgers. Die Tathandlung hat damit eine grundlegend andere Qualität als bei §§ 331, 333 StGB. Das Einsetzen einer Selbstkorrumpierung des Amtsträgers würde im Falle der §§ 332, 334 StGB zu erheblich gravierenderen Folgen (nämlich einer Gefahr für den Staatswillen) führen, als bei der Vorteilsannahme/Vorteilsgewährung. Die Einbeziehung auch nachträglicher Belohnungen für eine bereits vorgenommene,

532 Siehe oben, Teil 2 B.; Teil 3 B. I.
533 Hierzu ausführlich oben Teil 3 A. III. 2.
534 *Engelhardt*, Bestechungstatbestände, S. 115.
535 Siehe oben, Teil 3 A. III. 2.

pflichtwidrige (!) Diensthandlung ist somit unter Berücksichtigung des Schutzzwecks der Staatswillenverfälschung gerechtfertigt.

4. Fazit

Hauptkriterium für die Unterscheidung zwischen der Vorteilsannahme/Vorteilsgewährung und der Bestechlichkeit/Bestechung ist die Pflichtwidrigkeit der Diensthandlung. Dabei bezweckt die Fokussierung auf die pflichtwidrige Diensthandlung den Schutz des Staatswillens, der durch pflichtwidrige Entscheidungen gefährdet bzw. sogar verletzt werden würde. Bei Ermessensentscheidungen wird dieser Schutzzweck sogar bereits dann berührt, wenn der Amtsträger den Vorteil bei seiner Entscheidung in die Waagschale legt. Insgesamt sind die Anforderungen an die auch von den §§ 332, 334 StGB vorausgesetzte Unrechtsvereinbarung strenger als diejenigen der §§ 331, 333 StGB. Die Tatbestände der Bestechlichkeit/Bestechung begegnen daher nicht den gleichen Bedenken wie diejenigen der Vorteilsannahme/Vorteilsgewährung, da sie nach wie vor über eine konturierungsfähige Unrechtsvereinbarung verfügen. Auch sind sie – jedenfalls insoweit – Ausdruck des ihnen zugrunde liegenden Schutzgutes. Dies gilt auch für den Fall der lediglich nachträglich gewährten Zuwendung. Deren Einbeziehung und die daraus folgende Erweiterung des Anwendungsbereichs des Tatbestands wird durch das im Vergleich zu §§ 331, 333 StGB gravierendere Unrecht gerechtfertigt.

II. § 332 Abs. 3 StGB als Sonderfall

1. Strafbarkeit durch „Sichbereitzeigen"

Im Zuge der Untersuchung, ob die §§ 332, 334 StGB tatsächlich ausschließlich das Unrecht der Gefährdung des Staatswillens erfassen, bedarf die durch das EGStGB im Jahre 1974 eingeführte Regelung des § 332 Abs. 3 StGB einer besonderen Erläuterung. § 332 Abs. 3 StGB lautet im Wortlaut:

> *Falls der Täter den Vorteil als Gegenleistung für eine künftige Handlung fordert, sich versprechen lässt oder annimmt, so sind die Absätze 1 und 2 schon dann anzuwenden, wenn er sich dem anderen gegenüber bereit gezeigt hat,*
>
> *1. bei der Handlung seine Pflichten zu verletzen oder,*
>
> *2. soweit die Handlung in seinem Ermessen steht, sich bei der Ausübung des Ermessens durch den Vorteil beeinflussen zu lassen.*

Die Vorschrift entfaltet Regelungsgehalt in zwei Richtungen: zum einen wird festgestellt, dass schon das Bereitzeigen zu einer pflichtwidrigen, künftigen Diensthandlung für eine Strafbarkeit genügt (Nr. 1), zum anderen stellt Nr. 2 klar, wie im Falle eines Ermessensbeamten zu verfahren ist. Abgestellt wird jeweils auf das rein objektive Kriterium des „Sichbereitzeigens", dem nach dem Willen des Gesetzgebers eine eigenständige Bedeutung bei der Abgrenzung zu § 331 StGB zukommt.[536]

Ein dem Sichbereitzeigen genügender Eindruck kann nach der Rechtsprechung durch ausdrückliche Erklärung, aber auch durch schlüssiges Verhalten in einem bestimmten Zusammenhang erweckt werden[537] Allein die Annahme des Vorteils in Kenntnis der vom Zuwendenden verfolgten Absichten genügt hingegen nicht für die Annahme eines Sichbereitzeigens im Sinne des § 332 Abs. 3 StGB.[538] Der tatbestandliche Unterschied zwischen Vorteilsannahme und Bestechlichkeit würde ansonsten verwischt.[539] In dieser Abgrenzungsproblematik zeigt sich die tatbestandliche Nähe zwischen § 331 StGB und § 332 Abs. 3 StGB. Das Sichbereitzeigen verlangt ein bestimmbares Verhalten des Täters, das aufgrund objektiv feststellbarer Umstände die wertende Folgerung zu tragen vermag, dieser habe nach außen wirkend bewusst die Bereitschaft bekundet, seine Entscheidung auch an dem Vorteil auszurichten.[540] Soweit besteht kein Unterschied zu den zu § 331 StGB zu treffenden Feststellungen. Darüber hinaus muss der Täter des § 332 Abs. 3 StGB die vom Vorteilsgeber erwartete amtliche Tätigkeit so bestimmt versprochen haben, dass sie als *pflichtwidrige* Amtshandlung erkannt werden kann.[541] Richtet sich die getroffene Vereinbarung dagegen auf eine nicht pflichtwidrige Handlung, so ist eine Strafbarkeit nach § 331 StGB gegeben, soweit die weiteren Voraussetzungen vorliegen.[542]

Um zu gewährleisten, dass die Tatbestände der §§ 331 und 332 Abs. 3 StGB einen klar umrissenen Anwendungsbereich erhalten und voneinander abgrenzbar bleiben, verlangt die jüngere Rechtsprechung zum Nachweis der für § 332 Abs. 3 StGB notwendigerweise zu zeigenden Bereitschaft des Amtsträgers, bei der Diensthandlung seine Pflichten zu verletzen, das Vorliegen weiterer hinzu-

536 BT-Drucks. 7/550 S. 273f.
537 BGHSt 48, 44 (47).
538 BT-Drucks. 7/550 S. 273f ; vgl. auch BGHSt 48, 44 (47).
539 Vgl. BGHSt 48, 44 (47ff); OLG Hamburg, StV 2001, 277 (281).
540 BGHSt 48, 44 (47).
541 *Schröder*, GA 1961, 289 (296f.).
542 *Fischer*, § 332 Rn. 4.

tretender Umstände, aus denen sich die Bekundung der Beeinflussbarkeit ergibt.[543] Als „weiterer hinzutretender Umstand“ kommt z.B. das allgemeine Verhalten des Amtsträgers in Betracht. Weitere erhebliche Indizien für ein Sichbereitzeigen können sich daraus ergeben, dass dem Vorteil jeglicher dienstliche Verwendungsbezug fehlt oder dass hohe Beträge dem Amtsträger zur privaten Verwendung zur Verfügung gestellt werden.[544] Zu klären ist stets, ob sich aus diesen weiteren Umständen eine Beeinflussbarkeit des Amtsträgers ergeben kann. In einem BGHSt 48, 44 zugrunde liegenden Fall wertete der BGH beispielsweise den Umstand zugunsten des Angeklagten, dass dieser aufgrund von Materialmängeln vom weiteren Bezug bestimmter Herzklappen absah, obgleich er am Umsatz pro abgenommener Herzklappe beteiligt war.[545] Dass er sich nun von der Herzklappenfirma Kongressreisen und private Feiern bezahlen ließ, könne auf dieser Basis nicht für die Feststellung ausreichen, er habe sich damit bereit gezeigt, sich in seiner Beschaffungsentscheidung beeinflussen zu lassen.[546]

Insgesamt lässt sich das Unrecht des § 332 Abs. 3 StGB zusammenfassen zu der die Bestechungsdelikte seit jeher maßgeblich bestimmenden Erkenntnis, dass die Unrechtsvereinbarung, unabhängig von ihrer tatsächlichen Verwirklichung, für eine Strafbarkeit ausreichend ist. Insbesondere § 332 Abs. 3 Nr. 1 StGB regelt damit letztlich nur das, was auch ohne die Vorschrift gelten würde.[547] Denn hat sich der Amtsträger, seinem inneren Willen folgend, bereit erklärt, eine von ihm geforderte, pflichtwidrige Diensthandlung vorzunehmen, so liegt bereits damit eine für § 332 Abs. 1 StGB ausreichende Unrechtsvereinbarung vor. Für § 332 Abs. 3 Nr. 1 StGB ergibt sich insoweit eigentlich keine Notwendigkeit.[548] § 332 Abs. 3 Nr. 2 StGB enthält darüber hinaus eine auf der bereits skizzierten Rechtsprechung zum Ermessensbeamten[549] basierende Definition der Pflichtwidrigkeit des Ermessensbeamten. Der Gesetzgeber wollte sich

543 OLG Hamburg, StV 2001, 277 (281); ausdrücklich auch BGHSt 48, 44 (47ff).

544 *Fischer*, StGB § 332 Rn. 5a.

545 BGHSt 48, 44 (48).

546 BGHSt 48, 44 (49).

547 Korte, MK-StGB § 332 Rn. 35; *Kuhlen*, NK-StGB § 332 Rn. 14.

548 A.A. *Heine* in: Schönke/Schröder § 332 Rn. 15 nach dem § 332 Abs. 3 Nr. 1 eine notwendige Ergänzung zu § 332 Abs. 1 darstellt, da ansonsten die künftige Diensthandlung bereits soweit konkretisiert sein müsste, dass man deren Pflichtwidrigkeit feststellen könne. Dem ist jedoch entgegen zu halten, dass auch § 332 Abs. 3 Nr. 1 StGB die Feststellung der Pflichtwidrigkeit verlangt, da sich das Sichbereitzeigen nach dem Gesetz auf eine konkrete Handlung beziehen muss.

549 Siehe oben, Teil 3 B. I. 2.

hierbei ausdrücklich nicht festlegen, ob die Vorschrift als Auslegungsregel[550] oder Tatbestandserweiterung[551] des § 332 Abs. 1 StGB verstanden werden soll.[552] Auch diese Grundsätze würden zwar auch ohne diese Klarstellung gelten, erscheinen aber durchaus sinnvoll, da sich die Definition der Pflichtwidrigkeit des Ermessensbeamten aus umfangreichen Erwägungen ergibt und dessen Fehlverhalten wegen der eigentlich sachgerechten Entscheidung nicht auf der Hand liegt.

2. Zwischenergebnis

Die Funktion des § 332 Abs. 3 StGB beschränkt sich lediglich auf die Feststellung, wann eine für § 332 Abs. 1 StGB maßgebliche Unrechtsvereinbarung geschlossen wurde. Dies ist nach dem Wortlaut des Abs. 3 dann der Fall, wenn sich der Amtsträger bereit zeigt, bei der versprochenen Handlung seine Pflichten zu verletzen oder, soweit die Handlung in seinem Ermessen steht, sich bei Ausübung des Ermessens durch den Vorteil beeinflussen zu lassen. Um eine klare Abgrenzung zu § 331 StGB gewährleisten zu können, verlangt die Rechtsprechung bei der Anwendung des § 332 Abs. 3 StGB richtigerweise über das rein objektive Kriterium der Vorteilsannahme hinaus weitere Umstände, aus denen sich die Beeinflussbarkeit des Amtsträgers ergeben muss.

§ 332 Abs. 3 StGB konkretisiert mithin die strafbewehrte Unrechtsvereinbarung. Dies ist indes für den Fall, dass dem Amtsträger kein Ermessen zusteht (§ 332 Abs. 3 Nr. 1 StGB), nicht nötig. Dass die pflichtwidrige Diensthandlung nicht tatsächlich vorgenommen werden muss, um den Tatbestand des § 332 StGB zu verwirklichen, ergibt sich nämlich bereits aus § 332 Abs. 1 StGB sowie aus § 331 Abs.1 StGB. Anhand objektiver Umstände zu bestimmen, ob der Amtsträger eine solche Unrechtsvereinbarung abschließen wollte, sich also beeinflussbar gezeigt hat, ist ohnehin Aufgabe des erkennenden Gerichts. Einer Regelung wie § 332 Abs. 3 Nr. 1 StGB bedarf es damit für diesen Fall nicht. Für den Ermessensbeamten erscheint eine klarstellende Regelung hingegen sinnvoll, da sich die Definition der Pflichtwidrigkeit für diesen aus umfangreichen Erwägungen ergibt und sein Fehlverhalten wegen der eigentlich sachgerechten Entscheidung nicht auf der Hand liegt.

---

550 Hierfür *Geppert*, Jura 1981, 42 (50); *Korte*, MK-StGB, § 332, Rn. 35; *Jescheck*, LK-StGB, 11. Auflage 1997, Rn. 8; *Kuhlen*, NK-StGB, § 332, Rn. 14 ff.

551 So BGHSt 48, 44 (46f.,49) obiter dictum; *Kindhäuser/Goy*, NStZ 2003, 291 (296); dazu auch *Hölkemeier*, Sponsoring, S. 146f.; *Heine*, in: Schönke/Schröder, StGB, § 332, Rn. 15.

552 BT-Drucks. 7/550 S. 274; ausführlich Sowada, LK-StGB, § 332 Rn. 15.

3. Der sog. „Innere Vorbehalt“

a. Unbeachtlichkeit des inneren Vorbehalts nach h.M.

An dem Grundsatz, dass bereits das Sichbereitzeigen, eine pflichtwidrige Diensthandlung zu begehen, für eine Strafbarkeit ausreichen soll, halten Rechtsprechung und ein Großteil der Literatur auch für den Fall fest, dass der Amtsträger sich insgeheim vorbehält, die in Aussicht gestellte pflichtwidrige Handlung nicht vorzunehmen bzw. sachgerecht zu verfahren.[553]

Der BGH führt hierzu aus, „mit der Ehrenhaftigkeit und vor allem Unbestechlichkeit der Beamten soll die *Grundlage für das Vertrauen der Bevölkerung* erhalten werden, dessen die Staatsverwaltung für eine gedeihliche Wirksamkeit bedarf“.[554] Das Vertrauen der Öffentlichkeit werde aber schon erschüttert, wenn auch nur der Anschein der Käuflichkeit für pflichtwidrige Handlungen erzeugt werde.[555] Auf dieser Basis müsse es ausreichen, dass der Amtsträger für die Zuwendung eine pflichtwidrige Handlung verspreche.[556] Auf den wahren Willen komme es hingegen nicht an.[557]

Auf diese Rechtsprechung nehmen auch die Materialien zum EGStGB 1974, durch das § 332 Abs. 3 StGB eingeführt wurde, Bezug.[558] Danach bedeute das Sichbereitzeigen nicht notwendig die innere Bereitschaft des Amtsträgers zur Pflichtwidrigkeit.[559] Vielmehr sei der in dieser Hinsicht nach außen erweckte Eindruck entscheidend und der geheime Vorbehalt des Vorteilsnehmers, die Pflichtwidrigkeit nicht begehen zu wollen, unerheblich.[560] Denn bereits durch den äußeren Anschein der Bereitschaft zur Pflichtwidrigkeit werde die Unbefangenheit des Vorteilsnehmers beeinträchtigt oder gefährdet und damit auch die sachliche Richtigkeit seiner Handlungen in dem für die Bestechlichkeit bezeichnenden erhöhten Maß in Frage gestellt.[561]

553 RGSt 39, 193; BGHSt 15, 88 (93ff.); BGHSt 44 (46); *Sowada*, LK-StGB § 332 Rn.16; *Schröder*, GA 1961, 287 (297); *Fischer*, § 332 Rn. 12; *Stein*, Sk-StGB § 332 Rn. 14; Schönke/Schröder *Heine*, § 332 Rn. 15,18; kritisch *Maiwald*, JuS 1977, 353; dagegen *Geerds*, JR 1981, 301 (302f.).

554 BGHSt 15, 88 (96f.).

555 BGHSt 15, 88 (97).

556 *Schröder*, GA 1961, 287 (297); BGHSt 15, 88 (97).

557 *Schröder*, GA 1961, 287 (297); BGHSt 15, 88 (97).

558 BT-Drucks. 7/550 S. 273f.

559 BT-Drucks. 7/550 S. 273.

560 BT-Drucks. 7/550 S. 273.

561 BT-Drucks. 7/550 S. 273f.

b. Inkonsequenz im Hinblick auf das Schutzgut

Es wurde bereits festgestellt, dass der von der Rechtsprechung angeführte Schutz des Vertrauens der Allgemeinheit nicht primäres Rechtsschutzziel der Bestechungsdelikte sein kann, sondern lediglich einen Reflex der anderen Schutzgüter darstellt.[562] Auf dieser Grundlage ist die Annahme, schon der „böse Schein" der Käuflichkeit könne eine Strafbarkeit begründen, höchst problematisch. § 332 StGB schützt außerdem – wie bereits dargelegt – vor allem den Staatswillen.[563] Dieser wird aber nicht berührt, wenn der Amtsträger gar nicht vorhat, sich durch den Vorteil beeinflussen zu lassen.[564] Nach den hier vertretenen Grundsätzen ergibt sich im Gegensatz zur Auffassung des Gesetzgebers[565] nicht einmal eine Gefährdung des Staatswillens, da eine Beeinflussung des Ermessens aufgrund des Vorbehalts des Amtsträgers gerade nicht stattfinden wird. Eine strafrechtlich relevante Gefahr würde zumindest einen entsprechenden Willen des Amtsträgers voraussetzen.[566] Soweit *Maiwald* annimmt, der Amtsträger habe „durch seine Scheinerklärung und die Vorteilsannahme immerhin die Gefahr geschaffen, später noch entgegen der ursprünglichen Absicht dem Vorteil Einfluss auf seine Entscheidung zu gewähren"[567], übergeht dieser Ansatz, dass es nach herrschender Auffassung für eine Strafbarkeit auf den Abschluss der Unrechtsvereinbarung ankommt. So ist auch nur § 331 StGB erfüllt, wenn die Unrechtsvereinbarung sich auf eine nicht pflichtwidrige Handlung bezieht, der Täter dann aber unter dem Einfluss des schon erhaltenen Vorteils eine Pflichtwidrigkeit begeht.[568] Die spätere Pflichtwidrigkeit bleibt also ohne Auswirkung auf die Strafbarkeit. Soweit man *Maiwald* entnehmen kann, das Unrecht der Fälle des inneren Vorbehalts liege in der Schaffung eines Zustands, in dem der Amtsträger immer noch „umkippen" und sich für die Pflichtwidrigkeit entscheiden könnte,[569] so liegt auch dieser Strafgrund näher bei § 331 StGB. Denn die Gefahr der Selbstkorrumpierung des Amtsträgers fällt nach der historischen Entwicklung in den Anwendungsbereich der Vorteilsannahme.[570] Bemerkenswert ist außerdem, dass die Rechtsprechung sowie einzelne Stimmen in der Lite-

562 Siehe oben Teil 2 B IV.
563 Siehe oben Teil 2 B.
564 In diese Richtung auch *Geerds*, JR 1981, 301 (303).
565 BT-Drucks. 7/550 S. 273f.
566 Vgl. auch *Geerds*, JR 1981, 301 (303).
567 *Maiwald*, JuS 1977, 353 (355).
568 *Fischer*, StGB § 332 Rn. 4.
569 *Maiwald*, JuS 1977, 353 (355).
570 Siehe oben, Teil 2 A. III.

ratur eine Strafbarkeit verneinen, wenn es um eine in der Vergangenheit liegende, vorgetäuschte Diensthandlung geht.[571] Im zugrunde liegenden Fall hatte ein Staatsanwalt gegenüber einem Alkoholsünder wahrheitswidrig erklärt, dessen Führerscheinsache dienstlich bearbeitet und durch eine ungesetzliche Verfahrensweise die Rückgabe des Führerscheins veranlasst zu haben. Für diese vorgetäuschte Handlung erhielt der Staatsanwalt sodann 300 DM „Schmiergeld". Nach Ansicht des Gerichts ergab sich die Straffreiheit des Staatsanwalts schon aus dem Unrechtsgehalt des § 332 StGB. Denn „ist die Vornahme einer in der Vergangenheit liegenden Handlung nur vorgetäuscht, so ist für den verständigen Betrachter klar, dass der Amtsträger lediglich den falschen Schein der Käuflichkeit erweckt, es zur `Veräußerung` der Diensthandlung aber nicht kommen wird".[572] Gerade die Erweckung dieses äußeren Scheins bildet aber nach dem BGH im Falle des inneren Vorbehalts des Amtsträgers bei zukünftigen Handlungen die Grundlage für eine Strafbarkeit[573] und erscheint damit widersprüchlich.

c. Lösungsansatz

Trotz der dargelegten Nähe zum Tatbestand des § 331 StGB kann der besprochene Fall des inneren Vorbehalts nicht ohne Not der Vorteilsannahme zugeordnet werden. Dies würde die besagte Inkonsequenz im Hinblick auf das Schutzgut zwar beseitigen, gleichzeitig aber neue Widersprüche hervorrufen. Denn für eine Strafbarkeit des Amtsträgers gem. § 332 Abs. 3 StGB muss sich dessen „Sichbereitzeigen" stets auf eine *pflichtwidrige* Diensthandlung beziehen. Der Bezugspunkt der Unrechtsvereinbarung liegt somit auch im Falle des inneren Vorbehalts auf einer pflichtwidrigen Diensthandlung und ist insoweit – unter Berücksichtigung des bereits dargelegten Umstandes, dass sich die §§ 331, 333 StGB und die §§ 332, 334 StGB durch den Bezugspunkt eben dieser pflichtwidrigen Diensthandlung voneinander abgrenzen[574] – dem Tatbestand der Bestechlichkeit zuzuordnen.

Dabei werden von § 332 StGB (ähnlich dem nach § 332 Abs. 1 S. 2 StGB ebenfalls unter Strafe gestellten Versuch) aufgrund der Ausgestaltung als Gefährdungsdelikt auch diejenigen Handlungen erfasst, die im Vorfeld der Rechts-

571 BGH JR 1981, 299 mit ablehnender Anm. *Geerds*, JR 1981, 301; *Rudolphi/Stein*, SK-StGB § 331 Rn. 17b; mit weitergehender Begrüdung *Dölling*, JuS 1981, 570 (572); für eine Strafbarkeit *Kuhlen*, MK-StGB § 332 Rn.18.

572 *Rudolphi/Stein*, SK-StGB § 331 Rn. 17 b.

573 BGHSt 15, 88 (97).

574 Siehe oben, Teil 2 B.; Teil 3 B Einleitung.

gutsverletzung angesiedelt sind.[575] Voraussetzung ist aber auch hier wenigstens die *Gefahr* einer solchen Verletzung. Soweit sich der Amtsträger jedoch innerlich vorbehält, die Pflichtwidrigkeit nicht zu begehen, besteht diese – wie bereits dargelegt – nicht. Der Staatswille ist zu keinem Zeitpunkt auch nur potentiell beeinträchtigt. Soweit man hieraus etwa die Erweiterung des Schutzbereichs auch auf die Fälle ableiten möchte, in denen lediglich der *äußere Schein* der Käuflichkeit besteht, so ist dies mit den bereits im Rahmen der ausführlichen Auseinandersetzung mit dieser Problematik aufgeführten Argumenten[576] abzulehnen.

Der Schutzbereich des § 332 StGB ist mithin nicht tangiert. Das dem Täter vorzuwerfende Unrecht liegt vielmehr im Abschluss der Unrechtsvereinbarung selbst. Das allein in der Vorteilsvereinbarung und Vorteilsannahme liegende Unrecht (ohne den Umstand der Pflichtwidrigkeit) wird aber durch § 331 StGB erfasst.[577] Der Gesetzgeber hat hier bewusst einen eigenen Tatbestand geschaffen.[578] Es entsteht somit die widersprüchliche Situation, dass der Fall des inneren Vorbehalts zwar dem Tatbestand des § 332 StGB zuzuordnen ist, jedoch lediglich das Schutzgut des § 331 StGB berührt.

Auf Grundlage dessen erscheint das Strafmaß des vollendeten Delikts unverhältnismäßig streng. Insoweit ist eine Korrektur auf Rechtsfolgenseite geboten, die insbesondere durch die Annahme eines „minder schweren Falles" des § 332 Abs. 1 S. 1, Abs. 2 StGB erreicht werden kann und sich an den Rechtsfolgen des § 331 StGB orientiert. So würde letztlich ein Gleichlauf zum Strafrahmen des § 331 StGB erreicht, das besondere Unrecht aber im Urteilstenor hervorgehoben.[579] Die vorstehend geschilderten Schwierigkeiten bei der Zuordnung des Falles des inneren Vorbehalts wären damit behoben.

III. Fazit

Mit dem Vorgesagten wurde herausgearbeitet, dass die Tatbestände der §§ 332, 334 StGB dem ihnen zugrunde liegenden Schutzzweck grundsätzlich gerecht werden. Dies gilt jedenfalls für § 332 Abs. 1, 2 sowie § 334 StGB. Durch die Pönalisierung einer auf eine pflichtwidrige Diensthandlung gerichteten Unrechtsvereinbarung wird der Staatswille geschützt. Im Gegensatz zu §§ 331, 333

575 Vgl. *Fischer*, StGB, § 332 Rn. 1.
576 Teil 2 B. III.
577 Vgl. auch BGHSt 48, 44 (47).
578 Siehe hierzu Teil 2 dieser Arbeit.
579 Hierzu Teil 6 B.

StGB verfügen die §§ 332, 334 StGB über eine zur Abgrenzung strafwürdiger von nicht strafbedürftigen Fällen taugliche Unrechtsvereinbarung und sind daher nicht dem Vorwurf der Uferlosigkeit ausgesetzt. Dennoch werden auch im Rahmen von §§ 332, 334 StGB Fälle erfasst, die den Staatswillen (und damit das Schutzgut) nicht berühren. Im Falle der (nachträglichen) Belohnung pflichtwidriger Diensthandlungen wird dies jedoch durch den erhöhten Unrechtsgehalt des Beamtenhandelns, welcher sich aus dessen Pflichtwidrigkeit ergibt, gerechtfertigt. Hingegen legt die Inkonsequenz der Behandlung des inneren Vorbehalts im Rahmen des § 332 Abs. 3 StGB eine Lösung de lege ferenda nahe.

C. Strafbarkeit der „Aktivseite", §§ 333, 334 StGB

Angesichts der in Teil 3 der Arbeit herausgearbeiteten Ergebnisse zum Unrechtsgehalt der Bestechungsdelikte liegt es nahe, die Berechtigung der Strafbarkeit der sog. „Aktivseite" der verwerflichen Vereinbarung einmal näher zu beleuchten.

I. Entkriminalisierung der „Aktivseite" ?

Ausgehend von dem Grundsatz, dass den Bestechungsdelikten als (gemeinsamer) Schutzzweck die Lauterkeit der öffentlichen Staatsgewalt und die Unkäuflichkeit staatlicher Entscheidungen zu Grunde liegt, stellt sich die Frage, ob es sich hiernach rechtfertigt, auch den Vorteilsgeber unter Strafe zu stellen, bei dem es sich regelmäßig um einen Nichtamtsträger handelt. So stellt *Durynek* (richtig) fest, ohne das Zutun des Amtsträgers sei „Korruption schlechthin nicht denkbar".[580] Insbesondere im Falle der Vorteilsgewährung, bei der nicht die Vornahme einer pflichtwidrigen Handlung intendiert ist, liegt dessen Strafbarkeit daher nicht auf der Hand.

Schon im Jahre 1906 bemerkte *Birkmeyer*, dass „doch das, wozu der Bestecher in unserem Fall [der Vorteilsgewährung] den Amtsinhaber bewegen will, ein erlaubtes amtliches Verhalten ist. Dass der Amtsinhaber sich dieses Handeln bezahlen lässt, ist eine strafbare Pflichtverletzung auf Seiten des Amtsinhabers; dass der Private ihm dafür zahlt, mag als Eigennutz, als skrupellose Wahrung seiner Privatinteressen unmoralisch sein, kann ihm aber nicht als strafbare Handlung zugerechnet werden, da er eben nicht in dem Verhältnis zum Staat

580 *Durynek*, Korruptionsdelikte, S. 444.

steht, in welchem sich der Amtsinhaber befindet".[581] Auch der frühere Gesetzgeber stellte – wie bereits dargestellt[582] – fest, „dass in der Allgemeinheit die Anschauung sehr verbreitet [sei], in der Gewährung eines Vorteils für eine ordnungsgemäße Handlung sei nichts Verfängliches, sondern nur ein Akt des Wohlwollens oder der Dankbarkeit zu erblicken, so dass nicht verstanden würde, wenn man ein solches Verhalten allgemein unter Strafe stellen würde".

Durynek führt weiter aus, eine Entkriminalisierung der sog. „Aktivseite" der Bestechungsdelikte „durch Streichung der Tatbestände der Vorteilsgewährung und der Bestechung würde zudem zur Lösung der den Korruptionsdelikten anhaftenden Ermittlungs- und Beweisschwierigkeiten beitragen, die zuvörderst auf das kollusive Zusammenwirken der Beteiligten zurückzuführen sind".[583] Tatsächlich wird – insbesondere von Seiten der Strafverfolgungsbehörden – ein Grund für die Schwierigkeit der Korruptionsbekämpfung regelmäßig darin gesehen, dass im Falle der Korruption für gewöhnlich zwei Parteien einvernehmlich zum gegenseitigen Vorteil zusammenwirken. Es gebe daher im Regelfalle kein Opfer, welches den Fall öffentlich mache.[584] Es wäre daher vorstellbar, diese Strukturen durch Verhinderung der zwischen Vorteilsnehmer und Vorteilsgeber bzw. Bestochenem und Bestechendem durch den korruptiven Vorgang entstehenden „Schicksalsgemeinschaft" zu durchbrechen. Beide säßen nicht länger „in einem Boot".

II. Stellungnahme

1. Berechtigung einer (eigenen) Strafbarkeit der Aktivseite

Der soeben dargestellten Argumentation ist beizupflichten, soweit sie feststellt, dass ohne den Amtsträger Korruption, wie sie durch §§ 331 bis 334 StGB unter Strafe gestellt wird, schlechthin nicht möglich ist. Weiterhin ist auch die besondere Pflichtenstellung des Amtsträgers anzuerkennen, die die Verwerflichkeit seines Verhaltens noch einmal steigert. Hieraus zu folgern, die „Aktivseite" der Bestechungsdelikte sei vollständig entbehrlich, greift jedoch mit Blick auf den Schutzzweck der Bestechungsdelikte zu kurz. Es wurde bereits dargelegt, dass

---

581 *Birkmeyer*, Vergleichende Darstellung, S. 316f.; hierzu ausführlich *Durynek*, Korruptionsdelikte, S. 378f., 444f..

582 Siehe oben, Teil 2 A. III.

583 *Durynek*, Korruptionsdelikte, S. 445.

584 *Dölling*, Gutachten C 61. DJT, S. 8 spricht von „Delinquenz mit geringer Sichtbarkeit"; *UNCAC and Development Cooperation – Corruption Prevention by more efficient law enforcement?*, S. 5, spricht von "victimless and secret".

die Bestechungsdelikte insgesamt die Lauterkeit der öffentlichen Staatsgewalt sowie die Unkäuflichkeit staatlicher Entscheidungen schützen sollen.[585] Dabei ist das Schutzgut im Rahmen der §§ 331, 333 StGB bereits mit der Kommerzialisierung einer Amtshandlung betroffen, bei §§ 332, 334 StGB erst dann, wenn die Gefahr der Verfälschung des Staatswillens besteht.[586] Der gemeinsame Grundgedanke der Bestechungsdelikte ist mithin die Reinhaltung der öffentlichen Staatsgewalt von unlauteren Einflüssen. Dabei sieht die Konzeption der Korruptionsstrafbarkeit nicht vor, dass sich der Amtsträger allein äußerer Einflüsse erwehren muss. Vielmehr soll er auch vor entsprechender Einflussnahme geschützt und dem Bürger verdeutlicht werden, dass eine unlautere Einwirkung auf die Staatsgewalt verwerflich und deshalb strafbewehrt ist. Darüber hinaus streitet für § 334 StGB die Tatsache, dass der Bürger hier die Verleitung des Amtsträgers zu einer *Pflichtwidrigkeit* intendiert und damit richtigerweise eigenes Unrecht verwirklicht. So erkennt auch *Durynek* an, repressive Maßnahmen zur Disziplinierung der Aktivseite seien insgesamt *„unerlässlich"*.[587]

2. Rechtsfolgenlösung

Der Kritik an der Strafbarkeit der „Aktivseite" ist jedoch zuzugestehen, dass den Amtsträger tatsächlich eine besondere Pflichtenstellung trifft, die im Laufe der Entwicklung der Bestechungsdelikte erheblichen Einfluss auf diese ausgeübt hat. Nicht grundlos sind die Bestechungsdelikte als „Amtsdelikte" ausgestaltet und können nur durch oder gegenüber einem Amtsträger begangen werden. Dem Amtsträger wurde in seiner „Amtspflicht" seit jeher eine besondere Rechtstreue abverlangt. So führt *Stock* aus, „nicht nur ordnungsgemäße Amtsführung, sondern besondere Treue und Hingabe und besonderer Gehorsam gegenüber dem Staat gehört zu ihr, ferner dass sich der Staatsdiener auch außerhalb des Dienstes so verhält, wie es das Ansehen des Beamtenstandes erfordert. Die Notwendigkeit, das Interesse des Staates an der Erfüllung dieser Pflichten durch die Staatsdiener zu sichern, ist gemeinsamer innerer Grund zur Pönalisierung der Gruppe der Staatsdienerdelikte".[588] Auch die frühe Entwicklung der Bestechungsdelikte[589] zeigt, dass die Treuepflicht des Amtsträgers stets eine besondere Rolle bei der Ausgestaltung der Strafbarkeit inne hatte. Das durch den

---

585 Siehe oben, Teil 2 B. IV.
586 Siehe Teil 2 B. IV.
587 *Durynek*, Korruptionsdelikte, S. 445.
588 *Stock*, Amtsverbrechen, S. 154.
589 Siehe oben, Teil 2 A.

Amtsträger im Rahmen einer geschlossenen Unrechtsvereinbarung verwirklichte Unrecht erscheint daher aufgrund der ihm obliegenden Treuepflichten letztlich gravierender als das des Aktivparts, was durch die Konzeption der Bestechungsdelikte derzeit nicht berücksichtigt wird. So sehen etwa §§ 331, 333 StGB einen identischen Strafrahmen von bis zu drei Jahren oder Geldstrafe vor. Bei §§ 332, 334 StGB ist ein minimaler Unterschied dergestalt auszumachen, dass § 332 StGB eine leicht erhöhte Mindeststrafe von sechs Monaten (statt drei Monaten bei § 334 StGB) vorsieht.

Der Grund hierfür liegt insbesondere darin, dass zu Beginn der Entwicklung der Bestechungsdelikte – jedenfalls für den Tatbestand der Vorteilsannahme – überwiegend angenommen wurde, der Vorteilsgeber sei letztlich Teilnehmer der Tat des Amtsträgers und sei daher gemäß der geltenden Teilnahmeregelungen gleich dem Haupttäter zu bestrafen.[590] Weil das preußische Recht hierin kein ahndungswürdiges Unrecht sah, wurde eine Pönalisierung durch die Heranziehung der Grundsätze der Teilnahme ausdrücklich ausgeschlossen.[591] Im Laufe der weiteren Entwicklung wurde der Tatbeitrag des Vorteilsgebers dann jedoch richtigerweise mehr und mehr als eigener Tatbeitrag begriffen. Es wurde soeben (II.) bereits dargestellt, dass dies – vor allem im Hinblick auf das den Bestechungsdelikten im Allgemeinen zugrunde liegende Rechtsgut – seine Berechtigung findet. Das verwirklichte Unrecht des Aktivparts bleibt daher trotz mangelnder Amtsträgereigenschaft nicht hinter dem des Passivparts zurück, so dass kein Grund für eine mildere Bestrafung besteht.

Einzig im Falle einer durch ein „Fordern" des Amtsträgers motivierten Gewährung eines Vorteils durch den Bürger wäre möglicherweise eine mildere Bestrafung des Aktivparts angezeigt. In diesem Fall nutzt der Amtsträger seine Rechtsstellung in besonders verwerflicher Weise aus,[592] so dass das Vorliegen einer von beiden Seiten zu verantwortenden „Vereinbarung" im Wortsinne tatsächlich zweifelhaft sein dürfte. Die sich hieraus ergebene Möglichkeit der Einführung eines Strafmilderungsgrundes für den Fall, dass die Vorteilsgewährung lediglich eine Reaktion auf das „Fordern" des Amtsträgers darstellt, dürfte das

590 hierzu ausführlich *Birkmeyer*, Vergleichende Darstellung, S. 321 ff. m.w.N.; *Durynek*, Korruptionsdelikte, S. 85.

591 § 331 Abs. 2 PrStGB lautete: „Nehmen Personen, welche keine Beamte sind, an einem der in diesem Titel bezeichneten Verbrechen oder Vergehen Theil, so sollen, soweit keine Ausnahmen bestimmt sind, die allgemeinen Grundsätze über Theilnahme gelten. Auf den in § 309 vorgesehenen Fall (*Anm.*: die Vorteilsannahme) findet diese Bestimmung keine Anwendung".

592 Siehe zum Merkmal des Forderns oben, Teil 3 A. II. 3.

Gericht – rein praktisch betrachtet - jedoch vor Beweisschwierigkeiten stellen. Es ist zudem davon auszugehen, dass das Vorliegen einer solchen Konstellation regelmäßig als Schutzbehauptung vorgetragen würde, um in den Genuss der Strafmilderung zu kommen. Diese Einwände lassen sich aber – wenn auch in unterschiedlichem Maße – stets dann anbringen, wenn ein subjektives Merkmal für eine Strafbarkeit konstitutiv ist.

Im Hinblick auf die vorstehenden Ausführungen zur Einbeziehung vergangener Diensthandlungen in den Tatbestand der Vorteilsannahme[593] wäre eine divergierende Bestrafung aber jedenfalls für den Fall konsequent, dass der Amtsträger nachträglich eine Belohnung für eine bereits vorgenommene Diensthandlung verlangt. In diesem Ausnahmefall beugt sich der Bürger lediglich der privilegierten Stellung des Amtsträgers, der seine eigene Macht zu seinen Gunsten kommerzialisiert. Ein eigenes Unrecht des Vorteilsgebers ist hierin jedoch nicht zu erkennen, da eine Einflussnahme auf den Amtsträger weder möglich noch überhaupt intendiert ist.

III. Fazit

Eine umfangreiche Entkriminalisierung des Aktivparts ist damit grundsätzlich nicht angezeigt. Sie könnte sich allenfalls aus rechtspolitischen Gründen zum Zwecke der Aushebelung der bereits angesprochenen „Schicksalsgemeinschaft" zwischen Vorteilsgeber und Vorteilsnehmer anbieten. Insbesondere „fordernde" Amtsträger könnten dadurch möglicherweise leichter aufgedeckt werden. Ähnliche Argumente werden in der Diskussion um Einführung und Ausgestaltung einer Kronzeugenregelung vorgebracht und sind im Ergebnis auch dort zu verorten. Für den Ausnahmefall des Forderns eines Vorteils für eine bereits vorgenommene Diensthandlung liegt die Straffreiheit des Aktivparts hingegen nahe. Darüber hinaus sprechen einige Argumente für die Entkriminalisierung des Aktivparts gegenüber dem fordernden Amtsträger generell.

593 Siehe oben, Teil 3 A. III. 2.

Teil 4 Einschränkung der §§ 331, 333 StGB auf der Basis des geltenden Rechts

Nach dem Ergebnis des dritten Teils dieser Arbeit steht nunmehr fest, dass die Tatbestände der §§ 331, 333 StGB in ihrer momentanen Fassung aus sich heraus keine ausreichende Konturierung der Vorteilsannahme/Vorteilsgewährung leisten können. Fraglich ist daher, ob sich eine solche möglicherweise auf anderem Wege erreichen lässt. In Rechtsprechung und Literatur wurden bereits zahlreiche Versuche unternommen, den Anwendungsbereich der §§ 331, 333 StGB durch Auslegung restriktiver zu fassen. Im Folgenden gilt es zu untersuchen, inwieweit die einzelnen hierzu vertretenen Ansätze zu einer verlässlichen Einschränkung überhaupt geeignet sind und ob sich aus ihnen eine verallgemeinerungsfähige Lösung ergeben kann.

A. Die Lehre von der Sozialadäquanz

Die Annahme von Vorteilen für eine Dienstausübung ist nach h.M. dann nicht strafbar, wenn sie sich im Rahmen des sozial Üblichen und von der Allgemeinheit Gebilligten hält.[594]

Obwohl die „Lehre von der Sozialadäquanz" vielerorts als „Strafausschließungsgrund der Bestechungsdelikte" diskutiert wird,[595] stellt sie nicht etwa ein auf die §§ 331 ff. beschränktes oder hierfür entwickeltes Phänomen dar. Aus der von *Welzel*[596] begründeten Lehre handelt es sich vielmehr um ein allgemeines Prinzip, wonach Handlungen, die sich „innerhalb der geschichtlich gewordenen, sozialethischen Ordnung des Gemeinschaftslebens bewegen" und damit „sozialadäquat" sind, nicht einem Tatbestand unterfallen können.[597] Dies gelte auch dann, wenn man sie dem Wortlaut nach darunter subsumieren könnte.[598] So konstatiert das OLG Hamm[599], „dass ganz geringfügige Rechtsgutsbeeinträchtigungen materiell schon den Tatbestand einer Strafnorm nicht erfüllen, auch

594 Statt aller *Korte*, MüKo StGB § 331 Rn. 126.

595 Exemplarisch *Merges*, Strafausschließungsgründe, S. 129ff.

596 *Welzel*, ZStW 58 (1939), 491ff; ebenso vertreten durch *Schaffstein*, ZStW 72 (1960), 396ff., der die zwischenzeitliche Modifikation der ursprünglichen Lehre „bedauert".

597 *Welzel*, Das Deutsche Strafrecht (11), S. 55f.

598 *Welzel*, Das Deutsche Strafrecht (11), S. 55f.; *Roxin*, Strafrecht AT I, D § 10 Rn. 33.

599 OLG Hamm, NJW 1980, 2537; Anm. *Ostendorf*, GA 1982, 333ff.

wenn sie von dessen Wortlaut formell mit umfasst werden". Der Ansatz beruht auf der Idee, dass das Strafrecht nur sozial schädliche Handlungen unterbinden und schwerwiegende Verstöße gegen die Ordnung des Soziallebens ahnden soll.[600] Sämtliche Tatbestände seien daher so zu interpretieren, dass ihnen nur sozial inadäquates Verhalten unterfalle.[601]

I. Anwendung auf die Bestechungsdelikte

Im Laufe der Zeit hat sich auf der Grundlage dieser Lehre im Hinblick auf die Vorteilsannahme/Vorteilsgewährung eine allgemeine Formel entwickelt, nach der bestimmte Vorteile dem Tatbestand nicht unterfallen sollen: *Geringfügige Zuwendungen, die sozial üblich sind und daher von der Allgemeinheit gebilligt werden, sind aus dem Unrechtsbereich*[602] *des § 331 StGB auszuscheiden.*[603]

1. Geringfügige Zuwendungen

Im Rahmen der „geringfügigen Zuwendungen" bildet die Annahme geringwertiger Geschenke den Hauptanknüpfungspunkt.[604] Anhaltspunkt ist dabei der materielle Wert der Zuwendung. Solange dieser eine bestimmte Schwelle nicht überschreitet, soll die Annahme eines solchen Geschenks unverfänglich und im Hinblick auf das Rechtsgut der §§ 331, 333 StGB unbedenklich sein. Feststellbare Grenzen gibt es indes nicht.

So wird das „übliche Neujahrsgeschenk" an den Briefträger ebenso für sozialadäquat gehalten wie geringwertige Aufmerksamkeiten aus Anlass von Jubilä-

---

600 Vgl. BVerfGE 39, 1 (47); *Eser*, Sozialadäquanz, in: FS für Roxin, 199 (203); *Roxin*; Strafrecht AT I, D § 10 Rn. 33ff.; *Pfeiffer*, NJW 1997, 782 (783).

601 *Roxin*, Strafrecht AT I, D § 10 Rn. 37; *ders.*, Bemerkungen zur sozialen Adäquanz im Strafrecht, in: FS für Klug, S. 303 (305).

602 Nach *Wessels/Hettinger*, Strafrecht BT 1, Rn. 1112 ist der Tatbestand einschränkend dahingehend auszulegen, dass er solche Zuwendungen nicht erfasst, nach BGHSt 31, 264 (279) fehlt es an der „Dienstausübung". Ebenso *Krey*, Strafrecht BT I, Rn. 671; zur Begrifflichkeit des „Unrechtsbereichs" *Höltkemeier*, Sponsoring, S. 124, dazu auch *Korte*, MK-StGB, § 331 Rn. 126; anders *Fuhrmann*, GA 1959, 97 (101), nach dem eine solche Praxis als „Unsitte und nicht als Verkehrssitte" angesehen werden muss; zum Ganzen *Gribl*, Bestechungsdelikte, S. 99ff.

603 *Höltkemeier*, Sponsoring, S. 124; *Korte*, MK-StGB, § 331 Rn. 126; mit einer Unterscheidung zwischen „Geschenk" als Vorteil und einer bloßen „Aufmerksamkeit" als Ausdruck der Höflichkeit *Creifelds*, GA 1962, 33; *Rudolphi/Stein*, SK-StGB, 58. Lfg., 6. Auflage, Sept. 2003, § 331 Rn. 23.

604 *Eser*, Sozialadäquanz, in: FS für Roxin, S. 199ff.; *Korte*, MK-StGB, § 331 Rn. 126; *Höltkemeier*, Sponsoring, 126; *Kaiser*, NJW 1981, 321 (322); *Merges*, Strafausschließungsgründe, S. 129.

en oder persönlichen Feiertagen.[605] Bei Bewirtungen oder Einladungen richtet sich die Sozialadäquanz danach, ob sich diese im Rahmen des nach Anlass und Status der Beteiligten objektiv Üblichen hält oder ob der Aufwand den gewöhnlichen Lebenszuschnitt des durchschnittlichen Amtsträgers erkennbar überschreitet.[606] Während die Übernahme von Beherbergungskosten sowie Einladungen zu kostspieligen Freizeitvergnügen dabei je nach Status und Lebensstandard durchaus als sozialadäquat betrachtet werden können,[607] liegt die Grenze für Werbegeschenke bei ca. 50 €.[608] Atypische Geschenke können sogar trotz geringsten Wertes nicht mehr akzeptabel sein, etwa ein „Freibier" für einen Polizisten.[609]

Es kann, auch wenn dieser Eindruck im Rahmen der Anwendung der Lehre von der Sozialadäquanz im Zusammenhang mit den §§ 331, 333 StGB oftmals erweckt wird,[610] nicht lediglich auf die *Geringwertigkeit* des Vorteils ankommen, sondern es sollen Zuwendungen erfasst werden, bei denen bei vernünftiger Betrachtung nicht der Eindruck entstehen kann, dass der Nehmer sich dem Geber durch die Annahme tatsächlich verpflichtet oder sich wenigstens verpflichtet fühlt.[611] Tatsächlich ist dies oft und vor allem bei sehr geringwertigen Zuwendungen der Fall.[612] Damit kann die Gering*wertigkeit* sehr wohl ein Indiz für die Gering*fügigkeit* eines Vorteils sein, synonym können die Bezeichnungen jedoch nicht verwendet werden.

2. Sozial üblich und von der Allgemeinheit gebilligt

Die Ausgangsdefinition erfasst darüber hinaus auch Zuwendungen, „die sozial üblich sind und daher von der Allgemeinheit gebilligt werden". Stellt man für die „soziale Üblichkeit" auf Gewohnheiten oder bestimmte Traditionen ab, wird

605 *Fischer,* StGB, § 331 Rn. 25; *Wessels/Hettinger*, Strafrecht BT I Rn. 1112.

606 *Fischer*, StGB, § 331 Rn. 26; darstellend *Korte*, MK-StGB, § 331 Rn. 128.

607 *Fischer*, StGB, § 331 Rn. 26.

608 *Korte*, MK-StGB, § 331 Rn. 130 (max. 50 €); *Fischer*, StGB, § 331 Rn. 26 (30 €); *Lesch*, AnwBl. 2003, 261 (262) (50 €); streng *Cramer*, Schönke/Schröder, Strafgesetzbuch, § 331 Rn. 53; *Kaiser*, NJW 1981, 321.

609 Vgl. NStZ 1998, 194; sowie beispielhaft die WM-Aktion einer Fastfood-Kette die jedem „WM-Polizisten" einen Softdrink am Tag kostenlos gewähren wollte. Das Innenministerium unterband die Aktion mit der Begründung, es dürfe nicht der Eindruck entstehen, „dass Polizeivollzugsbeamte Geschenke in Bezug auf ihr Amt annehmen" (SPIEGEL 25/2006 S. 20).

610 Dazu *Höltkemeier*, Sponsoring, S. 126f.

611 *Korte*, MK-StGB, § 331 Rn. 130; *Rudolphi/Stein*, SK-StGB, 58. Lfg., 6. Auflage, Sept. 2003, § 331 Rn. 23.

612 *Korte*, MK-StGB, § 331 Rn. 130.

man schnell zu dem Schluss gelangen, dass gravierende Rechtsgutsverletzungen nicht weniger gravierend erscheinen, „nur weil das immer schon so war".[613] Die überwiegende Ansicht fasst unter den Begriff der sozialen Üblichkeit daher solche Zuwendungen, die „ohne Verstoß gegen die Regeln der Höflichkeit nicht zurückgewiesen werden können."[614] Auch diese allgemeine Formel erscheint indes unscharf. Ebenso verhält es sich mit der Erkenntnis, sozialadäquat seien „Geschenke, über die jeder Beteiligte sozusagen offen sprechen kann".[615] Worüber „man sprechen kann", ist abhängig vom gesellschaftlichen Wandel[616] und der Sichtweise der verschiedenen Bevölkerungsschichten, innerhalb derer sich die Schamgrenzen durchaus verschieben können.

II. Fazit

Die Lehre von der Sozialadäquanz stellt letztlich nichts anderes als eine am Schutzbereich des betreffenden Tatbestandes orientierte teleologische Reduktion[617] dar, die auf der Erkenntnis beruht, dass die Verletzung eines Rechtsgutes sich nicht losgelöst von einem sozialen Ganzen feststellen lässt.[618]

Der Ansatz vermag auch Fallgruppen zu kategorisieren, in denen eine Reduktion des Tatbestandes nahe liegt. Eine solche Katalogisierung darf indes nicht dazu führen, Fälle nicht mehr genau zu analysieren und unter Berufung auf ein mehr oder weniger mit dem geltenden Recht übereinstimmendes Rechtsgefühl mit einem Schlagwort zu entscheiden.[619] Denn wie soeben gezeigt, bestehen feste Grenzen für die Bestimmung sozialadäquater Vorteile gerade nicht.

Ob das entsprechende Verhalten aus dem Tatbestand auszunehmen ist, ist außerdem auch auf Grundlage der Lehre von der Sozialadäquanz für den jeweiligen Einzelfall zu entscheiden. Ob die Verhaltensweisen dem „vom Gesetzgeber gemeinten Deliktstyp" entsprechen, ist im Zusammenhang mit dem „sozialen Ganzen" zu sehen und schließlich strafrechtlich zu bewerten. Ein sicheres System zur verlässlichen Auslegung der Tatbestände ist folglich auch hierdurch

613 Vgl. auch *Höltkemeier*, Sponsoring, S. 127.

614 BGHSt 31, 264 (279); BGH wistra 2002, 426; NJW 2003, 763 (765); *Fischer*, StGB, § 331 Rn. 25; *Wessels/Hettinger*, Strafrecht BT I, Rn. 1112; *Eser*, Sozialadäquanz, in: FS für Roxin, 199 (205).

615 *Schmidhäuser*, Strafrecht BT, 24/8.

616 *Korte*, MK-StGB, § 331 Rn. 127; indirekt auch *Fuhrmann*, GA 1959, 97.

617 *Roxin*, Bemerkungen zur sozialen Adäquanz im Strafrecht, in: FS für Klug, 303 (312); *Ostendorf*, GA 1982, 333 (344); *Höltkemeier*, Sponsoring, S. 127ff.

618 *Welzel*, Das Deutsche Strafrecht, S. 56; zustimmend *Schaffstein*, ZStW 72 (1960), 369 (370).

619 *Hirsch*, ZStW 74 (1962), 78 (93).

nicht geschaffen. Denn was als geringfügig, geringwertig oder von der Allgemeinheit gebilligt angesehen wird, hängt stark vom gesellschaftlichen Wandel ab und bleibt letztlich eine Wertungsfrage.

B. „Ermöglichung“ der Diensthandlung

Eine Strafbarkeit wird auch für die Fälle verneint, in denen der Vorteil nur zur *Ermöglichung* der Diensthandlung gewährt wird. Diese Fälle werden nach ganz überwiegender Sichtweise der Literatur[620] seit einer Entscheidung des OLG Zweibrücken aus dem Jahre 1982 mangels Unrechtsvereinbarung aus dem Anwendungsbereich der Bestechungsdelikte ausgeschieden.

I. Die Entscheidung des OLG Zweibrücken

Das OLG Zweibrücken[621] entschied für den Fall eines Kriminalbeamten, der die Aufklärung von Straftaten auch in seiner Freizeit betrieb und dafür seinen Privatwagen benutzte, er mache sich nicht der Vorteilsannahme schuldig, wenn er sich von dem an der Aufklärung der Straftaten interessierten Geschädigten den für die Ermittlungsfahrten erforderlichen Kraftstoff unentgeltlich zur Verfügung stellen lässt. Der Amtsträger arbeitete auf einer stark belasteten Polizeiinspektion und hatte kein gutes Verhältnis zu seinem Vorgesetzten. Er hatte daher Schwierigkeiten, von diesem ein Dienstfahrzeug für dienstliche Tätigkeiten nach Dienstschluss zu erhalten. Im Zusammenhang mit den Ermittlungen in Bezug auf Baustellendiebstähle versuchte er deshalb gar nicht erst, einen Dienstwagen zu bekommen, sondern setzte sich mit der von den Diebstählen betroffenen Baufirma in Verbindung und erklärte dieser, die notwendigen Ermittlungen nur mit seinem Privatwagen und nur in seiner Freizeit fortsetzen zu können. Dies dürfe aber nicht sein Geld kosten. Die Firma bot ihm daraufhin an, für solche Fahrten umsonst an der firmeneigenen Tankstelle zu tanken.

Das OLG Zweibrücken verneinte hier, im Gegensatz zur Vorinstanz, das Vorliegen eines Äquivalenzverhältnisses im Sinne des § 331 StGB.[622] Es solle nicht das eine für das andere als Ausgleich gewährt werden, vielmehr stünden

620 *Rudolphi/Stein*, SK-StGB, 58. Lfg. 6. Auflage, Sept. 2003, § 331 Rn. 27; *Kuhlen*, NK-StGB, § 331 Rn. 80; *Korte*, MK-StGB, § 331 Rn. 94; *Fischer*, StGB, § 331 Rn. 12; *Heine,* Schönke/Schröder, Strafgesetzbuch, § 331 Rn. 28; *Geerds*, JR 1982, 384 (385); a.A. *Deiters*, ZJS 2008, 465ff.

621 NStZ 1982, 204.

622 OLG Zweibrücken, NStZ 1982, 204.

die Leistung des Benzins und die Dienstfahrten in einem unlösbaren Bedingungsverhältnis: das Benzin sei dem Beamten nicht *als Gegenleistung für* die Ermittlungstätigkeit überlassen worden, sondern vielmehr *als Mittel zur Ermöglichung* der Diensthandlung selbst.[623] Die Leistung sei daher nicht Preis für die Diensthandlung, sondern deren Existenzbedingung.

Dieser Ansicht hat sich die überwiegende Literatur angeschlossen.[624] In den Fällen, in denen der Vorteil dem Amtsträger nur gewährt wird, um eine dienstliche Tätigkeit überhaupt erst zu ermöglichen, fehle es an einem Äquivalenzverhältnis. Es entstehe gar nicht erst der Anschein der Käuflichkeit, man könne allenfalls von einer „Kostenerstattung" oder von einer „Aufwandsentschädigung" sprechen.[625] Anders zu beurteilen sei die Sachlage nur dann, wenn sich aus dem Inhalt der Vereinbarung erkennen ließe, dass der Vorteil auch gewährt wird, um die Entscheidung zur Vornahme der Diensthandlung zu beeinflussen. Wenn also die Zuwendung auch deshalb getätigt wurde, damit bzw. weil der Amtsträger sich für ein *bestimmtes* Projekt anstelle eines anderen entschieden hat, dann liege ein Äquivalenzverhältnis vor.[626] Die Ermöglichung muss sich folglich auf eine ohnehin vorgesehene Dienstausübung beziehen, die darüber hinaus auch nicht pflichtwidrig sein darf.

Im Rahmen einer Hilfserwägung betonte das OLG außerdem, dem Kriminalbeamten sei schon gar kein die Strafbarkeit begründender Vorteil zugeflossen, da durch die Zuwendung keine Besserstellung erreicht worden sei.[627] Die dabei eintretende Besserstellung des Fiskus durch ersparte Aufwendungen sei dabei lediglich eine unbeabsichtigte und unvermeidliche mittelbare Nebenfolge gewesen.[628]

---

623 OLG Zweibrücken, NStZ 1982, 204.

624 *Rudolphi/Stein*, SK-StGB, 58. Lfg. 6. Auflage, Sept. 2003, § 331 Rn. 27; *Kuhlen*, NK-StGB, § 331 Rn. 80; *Korte*, MK-StGB, § 331 Rn. 94; *Fischer*, StGB, § 331 Rn. 12; *Heine,* Schönke/Schröder, Strafgesetzbuch, § 331 Rn. 28; *Geerds*, JR 1982, 384 (385); a.A. *Deiters*, ZJS 2008, 465ff.

625 *Rudolphi/Stein*, SK-StGB, 58. Lfg., 6. Auflage, Sept. 2003, § 331 Rn. 27; Gleiches gilt, wenn etwa einem Sachbearbeiter Fachliteratur geschenkt wird, die er benötigt, um den Antrag angemessen zu bearbeiten, *Lesch*, AnwBl 2003, 262.

626 *Rudolphi/Stein*, SK-StGB, 58. Lfg., 6. Auflage, Sept. 2003, § 331 Rn. 27.

627 OLG Zweibrücken, NStZ 1982, 204; a.A. *Deiters*, ZJS 2008, 465 (469) mit Hinweis darauf, dass das geltende Recht die Annahme eines Vorteils für einen Dritten ausreichen lässt.

628 OLG Zweibrücken, NStZ 1982, 204 (205).

II. Stellungnahme

Dem Ansatz des OLG ist grundsätzlich zuzustimmen. Wenn nämlich der gewährte Vorteil die Diensthandlung lediglich ermöglicht, kann sich diese schon deswegen nicht als Gegenleistung darstellen, weil Vorteil und Diensthandlung zwangsläufig eine Einheit bilden. Sie können sich daher nicht in einem Äquivalenzverhältnis gegenüberstehen. Zudem ist auch nach den Grundsätzen der Lehre von der Sozialadäquanz anerkannt, dass bestimmte Zuwendungen eben nicht nahelegen, der Nehmer könne sich dem Geber wegen der Annahme der Zuwendung verpflichtet fühlen.[629] Auch der vom BGH entschiedene Fall, dass der Vorstandsvorsitzende einer Großbank als Dienstpflicht im Verkehr mit Kunden Gastfreundschaften wahrzunehmen und Einladungen zu folgen hat,[630] dürfte auf einer vergleichbaren Einschätzung beruhen. Die (mitunter sogar vorgeschriebene) Kostenerstattung ist zumindest nicht per se dazu geeignet, den Leistungsempfänger zu einer Gegenleistung zu motivieren.[631] Soweit man davon ausgeht, ein (verwerfliches) Gegenleistungsverhältnis bestünde schon deshalb, weil der überobligatorisch ermittelnde Kriminalbeamte möglicherweise weitergehende Ziele mit dem Anbieten seiner unterbezahlten Leistung verfolgt,[632] so ist dem entgegen zu halten, dass mittelbare Früchte der Diensthandlung nach ständiger Rechtsprechung das für eine Strafbarkeit notwendige Beziehungsverhältnis nicht begründen können.[633]

Allerdings setzt die zur Straflosigkeit führende Argumentation eine klar definierte Unrechtsvereinbarung voraus, deren Bezugspunkte mit ausreichender Bestimmtheit feststehen. Ansonsten kann weder ermittelt werden, welche Diensthandlung ermöglicht werden soll, noch ob die Zuwendung überhaupt der Ermöglichung dient. Es ist daher festzuhalten, dass auch das Bestehen dieser Fallgruppe von der Tauglichkeit der Unrechtsvereinbarung als Abgrenzungskriterium abhängt und nicht aus sich heraus Rechtssicherheit bieten kann. Es handelt sich somit weniger um einen eigenen Ansatz, als vielmehr um eine zwangsläufige Folge des Verständnisses der Unrechtsvereinbarung im Sinne eines klar definierten Gegenleistungsverhältnisses. Die Fallgruppe der „Ermöglichung der

629 OLG Frankfurt, NJW 1990, 2075; *Rudolphi/Stein*, SK-StGB, § 331 Rn. 23.
630 BGHSt 31, 264 (279).
631 So auch *Kuhlen*, NStZ 1988, 433 (439) am Beispiel eines Spediteurs; ablehnend *Deiters*, ZJS 2008, 465 (468).
632 In diese Richtung *Deiters*, ZJS 2008, 465 (468).
633 RGSt 4, 421 (425f.); BGHSt 1, 182f.; BGHSt 20, 1 (2ff.); BGH NJW 1987, 1340 (1341); hierzu *Wagner*, JZ 1987, 594 (603); *Kuhlen*, NStZ 1988, 433 (440).

Diensthandlung" ist somit nicht geeignet, die eigentliche Problematik der gegenwärtigen §§ 331, 333 StGB zu beheben. Vielmehr setzt ihre Anwendbarkeit ein Äquivalenzverhältnis mit bestimmbaren Bezugspunkten gerade voraus.

C. Das Erfordernis der Regelwidrigkeit

Ausgangspunkt dieser Überlegung ist, dass Fälle denkbar sind, die bei natürlicher Betrachtung eine Äquivalenzbeziehung darstellen und folglich von §§ 331 ff. erfasst werden, ohne dass durch das in Frage stehende Handeln auch nur der Anschein von Käuflichkeit erweckt wird.[634]

In dieses Problemfeld gehören insbesondere die Fälle der Opportunitätseinstellung eines Strafverfahrens nach § 153 a StGB und die Vornahme von Diensthandlungen gegen Gebühr. Stellt etwa ein Staatsanwalt (Amtsträger) das Verfahren gegen Zahlung eines Geldbetrages (Vorteil) an eine gemeinnützige Einrichtung (Dritter) ein (Diensthandlung), so macht er sich nach dem Wortlaut des § 331 Abs. 1 StGB der Vorteilsannahme schuldig. Ebenso handelt auch der Amtsträger, der für seine Dienstausübung (etwa die Beglaubigung einer Kopie oder die Ausstellung eines Dokuments) eine Gebühr verlangt, dem Wortlaut nach scheinbar tatbestandsmäßig. Bei der Lösung solcher Fälle kommt nach vor allem in der Literatur verbreiteter Ansicht dem Kriterium der *Unrechts*vereinbarung eine besondere Bedeutung zu. Die Abrede muss nicht nur den Anforderungen an eine Äquivalenzbeziehung genügen, sie muss vielmehr zusätzlich die normative Voraussetzung der Regelwidrigkeit erfüllen, sich also tatsächlich auf etwas „Unrechtes" beziehen.[635] Die Verknüpfung von Leistung und Gegenleistung darf danach nicht (auch nicht ausnahmsweise) rechtlich erlaubt sein. Denn ist sie rechtlich erlaubt, führen die entsprechenden Erlaubnisvorschriften dazu, nicht einmal den Anschein der Käuflichkeit entstehen zu lassen, so dass das Rechtsgut nicht einmal nach seiner weitestmöglichen Auslegung auf Grundlage des Vertrauensschutzgedankens berührt ist.[636] Ebensolches gilt, wenn der Amtsträger – wie im Falle der Erbringung einer Leistung gegen Gebühr – als bloßer Repräsentant des Staates handelt und als solcher die Zahlung entgegennimmt.

---

634 *Höltkemeier*, Sponsoring, S. 120.

635 *Rudolphi/Stein*, SK-StGB, 58. Lfg., 6. Auflage, Sept. 2003, § 331 Rn. 29; *Kuhlen*, NK-StGB, § 331 Rn. 86; *Korte*, MK-StGB, § 331 Rn. 107; aber auch BGHSt 47, 309ff.

636 *Rudolphi/Stein*, SK-StGB, 58. Lfg., 6. Auflage, Sept. 2003, § 331 Rn. 29; *Heine,* Schönke/Schröder, Strafgesetzbuch, § 331 Rn. 29.

Als Erlaubnisvorschriften kommen grundsätzlich alle Rechtsnormen in Betracht.[637] Dies erscheint hingegen problematisch:

Zwar eignet sich dieser Ansatz aufgrund seiner Flexibilität und Verallgemeinerungsfähigkeit als allgemeines Prinzip der Einschränkung der Bestechungsdelikte, bei einer unbeschränkten Anwendung ist jedoch Vorsicht geboten: Der Grundsatz der Regelwidrigkeit muss auf Fälle beschränkt werden, in denen eine außerstrafrechtliche Regelung besteht, die gerade die *Verknüpfung* zwischen Vorteil und Gegenleistung zum Inhalt hat und eine solche ausnahmsweise erlaubt. Denn nur dann ist auch tatsächlich die unter Strafe gestellte *Beziehung* zwischen Vorteil und Dienstausübung legalisiert. Nur die Annahme einer Leistung gesetzlich zu gestatten, genügt daher den Anforderungen nicht. Dass dieses Erfordernis bei der Bewertung strafrechtlich relevanten Handelns ausschlaggebend sein kann, wird im Rahmen der nachfolgenden Auseinandersetzung mit der Drittmittelentscheidung noch gezeigt werden.[638] Mit den gegebenen Einschränkungen lässt sich die Regelwidrigkeit aber durchaus als beschränkendes Kriterium bei der Anwendung der §§ 331, 333 StGB heranziehen.

D. Die Drittmittelentscheidung

I. Die Problematik der Forschungsförderung durch Drittmittel

Ein weiterer allgemeiner Ansatz zur Einschränkung des Anwendungsbereiches der §§ 331, 333 StGB könnte sich aus der sog. „Drittmittelentscheidung" des BGH ergeben. Unter Drittmitteln versteht man nach der Definition des Wirtschaftsrates solche Mittel, die zur Förderung von Forschung und Entwicklung sowie des wissenschaftlichen Nachwuchses zusätzlich zum regulären Haushalt von öffentlichen oder privaten Stellen eingeworben werden.[639] Angesichts leerer öffentlicher Kassen und anhaltender Kürzungen im Bereich Forschung sind

637 *Rudolphi/Stein*, SK-StGB, 58. Lfg., 6. Auflage, Sept. 2003, § 331 Rn. 29; *Höltkemeier*, Sponsoring, S. 121; *Heine*, Schönke/Schröder, Strafgesetzbuch, § 331 Rn. 29.

638 Siehe unten, Teil 4 D.

639 Definition nach *Satzger*, ZStW 115 (2003), 469 (491); Definition auch bei *Lippert/Ratzel*, NJW 2003, 3301: Drittmittel sind danach *„Finanzmittel, die nicht von der Hochschule als Haushaltsmittel zur Verfügung gestellt werden, sondern von Dritten, sei es von staatlichen Forschungseinrichtungen, sei es von Industrieunternehmen, die durch die Aufnahmeentscheidung der Hochschule zu Haushaltsmitteln werden"*.

Drittmittel im Laufe der Zeit zu einer kaum noch hinweg zu denkenden Einnahmequelle geworden.[640] Vor allem im Rahmen der medizinischen Forschung sprudeln die „Quellen privater Forschungsfinanzierung“[641] recht üppig. Das Hochschulrecht fordert Hochschulprofessoren sogar ausdrücklich auf, solche Mittel zu beschaffen.[642] So gelten diese als besonderer Leistungsnachweis, als Indikator für die wissenschaftliche Reputation eines Kandidaten oder ziehen ihrerseits Privilegien nach sich wie z.B. bei der universitätsinternen Haushaltsvergabe und Ausstattung von Lehrstühlen.[643] Teilweise sind sogar besondere Leistungszulagen für Professoren vorgesehen, die Drittmittel einwerben.[644] Durch sie werden Testreihen oder Forschungsvorhaben unterstützt oder Projekte des jeweiligen Forschers finanziert. Teilweise finden sich die Zuwendungen auch in der Finanzierung von Kongressteilnahmen, Betriebs- oder Weihnachtsfeiern.[645] Auch gibt es das System einer „umsatzabhängigen Rückvergütung“, bei dem Bonuszahlungen auf einem eigens dafür eingerichteten Konto deponiert werden und durch den jeweiligen Amtsträger abrufbar sind.[646]

Mit dem „Herzklappenskandal“[647] rückten Ende der 90er Jahre solche und ähnliche Formen der Zusammenarbeit zwischen Wirtschaft und Forschung in das Blickfeld der Strafverfolgung. Der Sache nach ging es um entscheidungsbefugte Mediziner, denen vorgeworfen wurde, von der Pharma- und Medizingeräteindustrie Förderungsleistungen angenommen und sich im Rahmen der konkreten Beschaffungsentscheidung für diese erkenntlich gezeigt zu haben. Zwar wurden viele der eröffneten Verfahren wieder eingestellt – zahlreiche Entscheidungen der Rechtsprechung belegen aber, dass nicht grundsätzlich von einer Straflosigkeit der Beteiligten auszugehen war.[648] Problematisch ist insbesondere,

640 Aussagekräftige Zahlen nennt *Tholl*, Anm. wistra 2003, 181 (182); *Ambos*, JZ 2003, 345; zur Notwendigkeit auch *Fischer*, StGB, § 331 Rn. 27b; vgl. *Fürsten/Schmidt*, JR 2004, 57 (58); *Lippert/Ratzel*, NJW 2003, 3301.

641 *Rönnau*, JuS 2003, 232 (236).

642 § 25 HRRG; landesrechtliche Regelungen etwa: § 8 Abs. 2; § 59 Abs. 1 S. 1 UGBW; § 98 UG NRW.

643 *Lippert*, NJW 2000, 1772 (1773); *Schmidt/Güntner*, NJW 2004, 471 (472); *Laufs*, NJW 2002, 1770; *Kindhäuser/Goy*, NStZ 2003, 291; *Diettrich/Schatz*, ZRP 2001, 521; *Walter*, ZRP 1999, 292; *Michalke*, NJW 2002, 3381 (3382).

644 Dies ist beispielsweise bei der sog. W-Besoldung der Fall.

645 So z.B. BGHSt 48, 44 (49); Schönke/Schröder *Heine*, § 331 Rn. 18.

646 Eine Zusammenstellung der gängigen Praktiken findet sich etwa bei *Höltkemeier*, Sponsoring, S. 204ff.; *Lüderssen*, JZ 1997, 112 (113).

647 Zur „Geschichte eines Skandals“ *Höltkemeier*, Sponsoring, S. 197; *Diettrich/Schatz*, ZRP 2001, 521; *Korte*, MK-StGB, § 331 Rn. 133ff.; BGHSt 47, 295ff; BGHSt 48, 44ff.

648 Vgl. BGHSt 47, 295; BGHSt 48, 44.

dass sich die Professoren durch ein durch das Hochschulgesetz vorgegebenes, rechtlich also gerade gewolltes Verhalten in den Bereich der Strafbarkeit nach den Bestechungsdelikten begeben. Wie kann etwas aber verwerflich und gleichzeitig rechtlich gewollt sein?

Exemplarisch für den Aufhänger der rechtlichen Diskussion sei der Fall eines ärztlichen Direktors der Abteilung Herzchirurgie eines Universitätsklinikums genannt, der Gegenstand einer BGH-Entscheidung wurde:[649] Der ordentliche Professor trug die Verantwortung für die Auswahl von in seiner Abteilung zu implantierenden Herzklappen und Herzschrittmachern, die durch die Materialverwaltung der Universität bestellt wurden. Der Professor erhielt von einer Firma für medizintechnische Produkte umsatzabhängige Zuwendungen, die ihm auf einem Bonus-Konto gutgeschrieben wurden. Die Auszahlung erfolgte nicht über das bei der Universitätsverwaltung geführte Drittmittelkonto, sondern durch Einzahlung auf das Konto eines auf Initiative des Professors selbst gegründeten Fördervereins, dessen 1. Vorsitzender er war.

In einem weiteren BGH-Fall[650] erhielt ein Universitätsprofessor und Leiter der Abteilung für Herzchirurgie eines Universitätsklinikums ebenfalls Zuwendungen und Leistungen von Firmen, die seine Abteilung belieferten. Die Firmen übernahmen die Kosten für Kongressreisen, Betriebs- und Weihnachtsfeiern und stellten im Gegenzug zu einer für sie positiven Beschaffungsentscheidung ein medizintechnisches Gerät zur Verfügung.

Die Zurverfügungstellung solcher Mittel stellt regelmäßig einen (Dritt-) Vorteil im Sinne der Bestechungsdelikte dar, da durch sie die Arbeitsbedingungen des jeweiligen Hochschullehrers sowie die Forschungsbedingungen an der jeweiligen Hochschule wesentlich verbessert werden. Es tritt eine „messbare Verbesserung der persönlichen Wirkungsmöglichkeiten“ ein.[651] Auch wird die Zuwendung gerade „für“ die Dienstausübung, nämlich die Entscheidung über die Beschaffung und schließlich die tatsächliche Bestellung von Material, gewährt. Ein Äquivalenzverhältnis liegt daher sogar dann vor, wenn man – entsprechend dem vor 1997 geltenden Rechtszustand – eine konkret bestimmbare Diensthandlung als Bestandteil der Unrechtsvereinbarung verlangt.[652]

---

649 BGHSt 47, 295.

650 BGHSt 48, 44.

651 BGHSt 47, 295 (306).

652 BGHSt 47, 205 (303) führt hierzu aus, die Würdigung des Handelns des Angeklagten als Vorteilsannahme begegne im Ergebnis keinen durchgreifenden rechtlichen Bedenken.

Mit der Aufarbeitung des Herzklappenskandals gerieten so auch Formen der Zusammenarbeit zwischen Industrie und Forschung ins Zwielicht, die seit langem als üblich und sinnvoll erachtet wurden.[653] Die Folge war eine „Verunsicherung“[654] im Umgang mit Drittmitteln ob der Erkenntnis, dass eben dieser Umgang eine „Reihe strafrechtlicher Risiken birgt“.[655] *Walter* stellt hierzu fest, die Neufassung des § 331 StGB erfasse weite Bereiche, die aus verfassungsrechtlichen, forschungspolitischen und praktischen Gründen nicht strafbar sein *können*.[656] Er bezeichnet die weite Auslegung des Vorteilsbegriffs für die Forschung als „verhängnisvoll“ und die Vorverlagerung des Begriffes beim Vertragsabschluss hin zur bloßen Chance auf einen Vertragsabschluss als „gefährlich“.[657]

Verschärft wurde dieser Zustand dadurch, dass die Professoren durch die bestehenden Regelungen im Hochschulrecht ausdrücklich gehalten sind, Drittmittel zu aquirieren.[658] Hält man dieses Verhalten nun auf der anderen Seite für strafrechtlich relevant, entsteht das Dilemma, einerseits auf Drittmittel angewiesen zu sein und diese aquirieren zu sollen,[659] andererseits aber möglicherweise die Grenze der Strafbarkeit zu überschreiten.[660] Der Staat sieht sich dem Vor-

---

653 *Diettrich/Schatz*, ZRP 2001, 521; zur Verunsicherung von Wirtschaft und Ärzteschaft *Michalke*, NJW 2002, 3381.

654 *Diettrich/Schatz*, ZRP 2001, 521; *Zieschang*, StV 2001, 290; *Ambos*, JZ 2003, 345; Ausfluss einer solchen Verunsicherung ist wohl auch die Gründung von MEZIS, einer „Initiative unbestechlicher Ärzte und Ärztinnen“. Das Ziel der Erarbeitung eines Kodex, der gewährleisten soll, dass die Mediziner ihr Verordnungsverhalten ausschließlich am Wohl des Patienten auszurichten haben zeigt aber auch, dass die Gefahr der Einflussnahme in Medizinerkreisen als durchaus reell und gegenwärtig eingestuft wird.

655 *Diettrich/Schatz*, ZRP 2001, 521; vgl. auch *Knauer/Kaspar*, GA 2005, 384 (405), dem Handelnden müsse sie Sicherheit gewährt werden, nicht erst durch das strafrechtliche Urteil die Qualität seines Handelns endgültig einordnen zu können; *Mansdörfer*, wistra 2003, 211 (214) empfiehlt in „Zweifelsfällen“ die Einholung eines ergebnisoffenen juristischen Gutachtens; hierzu auch *Lippert/Ratzel*, NJW 2003, 3301 (3305).

656 *Walter*, ZRP 1999, 292; ähnlich auch *Ambos*, JZ 2003, 345 (351); *Tag*, JR 2004, 50 (53).

657 *Walter*, ZRP 1999, 292 (293).

658 § 25 HRRG; landesrechtliche Regelungen etwa: § 8 Abs. 2, 59 Abs. 1 S. 1 UGBW; § 98 UG NRW; siehe zur Bedeutung der Drittmittel auch die voranstehenden Ausführungen. Zum unterschiedlichen Inhalt der hochschulrechtlichen Regelungen und dessen Auswirkungen wird im weiteren Verlauf der Argumentation noch Stellung genommen werden.

659 *Lippert*, NJW 2000, 1772 (1773); *Schmidt/Güntner*, NJW 2004, 471 (472); *Laufs*, NJW 2002, 1770; *Kindhäuser/Goy*, NStZ 2003, 291; *Diettrich/Schatz*, ZRP 2001, 521; *Walter*, ZRP 1999, 292; *Michalke*, NJW 2002, 3381 (3382); *Lippert*, VersR 2000, 158.

660 So auch BGHSt 47, 295 (306); zu diesem „Dilemma“ *Satzger*, ZStW 115 (2003), 469 (492); *Kindhäuser/Goy*, NStZ 2003, 291 (296); *Schmidt/Güntner*, NJW 2004, 471 (472); *Ambos*, JZ 2003, 345; *Tag*, JR 2004, 50; *Bernsmann*, WissR 2002, 1 (3); *Kuhlen*,

wurf der „doppelten Moral“[661] ausgesetzt, indem er gezwungen ist, strafrechtlich zu verfolgen, was ihm nützt. Dies führt zu einem Spannungsfeld zwischen Straf- und Hochschulrecht.

Bereits die bisherige Dogmatik erlaubte es durchaus, bestimmte Verknüpfungen aus dem Rahmen der Strafbarkeit auszunehmen, wenn es sich nicht um eine Unrechtsvereinbarung handelte. Denn schon dem Wortlaut nach nicht einschlägig ist der Tatbestand in Fällen, in denen die wissenschaftliche Tätigkeit, für die der Vorteil erfolgt, kein dienstliches Handeln, sondern eine Nebentätigkeit darstellt.[662]

Bei der Förderung von Forschungsprojekten durch Drittmittel liegt es außerdem nahe, dass durch sie das entsprechende Projekt erst *ermöglicht* wird. Oftmals werden nämlich die entsprechenden Mittel gewährt, um eine bestimmte Forschungsreihe durchzuführen, die ohne diese Zuwendung nur schwer oder gar nicht zu finanzieren wäre. Es entspricht der überwiegenden Auffassung, dass in solchen Fällen die Unrechtsvereinbarung zu verneinen ist.[663] Das Ergebnis der Straffreiheit ergibt sich nach der herrschenden Meinung daher für einen Teil der Fallkonstellationen bereits ohne die Anwendung der vom BGH zur Drittmittelfrage entwickelten Grundsätze.[664] Zu beachten ist hier im Hinblick auf die obigen Ausführungen zur Fallgruppe der „Ermöglichung der Diensthandlung“[665] allerdings, dass es denkbar ist, dass der Arzt durch die Ermöglichung der Diensthandlung besser gestellt wird und somit jedenfalls ein relevanter Vorteil vorliegt, der auch nicht durch die Diensthandlung konsumiert wird. Der Professor hat nämlich ein unbestreitbares Interesse an der Durchführung bestimmter Forschungsreihen, welches über die bloße Erfüllung seiner Dienstpflichten hinausgeht.

JR 2003, 231 (232, 234), der allerdings die Fallgruppe der Zuwendungen von Herstellern im Zusammenhang mit der Beschaffung von Produkten im Hochschulbereich für die einzige Fallgruppe hält, in der es zu einem Konflikt von Straf- und Hochschulrecht in Anbetracht des missbilligten Beziehungsverhältnisses kommen kann; drei Fallgruppen sieht *Lippert*, NJW 2000, 1772 (1773).

661 *Lüderssen*, JZ 1997, 111 (120).

662 Beispiel bei *Kuhlen*, JR 2003, 231 (234).

663 Hierzu ausführlich oben Teil 4 B.

664 *Kindhäuser/Goy*, NStZ 2003, 291 (293); *Kuhlen*, JR 2003, 231 (234), nachdem der Fall der Zuwendung von Herstellern im Zusammenhang mit der Beschaffung von Produkten die einzige Fallgruppe bildet, in der das Beziehungsverhältnis bislang eine strafrechtlich relevante Rolle gespielt hat; *Korte*, MK-StGB, § 331 Rn. 134; vgl. auch *Ambos*, JZ 2003, 345 (352).

665 Siehe oben, Teil 4 B.

II. Die Besonderheit der entschiedenen Drittmittelfällle

Diese Grundsätze lassen sich auch auf einen Großteil der Fälle übertragen, in denen der gewährte Vorteil in der Finanzierung einer Teilnahme an Fachkongressen liegt.[666] So lange es das Ziel der Förderung ist, den jeweiligen Teilnehmer auf den neuesten Stand wissenschaftlicher Forschung zu bringen, fehlt es an einer mit dem Vorteil verknüpften Gegenleistung. Dies gilt jedoch nicht, wenn es um die Beeinflussung von Beschaffungsentscheidungen geht.

Es ist daher nicht ganz richtig, dass „quasi jede Drittmittelforschung einer möglichen Strafbarkeit unterliegt“[667]. Eine beträchtliche Anzahl denkbarer Formen der Förderung von Forschung und Wissenschaft kann schon auf der Grundlage der bisherigen Anwendung der Bestechungsdelikte aus dem Bereich der Strafbarkeit ausgeschieden werden.

Dies gilt jedoch nicht für alle Drittmittelfälle. Die Besonderheit der der BGH-Entscheidung zu Grunde liegenden Fallkonstellation – die eine entsprechende Auseinandersetzung mit dem Problem erst notwendig machte – liegt darin, dass hier *zwei* Dienstausübungen vorliegen, auf die sich die Zuwendung bezieht: zum einen sollen die Mittel für die Forschung zur Verfügung gestellt werden. Diese Verknüpfung allein reicht aber nach dem eben Gesagten nicht per se aus, um eine Unrechtsvereinbarung zu bejahen, da eine Diensthandlung lediglich *ermöglicht* wird. Zum anderen soll aber auch Einfluss auf die Bestellentscheidung des jeweils verantwortlichen Amtsträgers genommen werden. Die Zuwendungen waren stets an eine positive Beschaffungsentscheidung geknüpft und wurden teilweise sogar umsatzabhängig gewährt.[668] Sie dienten daher nicht primär der Ermöglichung eines Forschungsprojekts und damit einer Diensthandlung. Dass Wissenschaft und Forschung *letztendlich* gefördert wurden, stellt lediglich ein zusätzliches Merkmal dar, lässt aber das durch die Verknüpfung zwischen Zuwendung und Beschaffungsentscheidung entstandene Äquivalenzverhältnis nicht mehr entfallen.[669] Ebenso sind die Konstellationen zu bewerten, in denen Kosten für Weihnachtsfeiern oder Kongressreisen übernommen werden, um (unter anderem) positiven Einfluss auf anstehende Beschaffungsentscheidungen zu nehmen. Auch hier liegt eine inhaltliche Verknüpfung zwischen Zuwendung und Diensthandlung im Sinne eines Äquivalenzverhältnisses vor.

666 Dazu *Höltkemeier*, Sponsoring, S. 207.
667 So *Tholl*, Anm. wistra 2003, 181 (182).
668 BGHSt 47, 295 (296); BGHSt 48, 44.
669 *Kindhäuser/Goy*, NStZ 2003, 291 (294).

III. Die Lösung des BGH

Um das Strafrecht und das Hochschulrecht in einen systematischen Einklang zu bringen und damit das Dilemma der Hochschulprofessoren zu beseitigen, ist § 331 Abs. 1 StGB nach der Lösung des BGH einschränkend dahingehend auszulegen, dass die Drittmitteleinwerbung vom Tatbestand nicht erfasst wird, solange das im jeweiligen Hochschulrecht vorgesehene Anzeige- und Genehmigungsverfahren eingehalten ist.[670] Bei der Auslegung des vom Tatbestand vorausgesetzten Beziehungsverhältnisses zwischen Vorteil und Diensthandlung sei zu berücksichtigen, „dass dieses Beziehungsverhältnis auch durch eine vom Dienstherrn an sich erwünschte und grundsätzlich genehmigungsfähige Einwerbung von Drittmitteln beeinflusst und mit geprägt wird".[671] In einem solchen Falle stehe nach der „spezifischen gesetzgeberischen Wertung" also nicht im Vordergrund, dass die Fördermittel *als Gegenleistung* für eine Dienstausübung gewährt wurden, sondern dass sie zur Förderung von Forschung und Lehre eingeworben, angenommen und eingesetzt werden. Das unrechte Beziehungsverhältnis entfalle aber nicht schon deshalb, weil die als Gegenleistung gewährten Vorteile für Wissenschaft und Forschung verwendet würden.[672] Erforderlich sei im Interesse des Schutzgutes der Strafvorschrift, dass die Mitteleinwerbung angezeigt, offengelegt und durch ein dafür im Hochschulrecht vorgesehenes Verfahren genehmigt werde.[673] Mit der Einhaltung des hochschulrechtlich vorgeschriebenen Verfahrens sei die notwendige Transparenz hergestellt, die deutlich mache, dass Forschung und Lehre im Vordergrund der Vereinbarung stehen[674] und es somit an einem unrechten Beziehungsverhältnis fehle.[675]

Durch diese (zur Rechtslage vor 1997 entwickelte) Gesetzesauslegung werde das zwischen Hochschulrecht und Strafrecht entstandene Spannungsfeld gelöst und dem Schutzgut der Strafvorschrift – das der BGH kurz als „Lauterkeit des öffentlichen Dienstes" beschreibt[676] – angemessen Rechnung getragen. Derjenige Forscher, der Drittmittel einwerbe und damit wie hochschulrechtlich und beamtenrechtlich vorgegeben verfahre, werde nunmehr kaum je Gefahr laufen,

670 BGHSt 47, 295 (303,306, 308f.); ablehnend *Mansdörfer*, wistra 2003, 211 (213).
671 BGHSt 47, 295 (309).
672 BGHSt 47, 295 (307); zustimmend *Tholl*, Anm. wistra 2003, 181 (182).
673 BGHSt 47, 295 (308).
674 BGHSt 47, 295 (307f.); *Tholl*, Anm. wistra 2003, 181 (182).
675 BGHSt 47, 295 (303).
676 BGHSt 47, 295 (309).

in den Verdacht der Vorteilsannahme zu geraten.[677] Um die Einheit der Rechtsordnung wiederherzustellen, nimmt der BGH damit ausdrücklich eine Reduzierung des tatbestandlichen Anwendungsbereiches der Bestechungsdelikte vor.[678] Ist das entsprechende hochschulrechtliche Verfahren eingehalten, entfällt nach dem BGH die Unrechtsvereinbarung.

An dem grundsätzlichen Dilemma der Hochschulprofessoren hat sich auch nach der neuen Rechtslage nichts geändert. Im Gegenteil: durch den erweiterten Anwendungsbereich, insbesondere die Einbeziehung der Drittvorteile und der Lockerung der Unrechtsvereinbarung, sind die Anstrengungen zur Einschränkung des Anwendungsbereiches der §§ 331 ff. nicht überholt, sondern – wie bereits gezeigt – umso nötiger. Nach dem formalen Kriterium des BGH macht sich nunmehr nicht strafbar, wer sich bei der Einwerbung von Drittmitteln an das im jeweiligen Hochschulrecht vorgesehene Verfahren hält. Dies gilt – wie sogleich gezeigt werden wird – jedenfalls dann, wenn der Hochschulprofessor zur Einwerbung *verpflichtet* ist. Dabei spielt insbesondere die Offenlegung, die Anzeige der Mitteleinwerbung und ihre Genehmigung in dem hochschulrechtlich dafür vorgesehenen Verfahren eine Rolle. Nur dieses größtmögliche Maß an Transparenz und die Schaffung von Kontrollmechanismen, die vor allem dann naturgemäß fehlen, wenn sich die Auswahl von Produkten und die Einwerbung von Drittmitteln personell nicht trennen lässt, vermeidet nach Ansicht des Gerichts den Eindruck der Käuflichkeit.

Die Drittmittelentscheidung wird in der rechtlichen Diskussion überwiegend als grundsätzlich und richtungsweisend verstanden.[679] Dies verwundert insbesondere aufgrund der Tatsache, dass die durch den Senat zitierte und in der (der Drittmittelentscheidung nachfolgenden) Kremendahl-Entscheidung ausdrücklich in Bezug genommene „Verpflichtung" zur Einwerbung von Drittmitteln nicht in allen Bundesländern existiert. Während die im Rahmen der BGH-Entscheidung maßgebliche Norm des § 59 Abs. 1 UGBW regelt, die „Einwerbung und Verwendung von Mitteln Dritter für die Durchführung von Forschungsvorhaben" gehöre „zu den *Dienstaufgaben* der in der Forschung tätigen Mitglieder der Universität", spricht etwa § 71 Abs. 1 HG NRW lediglich von einer *Berechti-*

677 BGHSt 47, 295 (310).

678 BGHSt 47, 295 (309). Die Rechtfertigungsebene scheidet der BGH ausdrücklich als Anknüpfungspunkt aus.

679 *Rönnau*, JuS 2003, 232; *Kuhlen*, JR 2003, 232; *Tholl*, Anm. wistra 2003, 181 (182); *Rudolphi/Stein*, SK-StGB, 58. Lfg., 6. Auflage, Sept. 2003, § 331 Rn. 29a; ausführlich zur Stellung der Entscheidung in der rechtlichen Diskussion unter IV.

gung der in der Forschung tätigen Hochschulmitglieder, auch drittmittelgeförderte Vorhaben durchzuführen. Auf eine solche Konstellation kann die Entscheidung folglich – jedenfalls nach ihrem Wortlaut – nicht unbesehen übertragen werden. Für eine Differenzierung spricht darüber hinaus auch die Tatsache, dass der BGH im Fall Kremendahl ausdrücklich eine Vergleichbarkeit des Dilemmas des Parteispenden einwerbenden Bürgermeisters mit dem der Hochschulprofessoren unter dem Hinweis der mangelnden *Verpflichtung* des Bürgermeisters abgelehnt hat.[680] Dies ließe vermuten, dass nur die durch das Hochschulrecht tatsächlich *verpflichteten* Professoren entpoenalisiert werden sollten. Die Grenzen der Forschungsverpflichtung des lediglich zur Einwerbung von Drittmitteln *berechtigten* Professors wären hingegen dann erreicht, wenn diese mit strafrechtlichen Regelungen kollidiert, was im Falle der Drittmittel regelmäßig der Fall sein dürfte.

Angesichts des zu unterstellenden Anspruchs der Entscheidung, die grundsätzliche Problematik der Drittmitteleinwerbung einer Rechtssicherheit gewährleistenden Lösung zuzuführen, darf allerdings bezweifelt werden, dass der BGH die Professoren der einzelnen Bundesländer tatsächlich unterschiedlich behandelt wissen will. Es liegt daher – trotz der Formulierung der Drittmittel- und der Bezugnahme in der Kremendahlentscheidung – die Annahme nahe, dass bereits die Statuierung des *Rechts*, Drittmittel einzuwerben, genügen soll, um eine Strafbarkeit entfallen zu lassen, soweit das vorgeschriebene Verfahren eingehalten ist. Würde man jedoch bereits die Berechtigung der Hochschulprofessoren zur Einwerbung und Verwendung von Drittmitteln ausreichen lassen, so würde die Straflosigkeit in diesen Fällen ausschließlich von der Einhaltung des hochschulrechtlich vorgesehenen Verfahrens abhängen. Strafbarkeitsbegründend wäre in letzter Konsequenz ein Verstoß gegen Formvorschriften. Warum jedoch die Einhaltung von Verfahrensvorschriften entpoenalisierende Wirkung haben soll, lässt sich ohne den Anknüpfungspunkt der widerstreitenden Normbefehle, wie er im Falle der Verpflichtung des Hochschulprofessors zwischen Straf- und Hochschulrecht besteht, nur schwer nachvollziehen. Hinzu kommt, dass – wie sogleich gezeigt werden wird[681] – die Transparenz allein eine sachwidrige Koppelung von Leistung und Gegenleistung nicht entfallen lassen kann.

Diese Unsicherheiten bei der Frage nach der Übertragbarkeit der Grundsätze der Entscheidung schon auf die (eigentlich adressierten) Drittmittelfälle sind

680 Hierzu sogleich unter V. 2. sowie unter E.

681 V. 2. b.

auch bei der im Folgenden zu prüfenden Frage zu berücksichtigen, ob sich aus der Entscheidung möglicherweise allgemeine Prinzipien der Einschränkung der Bestechungstatbestände außerhalb des Bereichs der Drittmittel ergeben können.

IV. Die Stellung der Entscheidung in der rechtlichen Diskussion

Die Entscheidung des BGH ist in der Literatur in ihrem Ergebnis im Allgemeinen auf Zustimmung gestoßen.[682] Sie leiste einen „wichtigen und klärenden Beitrag zur Harmonisierung von Straf- und Hochschulrecht",[683] und sei „grundsätzlich und richtungsweisend".[684] Diese Einigkeit besteht indes nur hinsichtlich des Ergebnisses – wie die einhellig begrüßte Rechtssicherheit im Ergebnis dogmatisch erreicht werden kann, war und ist jedoch nach wie vor umstritten. Die Literatur lässt sich dabei in drei große Lager teilen: Vertreter der Tatbestands-, der Rechtfertigungslösung und solche, die nach einer Regelung des Gesetzgebers verlangen.

1. Die Tatbestandslösung

Die Vertreter der Tatbestandslösung versuchen, nicht strafwürdige Fälle der Drittmittelakquisition – wenn auch anhand unterschiedlicher Kriterien – schon aus dem Tatbestand auszunehmen.

Nach einer Ansicht sind die Fälle aus dem Anwendungsbereich der §§ 331 ff. StGB zu extrahieren, in denen die dienstliche Aufgabe des Amtsträgers – wie bei der Akquise von Drittmitteln sehr häufig der Fall – gerade den Abschluss und die Erfüllung von entgeltlichen Verträgen mit Dritten umfasst.[685] Beim Aushandeln günstiger Konditionen sei der Vorteil nicht mehr Gegenleistung „für" die Diensthandlung, sondern Teil derselben.[686] Stehe der Vorteil hingegen nicht in einem solchen Verhältnis zur Diensthandlung, könne die dadurch gegebene Unrechtsvereinbarung auch nicht durch die Einhaltung des für Drittmittel vorgesehenen Verfahrens entfallen, sondern allenfalls über § 331 Abs. 3 StGB ge-

682 *Rönnau*, JuS 2003, 232; *Kuhlen*, JR 2003, 232; *Tholl*, Anm. wistra 2003, 181 (182); *Rudolphi/Stein*, SK-StGB, 58. Lfg., 6. Auflage, Sept. 2003, § 331 Rn. 29a.

683 *Kuhlen*, JR 2003, 231 (232).

684 *Rönnau*, JuS 2003, 232.

685 *Kindhäuser/Goy*, NStZ 2003, 291 (295); für Fälle, in denen es gerade die dienstliche Aufgabe des Amtsträgers ist, entgeltliche Verträge mit Dritten abzuschließen und zu erfüllen *Fischer* § 331 Rn. 12 und 27a; vgl. auch BGHSt 48, 44 (51).

686 BGHSt 48, 44 (51).

rechtfertigt werden.[687] Um eine Verknüpfung des Vorteils mit der Dienstausübung zu einer Unrechtsvereinbarung zu vermeiden, schlagen die Autoren vor, das forschende Hochschulmitglied möge den Vorteil als Teil des vertraglichen Austauschverhältnisses für die Universität offen vereinbaren oder gemäß § 331 Abs. 3 StGB genehmigen lassen.[688]

Auf die Verknüpfung von Vorteil und Diensthandlung durch Vertrag stellen auch die Vertreter eines weiteren Ansatzes ab.[689] Hiernach fehlt es bereits an einem tatbestandsmäßigen Vorteil, wenn die Zusammenarbeit zwischen den Ärzten und dem Drittmittelgeber auf einem wirksamen Vertrag beruht. Der Arzt habe dann einen Anspruch auf die gewährte Leistung, was die Transaktion damit aus dem Vorteilsbegriff ausnehme. Diese Ansicht übersieht jedoch, dass Rechtsprechung und ein großer Teil der Literatur die grundsätzlich weite Auslegung des Vorteilsbegriffs zur Verhinderung etwaiger Umgehungsversuche durch den simplen Abschluss eines Vertrages dahingehend einschränken, dass auch schon die Einräumung eines Anspruches einen Vorteil bedeuten kann.[690] Teilweise wird in der gesetzlichen Regelung, insoweit sie die Zusammenarbeit der medizinischen Industrie mit Krankenhäusern und Ärzten betrifft, ein Eingriff in die in Art. 5 Abs. 3 GG verankerte Forschungsfreiheit gesehen.[691] Drittmittelforschung müsse schon zur Verteidigung dieses Schutzgutes von der Strafbarkeit ausgenommen werden.[692] Jedenfalls aber ergebe aus Art. 5 Abs. 3 GG die Notwendigkeit eines einschränkenden Verständnisses des Vorteilsbegriffes.[693] Es erscheint jedoch zweifelhaft, ob sich hieraus eine Tatbestandseinschränkung ergeben kann.[694] Denn die Strafbarkeit der Annahme von Vorteilen ergibt sich nicht daraus, dass der Staat von seinen Finanzierungsaufgaben entlastet und die Forschung gestärkt wird. Grund für die Strafbarkeit ist die *persönliche* Besserstel-

687 *Kindhäuser/Goy*, NStZ 2003, 291 (295).

688 *Kindhäuser/Goy*, NStZ 2003, 291 (296).

689 *Lüderssen*, JZ 1997, 112 (114f.), der eine Einschränkung nur über eine Überprüfung des Vertrages nach §§ 134,138 BGB ermöglichen will; zustimmend *Zieschang*, WissR 1999, 111 (117ff.); *ders.* JZ 2000, 95; *ders.* StV 2001, 290 (291); ebenso Tröndle/Fischer § 331 Rn. 27c; oberflächlich zum Vorteil *Ostendorf*, NJW 1999, 615 (617).

690 BGHSt 31, 264 (280) (ablehnend *Lüderssen*, JZ 1997, 112 (114); *Rönnau*, JuS 2003, 232 (235)), siehe ausführlich hierzu oben, Teil 3 A. I. sowie Teil 4 C.

691 *Pfeiffer*, NJW 1997, 782 (783f.); zur Forschungsfreiheit *Schmitt Glaeser*, WissR 1974, 177ff.

692 So noch Schönke/Schröder *Cramer*, § 331 Rn. 53b f.

693 *Dauster*, NStZ 1999, 63 (67).

694 Dagegen Schönke/Schröder *Heine*, § 331 Rn.18; Tröndle/Fischer § 331 Rn. 27c; *Ambos*, JZ 2003, 345 (352) zieht Art. 5 III lediglich als „Stütze" heran; kritisch auf *Tholl*, wistra 2003, 181 (182).

lung des betroffenen Arztes. Vor einer solchen zu schützen ist nicht Aufgabe von Art. 5 Abs. 3 GG.[695] Der Staat als von der überwiegenden Ansicht ausgemachtes Opfer der Korruptionsdelikte kann nicht zugleich ihr Begünstigter sein.[696]

In eine andere Richtung argumentiert – in Anlehnung an die frühere Voraussetzung der Eigennützigkeit des Vorteils[697] – *Dauster*. Nach seiner Ansicht ergibt sich eine tatbestandsbeschränkende Konfrontationssituation[698]: Privat- und Eigennutz stehen auf der einen Seite, die Staats- und Forschungsnützigkeit auf der anderen. Aus dem Vorteilsbegriff müssten folgerichtig alle Leistungstransfers Privater an Forschungsträger herausfallen, denen der Privat- und Eigennutz fehlt und die nur dem Staat zu nutzen vermögen. Eine Unrechtsvereinbarung dürfe nur angenommen werden, wenn der Vorteil als Gegenleistung für eine bestimmte Diensthandlung oder einen hinreichend bestimmten Kreis von Dienstverpflichtungen gedacht ist.[699] Es müsse außerdem der Vorteilsbegriff eingegrenzt werden: der rein dienstliche Vorteil, der einer Forschung zugutekommen soll, sei adäquat und damit nicht strafbar.[700] Den Vorwurf des widersprüchlichen Verhaltens des Gesetzgebers macht sich auch *Ambos* in seiner Argumentation zu Nutze, Korruption sei primär ein Regelverstoß; ein solcher könne aber in der Annahme oder Forderung von Drittmitteln jedenfalls dann nicht erblickt werden, wenn die erlassenen oder vereinbarten Verhaltensregeln eingehalten würden.[701]

2. Rechtfertigungslösung

§ 331 Abs. 3 StGB bietet die Möglichkeit, die Annahme eines Vorteils anzuzeigen und genehmigen zu lassen. Hierdurch könnte auch der mit Drittmitteln bedachte Arzt Straffreiheit erlangen. Im Hinblick auf die Drittmittelakquise scheitert die Anwendung des Abs. 3 jedoch schon daran, dass sich dieser ausdrück-

---

695 Vgl. Tröndle/Fischer § 331 Rn. 27c; anders *Dauster*, NStZ 1999, 63 (66f.), der in Fällen der Drittmittelförderung den Staatsnutzen in den Vordergrund stellt und eben keinen persönlichen Vorteil erblickt; zum „Interessenskonflikt“ *Schmitt Glaeser*, WissR 1974, 177 (182).

696 *Ambos*, JZ 2003, 345 (351); in der Folge schlägt das LG Bonn, StV 2001, 292 (293, 294) die Ausklammerung staatsnütziger Vorteile aus dem Bereich der Vorteilsannahme (präzise: aus dem Begriff des Dritten) vor; zweifelnd *Bernsmann*, WissR 2002, 1 (12ff.); dazu *Kargl*, ZStW 114 (2002), 762 (765); *Kuhlen*, NK-StGB § 331 Rn. 91.

697 Dazu ausführlich Teil 3 A. I.

698 *Dauster*, NStZ 1999, 63 (66).

699 *Walter*, ZRP 1999, 292 (296).

700 *Walter*, ZRP 1999, 292 (296).

701 *Ambos*, JZ 2003, 345 (351).

lich nicht auf die Tatbestandsvariante des Forderns bezieht.[702] Die Heranziehung der beamten- oder hochschulrechtlichen Regelungen[703] stößt ebenfalls auf Schwierigkeiten, da in beiden Fällen die (nachträglich erteilten) Genehmigungen grundsätzlich keine strafrechtlichen Wirkungen entfalten, sondern lediglich eine dienstrechtliche Berechtigung begründen können.[704] Eine Genehmigung ist außerdem unter strafrechtlichen Gesichtspunkten ausgeschlossen, wenn der Vorteil durch den Amtsträger gefordert wurde. Das Dienstrecht sieht eine solche Beschränkung hingegen nicht vor.

Vor allem aber begegnet die Rechtfertigungslösung[705] (unabhängig vom gewählten Anknüpfungspunkt) einem entscheidenden Nachteil: Eine Genehmigung stellt lediglich einen Rechtfertigungsgrund für ein eigentlich strafbares Verhalten dar. Sich „eigentlich strafbar gemacht zu haben“, hinterlässt beim Drittmittel akquirierenden Forscher jedoch zumeist einen bitteren Beigeschmack[706] und lässt sich zudem nicht mit der Tatsache vereinbaren, dass das Hochschulrecht zur Drittmitteleinwerbung verpflichtet. Ebensolches gilt auch für die Möglichkeit einer strafprozessualen Lösung.[707] Die Einstellung aus Opportunitätsgesichtspunkten bietet nur im Einzelfall einen Ausweg, ist die Einstellung eines bereits begonnenen Strafverfahrens doch für den Beschuldigten emotional belastend und stigmatisierend.[708]

3. Gesetzliche Verankerung einer „Forschungsklausel“

In der Konsequenz aus allen Überlegungen und zur notwendigen Absicherung des sich aus ihnen ergebenen Ergebnisses der Straflosigkeit des regelkonformen

---

702 *Ambos*, JZ 2003, 345 (353); *Schreiber/Rosenau/Combé/Wrackmeyer*, GA 2005, 265 (272); *Korte*, MK-StGB § 331 Rn. 143 schlägt daher eine einschränkende Auslegung des Merkmals „Fordern“ vor.

703 Für einen Rechtfertigungsgrund aus dem Beamtenrecht aber *Bernsmann*, WissR 2002, 1 (18f).

704 Schönke/Schröder *Heine* StGB § 331 Rn. 43; *Ambos*, JZ 2003, 345 (353) m.w.N; *Fischer* § 331 Rn. 27c; *Zieschang*, WissR 1999, 111 (116f); dem will *Bernsmann*, WissR 2002, 1 (18f.) entgehen, indem er die disziplinarrechtlichen Regelungen als Ergänzung zu § 331 Abs. 3 heranzieht und das Strafrecht so auf seine ultima ratio-Funktion zurückdrängt.

705 Hierzu allgemein *Tag*, JR 2004, 50 (52); *Mansdörfer*, wistra 2003, 211 (213).

706 So auch *Diettrich/Schatz*, ZRP 2001, 521 (523); vgl. *Dölling*, JR 2005, 519 (520): „es geht um ein typischerweise zulässiges Verhalten und nicht um eine ausnahmsweise aufgrund einer Abwägung um Einzelfall eingeräumte Erlaubnis“.

707 Dazu nur *Tag*, JR 2004, 50 (54).

708 *Tag*, JR 2004, 50 (54).

Drittmitteleinwerbers wird teilweise eine eigene gesetzliche Regelung gefordert,[709] teilweise eine Einarbeitung der Problematik in die Ausnahmeregelung des § 331 Abs. 3 StGB empfohlen.[710] Neben der Ergänzung des Tatbestandes um die Worte „unangemessen“[711] oder „unlauter“[712] wird auch die Ergänzung des Abs. 3[713] (wahlweise des Tatbestandes um einen Absatz 4) um einen neuen Satz befürwortet, der die Annahme eines im Zusammenhang mit zulässigen Forschungs- und Lehrvorhaben stehenden Vorteils für nicht strafbar erklärt.[714] Darüber hinaus richten sich die Forderungen auf ein eigenständiges Gesetz zur rechtlichen Absicherung der Drittmittelförderung außerhalb des StGB.[715] Hierdurch würden systematische Brüche vermieden und dem Gesetzgeber die Möglichkeit eröffnet, Verhaltensregeln direkt im Rahmen dieses Gesetzes zu regeln.

Gegen eine Änderung des StGB wenden sich Kritiker[716], die neben „erheblichen Beweisproblemen“ vor allem befürchten, eine Änderung könne dahingehend missverstanden werden, dass der Gesetzgeber im Bereich der Korruptionsbekämpfung zu Lockerungen bereit sei. Die Tatbestände des StGB seien außerdem bewusst knapp und prägnant formuliert und Ausnahmeklauseln nicht zugänglich. Sie bevorzugen die vom BGH in den Drittmittelfällen praktizierte „verwaltungsakzessorische Auslegung“[717] (Auslegung der Korruptionstatbestände entsprechend den verwaltungsrechtlichen Hochschulgesetzen) im Einklang mit einer Änderung der Hochschulgesetze und dem Erlass von Drittmittelrichtli-

---

709 *Ambos*, JZ 2003, 345 (354); *Diettrich/Schatz*, ZRP 2001, 521 (525f.); für eine Regelung de lege ferenda auch *Lippert/Ratzel*, NJW 2003, 3301 (3305); *Knauer/Kaspar*, GA 2005, 385 (404); *Satzger*, ZStW 115 (2003), 469 (500); *Fürsen/Schmidt*, JR 2004, 57 (60).

710 *Pfeiffer*, NJW 1997, 782 (784); vom BGH abgelehnt unter dem Hinweis, diese Ausnahmetatbestände erfassten schon gar nicht die Tatbestandsvariante des „Forderns“; zu den einzelnen Lösungsvorschlägen *Rönnau*, JuS 2003, 232 (236).

711 *Lüderssen*, JZ 1997, 112 (116,120).

712 *Walter*, ZRP 1999, 292 (296).

713 Formulierungsbeispiel etwa bei *Tag*, JR 2004, 50 (57).

714 Sog. „Forschungsklausel“ *Pfeiffer*, NJW 1997, 782 (784); dazu *Korte*, MK-StGB § 331 Rn. 138 m.w.N.

715 *Diettrich/Schatz*, ZRP 2001, 521 (525f.); *Ambos*, JZ 2003, 345 (354); dagegen *Tag*, JR 2004, 50 (55).

716 *Schmidt/Gütner*, NJW 2004, 471 (474); *Diettrich/Schatz*, ZRP 2001, 521 (523).

717 *Michalke*, NJW 2002, 3381f; kritisch *Knauer/Kaspar*, GA 2005, 385 (403), die Berücksichtigung außerstrafrechtlicher Regelungen dürfe nicht zur Bestrafung von reinem Verwaltungsunrecht führen; *Schreiber/Rosenau/Combé/Wrackmeyer*, GA 2005, 265 (270).

nien, die klare Bedingungen für die Einwerbung von Drittmitteln statuieren.[718] Die Einführung eines unbestimmten Rechtsbegriffes in den Tatbestand würde hingegen die Entwicklung eines Kriterienrahmens notwendig machen, der eine Unterscheidung der unangemessenen von den angemessenen Vorteilen ermöglicht.[719] Auch in diesem Falle bliebe das Problem der verlässlichen Anwendung der Tatbestände, so dass insoweit kein Mehrwert dieser Lösung erkennbar sei.

V. Die Drittmittelentscheidung als allgemeines Prinzip der Einschränkung?

Das im Rahmen der Drittmittelfälle ausgemachte Spannungsverhältnis zwischen Strafrecht und einer weiteren Rechtsordnung ist nicht einzigartig. Der generellen Anwendung der Bestechungsdelikte hätte die Drittmittelentscheidung daher nur dann einen Dienst erwiesen, wenn sich durch sie auch ähnlich gelagerte Fälle verlässlich lösen ließen. Die Lösung des BGH würde dann einen allgemeinen Grundsatz ergeben, nach dem widerstreitende Normbefehle in Einklang gebracht werden könnten.

Die Aussage der Drittmittelentscheidung könnte man dahingehend verallgemeinern, dass bei Einhalten eines gesetzlich vorgeschriebenen Verfahrens, d.h. letztendlich bei Bestehen einer gesetzlichen Regelung, deren Voraussetzungen durch die Beteiligten erfüllt werden, eine Strafbarkeit entfällt.

1. Bloße Bestätigung des Erfordernisses der Regelwidrigkeit?

Dies ist auf den ersten Blick nichts Neues: Schon nach traditioneller Auffassung ist Voraussetzung für die Annahme eines strafwürdigen Äquivalenzverhältnisses im Sinne der §§ 331ff. dessen Regelwidrigkeit.[720]

Das Ergebnis des BGH im Rahmen der Drittmittelfälle scheint diese Sichtweise schlichtweg zu bestätigen. Bei Einhaltung der Drittmittelvorschriften liegt kein Regelverstoß vor, womit eine Strafbarkeit mangels Unrechtsvereinbarung ausgeschlossen ist.[721] Dies anzunehmen, würde allerdings einen wesentlichen

---

718 *Schmidt/Gütner*, NJW 2004, 471 (474); für ein „strukturiertes Verfahren zur Erteilung von Drittmittelgenehmigungen" mit dem Ziel eines „transparenten Drittmittelmanagements" auch *Diettrich/Schatz*, ZRP 2001, 521 (524), die schließlich aber ein eigenes Bundesgesetz fordern.

719 *Lüderssen*, JZ 1997, 111 (117).

720 Siehe oben, Teil 4 C.

721 Vgl. *Ambos*, JZ 2003, 345 (351), für den „Korruption" primär einen „Regelverstoß" darstellt. Ein solcher könne aber in der Annahme oder Forderung von Drittmitteln je-

Punkt übersehen: Vorschriften wie § 153 a StPO gestatten nicht nur die Annahme eines Vorteils, in diesem Falle die Auflage einer Geldzahlung oder eine Gebühr, sondern beziehen sich ganz klar auch auf die *Verknüpfung* dieses Vorteils mit einer bestimmten Diensthandlung. Im Falle des § 153 a StPO wird deutlich geregelt, dass die Erfüllung der Auflage *für* die Einstellung erfolgt. Ebenso liegt es beim Kassieren einer Gebühr *für* eine bestimmte Amtshandlung (etwa die Beglaubigung eines Zeugnisses).[722]

Hingegen findet sich in § 25 HRG nur die generelle Erlaubnis, „im Rahmen [der] dienstlichen Aufgaben auch solche Forschungsvorhaben durchzuführen, die nicht aus den der Hochschule zur Verfügung stehenden Haushaltsmitteln, sondern aus Mitteln Dritter finanziert werden". Allein der Umstand aber, dass die Annahme des Vorteils legal ist, besagt noch nicht, dass auch die *Verknüpfung* zwischen dem Vorteil und der Dienstausübung legal ist. Die bloße Tatsache, dass die als Gegenleistung gewährten Vorteile für Wissenschaft und Forschung verwendet werden, lässt daher die Unrechtsvereinbarung nicht notwendigerweise entfallen.[723] § 24 HRG erlaubt folglich lediglich die Annahme von Vorteilen, soweit sie Forschungsvorhaben ermöglichen, nicht hingegen die Annahme solcher Vorteile, die sich als Gegenleistung für anderweitiges dienstliches Verhalten darstellen. Aus dem gleichen Grund lassen sich auch aus dem Steuerrecht – etwa aus den §§ 10b EStG, 9 Abs. 1 Nr. 2 KStG – keine Ausnahmen herleiten, obwohl der Spender hierdurch Erleichterungen erfährt und insgesamt die Spendenbereitschaft gefördert werden soll.[724]

Die Drittmittelentscheidung stellt folglich nicht eine bloße Bestätigung der Ansicht dar, dass die Annahme einer Unrechtsvereinbarung die Regelwidrigkeit des Äquivalenzverhältnisses voraussetzt. Im Mittelpunkt der Entscheidung steht vielmehr das „Transparenzgebot". Nicht der Umstand, dass es überhaupt eine die Drittmittel regelnde Norm gibt, sondern die Tatsache, dass durch die Offenlegung der Unterstützung der Anschein der Käuflichkeit vermieden werde,

---

denfalls dann nicht erblickt werden, wenn die erlassenen oder vereinbarten Verhaltensregeln eingehalten würden.

722 Gleiches gilt auch nach § 11 BauGB, der den Abschluss städtebaulicher Verträge ausdrücklich gestattet und damit kooperatives Verwaltungshandeln ermöglicht. Auch hier wird gerade die Regelung einer *Austauschbeziehung* getroffen. Hierzu *Korte*, MK-StGB, § 331 Rn. 107; *Löhr*, Battis/Krautzberger/Löhr, BauGB, § 11 Rn. 4; BT-Drucks. 13/6392 S. 50; zu einem sich hieraus ergebenen Spannungsfeld *Zander*, ZG 2002, 191ff; *Meininger*, ZG 1999, 353ff; kritisch *Schreiber/Rosenau/Combé/Wrackmeyer*, GA 2005, 263 (276); zu den materiellrechtlichen Grenzen BVerwGE 42, 331 (345).

723 BGHSt 47, 295 (307).

724 *Korte*, MK-StGB, § 331 Rn. 109; *Höltkemeier*, Sponsoring, Fn. 342.

rechtfertigt es nach Ansicht des BGH, solche Fälle aus dem Tatbestand auszunehmen. Dass die „Transparenz“ im Rahmen der Auseinandersetzung mit dem Phänomen der Korruption eine tragende Rolle spielt, zeigt sich in der gesamten Diskussion um die Bestechungsdelikte: So stellte der BGH fest, dass „Bestechlichkeit wie Vorteilsannahme ein gewisses Maß an Heimlichkeit und Verdeckung der Vorteilsvereinbarung und des Vorteils gegenüber der Anstellungskörperschaft eigen ist“.[725] Auch im Bundeslagebild Korruption wird die Heimlichkeit der Handlungen als „typisch“ für Korruptionsstraftaten genannt.[726] Das „Gesetz zur Verbesserung der Korruptionsbekämpfung und zur Errichtung und Führung eines Vergaberegisters in Nordrhein-Westfalen“[727] enthält in Abschnitt 4 „Vorschriften zur Herstellung von Transparenz“.

Ob das Transparenzgebot aber einen allgemeinen Grundsatz zur Auslegung der Bestechungstatbestände darstellen kann, erscheint fraglich. Zur Überprüfung soll hier eine ähnliche Fallkonstellation, wie sie im Jahre 2003 dem LG Wuppertal vorlag, herangezogen werden. Das LG Wuppertal nahm im „Fall Kremendahl“[728] eine Vergleichbarkeit mit der soeben dargestellten Drittmittelentscheidung an und wendete die vom BGH hierzu herausgearbeiteten Grundsätze konsequent auf den Fall an.

2. Der Fall Kremendahl

Dr. K (SPD) war seit 1996 hauptamtlicher Bürgermeister der Stadt Wuppertal.[729] Nach einer Reform der Kommunalverfassung NRW, die nunmehr eine Direktwahl des Bürgermeisters vorsieht, stellte er sich 1999 zur Wiederwahl. Im Vorfeld der Kommunalwahl 1999, bei der der Oberbürgermeister erstmals direkt gewählt wurde, gewann die Wupptertaler SPD aufgrund des aufwendigen Vorwahlkampfes der NRW-CDU den Eindruck, dass man deren Wahlkampagne nur durch den Einsatz erheblicher Mittel wirksam werde entgegentreten können und es daher notwendig sei, Großspender für den Wahlkampf zu gewinnen.[730] S, der als Stadtverordneter und bauplanungspolitischer Sprecher Dr. K in allen wichtigen Baufragen beriet, wendete sich an C, einen der größten Bauinvestoren der

725 BGHSt 48, 44 (51).
726 Bundeslagebild Korruption 2006, S. 9 (2.10).
727 Gesetz vom 16. Dezember 2004, Gesetz- und Verordnungsblatt NRW 2005.
728 LG Wuppertal, NJW 2003, 1405ff; BGHSt 49, 275; BGH Urteil vom 28. August 2007 - 3 StR 212/07.
729 BGHSt 49, 275 (276).
730 BGHSt 49, 275 (277).

Stadt.[731] Dieser zeigte sich – obwohl CDU-Mitglied – zu einer Unterstützung des Dr. K bereit, weil er wollte, dass Dr. K, dessen investorenfreundliche Politik er schätzte und mit dessen Amtsführung er „Planungssicherheit" verband, weiterhin Oberbürgermeister blieb.[732] Er versprach sich den Erfolg eines von ihm geplanten Bauprojekts, für das von dem CDU-Kandidaten – aufgrund dessen Prokuristenstellung in einer mit gegenläufigen Interessen ausgestatteten Einzelhandelskette – keine Unterstützung zu erwarten war.[733] Jedoch wollte er nur den Wahlkampf des Dr. K, nicht auch den der SPD unterstützen und bot Dr. K deshalb eine direkte Zuwendung an ihn selbst an.[734] Dr. K schlug dieses Angebot aus und legte C stattdessen eine Unterstützung in Form einer Parteispende nahe.[735] C wendete der SPD Wuppertal daraufhin 500.000 DM zu, die beinahe die gesamten Wahlkampfkosten (auch die der Partei) abdeckten.[736] Da C aufgrund seiner CDU-Mitgliedschaft nicht als Großspender der Gegenpartei in Erscheinung treten wollte, zahlte er über seine W-Bauträgergesellschaft mbH unter Umgehung des Parteiengesetzes die Summe teilweise über fiktive Spender.[737]

a. Rechtliche Bewertung

Auch hier ergibt sich ein Spannungsfeld, das dem in den Drittmittelfällen ausgemachten sehr ähnlich ist: Das dargestellte Verhalten lässt sich problemlos unter den Wortlaut des § 331 Abs. 1 StGB subsumieren. K, als hauptamtlicher Bürgermeister Amtsträger i.S.d. § 11 Abs. 1 Nr. 2 a StGB, ließ sich von C einen Vorteil versprechen und schließlich gewähren. Die Spende wurde in der Erwartung einer investorenfreundlichen Amtsführung und damit „für die Dienstausübung" gewährt. Auf der anderen Seite sind Spenden an politische Parteien nicht nur erlaubt, sondern verfassungsrechtlich geradezu erwünscht.[738] Hierdurch soll die erforderliche Unabhängigkeit der Parteien bewahrt und ihr Charakter als frei gebildete, im gesellschaftlich-politischen Bereich wurzelnde Gruppierung bewahrt werden, die nicht nur politisch, sondern auch wirtschaftlich und organisatorisch auf die Zustimmung und Unterstützung der Bürger angewiesen blei-

731 BGHSt 49, 275 (277).
732 BGHSt 49, 275 (277).
733 BGHSt 49, 275 (277).
734 BGHSt 49, 275 (277f.).
735 BGHSt 49, 275 (278).
736 BGHSt 49, 275 (278).
737 BGHSt 49, 275 (278f.).
738 Vgl. BGHSt 49, 275 (285) unter Hinweis auf BVerfGE 85, 264 (287ff.). Siehe auch § 25 Abs. 1 Satz 1, § 24 Abs. 4 Nr. 3 und 4 PartG sowie für andere Einnahmen auch § 24 Abs. 4 Nr. 1 - 7 und § 9 PartG.

ben.[739] Durch Gewährung öffentlicher Mittel darf ihnen daher nicht das Risiko des Fehlschlagens ihrer Bemühungen um hinreichende Unterstützung in der Wählerschaft abgenommen werden.[740] § 18 Abs. 5 S. 1 PartG koppelt die Höhe der staatlichen Gelder ausdrücklich an den Umfang der von der jeweiligen Partei selbst durch Spenden erzielten Einnahmen. In § 18 Abs. 3 Nr. 3 PartG werden sogar wirtschaftliche Anreize gewährt. Würde es jedem kommunalen Wahlbeamten verboten, Spenden für seine Partei einzuwerben, wäre dieses System empfindlich gestört, da es ja gerade die Funktionsträger sind, die hier eine „Zugpferdfunktion" ausüben und sich ihrer Partei im Regelfalle besonders verpflichtet fühlen. Es bestehen außerdem im Rahmen des Parteiengesetzes klare Regelungen, wie bei Annahme einer Spende zu verfahren ist; insbesondere regelt § 25 Abs. 3 PartG eine Publizierungspflicht. Es wird also auch in diesem Falle ein verfassungsrechtlich erwünschtes Verhalten durch §§ 331 ff. mit Strafe bedroht.

aa. Die Vorinstanz: LG Wuppertal

Das LG Wuppertal[741] hielt den Fall konsequent mit dem der Einwerbung von Drittmitteln vergleichbar. Auch hier sei ein Spannungsfeld zwischen dem Verbot der Vorteilsannahme und der Tatsache, dass die Parteien (und Parteimitglieder) angehalten sind, Spenden zu aquirieren, deutlich erkennbar.[742] Die Einwerbung von Parteispenden sei außerdem verfassungsrechtlich erwünscht.[743] Zwar treffe den Kandidaten keine rechtliche Verpflichtung, Spenden einzutreiben, er könne sich einem solchen Anliegen aufgrund der eindeutigen Erwartungshaltung seiner Partei aber auch nicht verschließen.[744] Um Wertungswidersprüche zwischen Parteienrecht und Strafrecht zu vermeiden, könne die Annahme einer Spende durch den Amtsträger nicht dem Anwendungsbereich der Vorteilsannahme unterfallen, soweit sich der Spender an das im Parteiengesetz vorgeschriebene Verfahren halte.[745] Zwar war dieses Verfahren im konkreten Fall

739 BGHSt 49, 275.
740 Vgl. BVerfGE 85, 264 (287) m.w.N.
741 NJW 2003, 1405ff.
742 NJW 2003, 1405 (1406).
743 NJW 2003, 1405 (1406) unter Hinweis auf BVerfGE 73, 40 (88); 85, 264 (287).
744 NJW 2003, 1405 (1406).
745 NJW 2003, 1405 (1406).

nicht eingehalten worden;[746] K war hiervon aber ausgegangen, so dass § 16 Abs. 1 Satz 1 StGB zur Anwendung kommen konnte.[747]

bb. Der BGH

Dem stimmte der BGH nicht zu[748]. Im Unterschied zu den beamteten Hochschullehrern werde dem kommunalen Wahlbeamten die Einwerbung von Drittmitteln nicht als Dienstaufgabe übertragen. Ein mit den Drittmittelfällen vergleichbarer rechtlicher Widerspruch sei damit mangels konträrer Normbefehle nicht gegeben.[749]

Aufgrund der Tatsache, dass Spenden an die Parteien nicht erlaubt, sondern verfassungsrechtlich geradezu erwünscht sind,[750] sieht sich nach Ansicht des Gerichts zwar vor allem der Amtsträger einem erheblichen Erwartungsdruck ausgesetzt, da er über Möglichkeiten verfügt, Dritte zu Zuwendungen zu veranlassen. Hierdurch werde in besonderem Maße – und verstärkt durch die Erweiterung des Anwendungsbereiches der Korruptionsdelikte durch die Neufassung 1997 – die Gefahr einer Strafbarkeit nach § 331 Abs. 1 StGB begründet.[751] Dennoch sei der faktische Erwartungsdruck nicht geeignet, den Normbefehl des § 331 Abs. 1 StGB außer Kraft zu setzen, da sich der Amtsträger – im Unterschied zum Drittmittel einwerbenden Hochschullehrer – keinen sich widersprechenden Normbefehlen ausgesetzt sehe.[752]

Das Handeln von Dr. K sei „ohne weiteres vom Tatbestand der Vorteilsannahme [...] erfasst“[753]. Es komme außerdem bei der Sichtweise des LG zu einer Ungleichbehandlung zwischen parteizugehörigen und parteilosen Amtsträgern und damit zu einer Unvereinbarkeit mit dem Gleichheitsgrundsatz aus Art. 3 Abs. 1 GG, da das Parteiengesetz nur politische Parteien erfasst, nicht aber zum Beispiel Wählervereinigungen.[754] Ist aber die Einhaltung der vom Parteiengesetz aufgestellten Spendenregelungen Voraussetzung für die Legalität der Einwerbung, bestehe für den parteilosen Amtsträger keine Möglichkeit der legalen

746 NJW 2003, 1405 (1406).
747 NJW 2003, 1405 (1406f.).
748 BGHSt 49, 275 (284ff.); zustimmend *Dölling*, JR 2005, 519; *Saliger/Sinner*, NJW 2005, 1073 (1074ff.).
749 BGHSt 49, 275 (285f.).
750 Vgl. § 25 Abs. 1 Satz 1, § 24 Abs. 4 Nr. 3 und 4 PartG sowie für andere Einnahmen auch § 24 Abs. 4 Nr. 1 - 7 und § 9 PartG.
751 BGHSt 49, 275 (287).
752 BGHSt 49, 275 (287); ablehnend *Deiters*, MIP 2004/2005, 18 (21).
753 BGHSt 49, 275 (282).
754 BGHSt 49, 275 (288).

Spendenakquise. Durch die Berücksichtigung verfassungsrechtlicher Grundsätze kam der BGH schließlich doch zu einer Straflosigkeit der Beteiligten, auf die später näher einzugehen sein wird.[755]

b. Fazit

§ 153 a StPO und die Gebührenvorschriften der Verwaltung regeln die Zulässigkeit *genau der* Verknüpfung, die durch §§ 331 ff. eigentlich missbilligt wird. Dies liegt im Falle des HRG und des PartG grundsätzlich anders: Hier wird nur die Annahme des *Vorteils* für legal erklärt, woraus sich aber nicht zwangsläufig auch die Legalität der Verknüpfung mit einer Dienstausübung ergibt. Für diese Fälle müssen daher zusätzliche Kriterien gefunden werden, die eine Ausnahme aus dem Tatbestand begründen können. Im Gegensatz zu dem formalen Kriterium der Drittmittelentscheidung postuliert der 3. Strafsenat im Rahmen der Kremendahl-Entscheidung materielle Grundsätze. Er hält die beiden Fälle trotz der ähnlichen Ausgangsposition für nicht vergleichbar.

Ob es dem Senat auch darum ging, die sich aus der Drittmittel-Entscheidung folgende Konsequenz der bloß formalen Grenzziehung zwischen erlaubtem und verbotenem Verhalten für den Fall der Parteispenden zu vermeiden,[756] bleibt in der Entscheidung offen. Im Rahmen einer Gesamtbetrachtung liegt dies aber nahe. So wird die „Transparenzlösung" zwar kurz („darüber hinaus") angewandt, schließlich aber mit dem Argument verworfen, die Publizierungspflicht des § 25 Abs. 3 PartG enthülle die individuelle Beziehung zwischen dem Spender und dem die Spende einwerbenden Amtsträger gerade nicht und gewährleiste dadurch kein ausreichendes Maß an Transparenz.[757]

Diese „individuelle Beziehung" – mit der wohl vor allem die konkreten Bedingungen der Vereinbarung gemeint sind – zwischen Spender und Amtsträger wird indes auch bei Einhaltung des hochschulrechtlichen Verfahrens nicht offengelegt. Gem. § 98 Abs. 3 UG NW ist ein durch Drittmittel finanziertes Forschungsvorhaben der Dekanin oder dem Dekan „anzuzeigen". § 25 Abs. 3 HRG bestimmt, dass die Durchführung eines solchen Vorhabens nicht von einer Genehmigung abhängig gemacht werden darf. Die bloße Offenlegung der Finanzierung genügt demnach. Dies allein schützt jedoch nicht vor einer eventuellen Verknüpfung der Mittelgewährung und einer Gegenleistung zu einem für §§ 331ff. relevanten Äquivalenzverhältnis. Die Kommerzialisierung der Amts-

---

755 Siehe unten, Teil 4 E.

756 *Deiters*, MIP 2004/2005, 18 (22).

757 BGHSt 49, 275 (287f.).

handlung bzw. die Staatswillenverfälschung entfällt schließlich nicht dadurch, dass sie offensichtlich wird. Vielmehr bleibt auch eine transparente missbilligte Koppelung immer noch eine missbilligte Koppelung.[758] Insofern ist der durch das Gericht ausgemachte „entscheidende Unterschied“[759] gar kein Unterschied, sondern vielmehr gerade die Schwäche der formalen Transparenzlösung: Eine konsequente Anwendung dieses Gedankens würde nämlich dazu führen, dass sich das Unrecht in solchen Fällen tatsächlich auf einen formalen Verstoß gegen eine Verfahrensnorm reduzierte. Die Einhaltung des geforderten Procedere könnte damit jede Unrechtsvereinbarung in erlaubtes Verhalten umkehren.[760] Hierzu nehmen *Kindhäuser/Goy* Stellung: „Dass das Universitätsgesetz und die Drittmittelrichtlinien für die Einwerbung und Annahme formalisierte Verfahren festlegen, um den Eindruck der Käuflichkeit zu vermeiden, dient [...] nicht der Legalisierung der Unrechtsvereinbarungen [...], sondern umgekehrt dem Ziel, das Zustandekommen einer solchen Vereinbarung von vornherein zu unterbinden“.[761]

Mit *Kargl* ist dem jedoch entgegenzuhalten, dass auch die „ungenierte“ Einflussnahme geeignet ist, die Schutzgüter der §§ 331 ff. StGB zu berühren[762]. Dies gilt sogar für das weiteste aller denkbaren Schutzgüter, das Vertrauen der Allgemeinheit.[763] Die vom BGH ausgemachte Gefahr einer „Drittmittel- Schattenwirtschaft“[764] wird damit auch durch die Transparenzlösung nicht völlig ausgeschaltet. Stimmt das entscheidungsbefugte Gremium der Zurverfügungstellung der Mittel zu,[765] so genügte dies zwar den formellen Anforderungen des Transparenzgebotes, ginge aber völlig am Sinn und Zweck der strafrechtlichen Regelungen vorbei.[766] Denn bei dieser steht die verwerfliche Beziehung zwischen Geber und Nehmer im Mittelpunkt. Ist eine solche gegeben, kann auch die

758 *Satzger*, ZStW 115 (2003), 468 (498).

759 Vgl. BGHSt 49, 275 (288): „Durch all dies unterscheidet sich der hier zu beurteilende Sachverhalt entscheidend von dem Fall des beamteten Hochschullehrers (...)“.

760 Vgl. *Deiters*, MIP 2004/2005, 18 (22).

761 *Kindhäuser/Goy*, NStZ 2003, 291 (295).

762 *Kargl*, JZ 2005, 503 (507): „man darf nicht (...) erwarten, dass die sozusagen „ungenierte“ Einflussnahme das Vertrauen der Allgemeinheit in die Lauterkeit der Amtsträger stärkt“. Explizit zur Drittmittelentscheidung S. 508.

763 *Kargl*, JZ 2005, 503 (507).

764 BGHSt 47, 275 (311).

765 Beispiel bei *Mansdörfer*, wistra 2003, 211 (213).

766 So auch *Kargl*, JZ 2005, 503 (507): „man darf nicht (...) erwarten, dass die sozusagen „ungenierte“ Einflussnahme das Vertrauen der Allgemeinheit in die Lauterkeit der Amtsträger stärkt“. Explizit zur Drittmittelentscheidung S. 508.

Offenlegung des Verhältnisses nicht darüber hinwegtäuschen, dass das Unrecht der Bestechungsdelikte verwirklicht ist.

Zuzustimmen ist dem BGH jedoch darin, dass die gesetzlich vorgesehene Zusammenarbeit zwischen Privatwirtschaft und Universitäten aus dem Bereich der Strafbarkeit auszunehmen ist, soweit die vorgesehenen Regeln eingehalten sind. Dies fußt vor allem auf den dargestellten Besonderheiten der Forschungsförderung durch Drittmittel, insbesondere der widerstreitenden Normbefehle des Straf- und des Hochschulrechts. In diesem Bereich stellt die durch den BGH vertretene Transparenzlösung einen Ansatz dar, der im Einzelfall zu gerechten Ergebnissen führt. Allerdings erweist sich der Transparenzgedanke als darüber hinaus nur bedingt verallgemeinerungsfähig. Wie bereits gezeigt,[767] stößt die Idee nach dem Wortlaut der Entscheidung schon dann an ihre Grenzen, wenn keine *Verpflichtung* des Hochschulprofessors zur Einwerbung der Drittmittel besteht. Es besteht die Gefahr, das Unrecht der Bestechungsdelikte auf einen bloß formalen Verstoß gegen Transparenzvorschriften zu reduzieren. Es muss aber auch mit Rücksicht auf die grundrechtlich abgesicherte Forschungsfreiheit Klarheit darüber bestehen, dass ein verwerfliches Gegenleistungsverhältnis durchaus auch vorliegen kann, wenn Gegenstand der Vereinbarung ein unter Art. 5 Abs. 3 GG fallendes Projekt ist. Im Rahmen einer Transparenzlösung ist nicht jedem Forscher ein Freibrief zu erteilen. Präventiv kann das sog. „Vier-Augen-Prinzip" der Offenlegung hingegen eine umfassende Wirkung erzielen. Vor einer Strafbarkeit schützen sollte es jedoch – auch im Falle der Drittmittelforschung – richtigerweise nur dann, wenn durch förmliches Gesetz ein Verfahren vorliegt, welches den Zusammenhang zwischen Vorteil und Gegenleistung im Hinblick auf ein gesetzliches Handlungsgebot umfassend regelt und eine Offenlegung erforderlich macht. Anknüpfungspunkt könnten hier die wenn auch nicht in allen Fällen tatsächlich wider*streitenden*, so doch jedenfalls wider*sprüchlichen* Normbefehle des Straf- und des Hochschulrechts sein. Dass das Transparenzprinzip seinen grundsätzlichen Anwendungsbereich vor allem im Rahmen der Drittmittel haben soll und nicht ohne Weiteres auf andere Fallgruppen zu übertragen ist, zeigt auch die Tatsache, dass der BGH im Fall Kremendahl eine Anwendung verneinte und eigene Grundsätze entwickelte.

767 Siehe Teil D. III.

E. Eigener Regelungsgehalt der Kremendahl-Entscheidung

Eine einschränkende Auslegung des Tatbestandes hält der BGH im Fall Kremendahl aber aus anderen Gründen für durchaus notwendig: Da die Wahlrechtsgleichheit allen zur Wahl antretenden Parteien bzw. den einzelnen Kandidaten gleiche Wettbewerbschancen sichert, diese aber wesentlich von den zur Verfügung stehenden finanziellen Mitteln abhingen, sei § 331 Abs. 1 StGB am Maßstab der Gleichheit der Wahl und des Demokratieprinzips zu messen.[768] In der konsequenten Anwendung des weiten Tatbestandes habe ein Wahlkandidat, der keine Amtsträgerstellung inne habe, die unbegrenzte Möglichkeit der Beschaffung von Finanzmitteln.[769] Der Kandidat, der bereits Amtsträger sei, sehe sich hingegen dem reellen Risiko strafrechtlicher Verfolgung ausgesetzt. Sein grundrechtlicher Anspruch auf gleiche Wahlchancen werde damit eingeschränkt.[770] Wegen des „vorrangigen Prinzips der Chancengleichheit" ist nach dem BGH die Sondersituation der Wahlkampfspenden-Einwerbung durch einen Amtsträger, der ansonsten gegenüber seinen Mitbewerbern benachteiligt wäre, folglich im Rahmen einer tatbestandlichen Reduktion der §§ 331 ff. StGB zu berücksichtigen.[771]

Der Rückgriff des BGH auf das Verfassungsprinzip der Gleichheit des passiven Wahlrechts mag kritikwürdig sein.[772] So kann man hiergegen ins Feld führen, das Argument sei nur dann tragfähig, wenn dem Amtsinhaber ein Nichtamtsträger gegenüber stehe und falle schließlich ganz in sich zusammen, wenn Kandidaten für Amtsträgerposten in den Anwendungsbereich der §§ 331 ff. StGB einbezogen würden.[773] Für die im Rahmen dieser Arbeit behandelte Fragestellung ist jedoch vielmehr eine andere Aussage der Entscheidung von Interesse: So nimmt der BGH auch in diesem Sonderfall aufgrund der besonderen Pflichtenstellung als Amtsinhaber[774] keine generelle Freistellung von §§ 331 ff. StGB an. Sofern die „Förderung allein dazu dient, dass er nach erfolgreicher Wahl das wiedererlangte Amt in einer Weise ausübt, die den allgemeinen wirt-

768 BGHSt 49, 275 (289, 291f.).
769 BGHSt 49, 275 (291).
770 BGHSt 49, 275 (292).
771 BGHSt 49, 275 (285, 291f.).
772 Kritisch insofern *Korte*, NStZ 2005, 512f.; *Kargl*, JZ 2005, 503 (508).
773 *Korte*, NStZ 2005, 512 (513).
774 BGHSt 49, 275 (292).

schaftlichen oder politischen Vorstellungen des Vorteilsgebers entspricht",[775] sei wegen des vorrangigen Verfassungsprinzips der Chancengleichheit die Unrechtsvereinbarung zu verneinen. Dies gelte aber nicht, soweit sich der Amtsträger bereit zeigt, „als Gegenleistung für die Wahlkampfförderung im Falle seiner Wahl eine konkrete, den Interessen des Vorteilsgebers förderliche Entscheidung zu dessen Gunsten zu treffen oder zu beeinflussen".[776]

Der BGH kehrt damit scheinbar[777] zur Rechtslage vor dem Korruptionsbekämpfungsgesetz zurück. Er geht sogar darüber hinaus, indem er nicht nur eine Gegenleistung fordert, wie sie vor 1997 Teil des Tatbestandes war,[778] sondern diese auch noch *konkret* sein muss. Während früher schon die Bestimm*barkeit* genügte, an die nicht einmal besonders strenge Maßstäbe angelegt wurden,[779] nimmt der BGH in der Kremendahl-Entscheidung eine Strafbarkeit erst dann an, wenn sich der Amtsträger bereit zeigt, „als *Gegenleistung* für die Wahlkampfförderung im Falle seiner Wahl eine *konkrete* [...] Entscheidung zu dessen Gunsten zu treffen oder zu beeinflussen".[780] In diesem Fall überwiege die Pflichtenbindung des Amtsträgers aus seinem bisherigen Amt das Interesse der Chancengleichheit, da das in Aussicht gestellte Handeln den Makel der Käuflichkeit trage und daher unlauter und verwerflich sei.[781] Der BGH beschreibt damit das den Bestechungsdelikten ursprünglich innewohnende Unrecht, wie es eigentlich in der Unrechtsvereinbarung zum Ausdruck kommen sollte. Dafür genügt es eben nicht, wenn „er [der Amtsträger] nach erfolgreicher Wahl das wiedererlangte Amt in einer Weise ausübt, die den allgemeinen wirtschaftlichen oder politischen Vorstellungen des Vorteilsgebers entspricht".[782] Genau dieses Verhalten genügt aber für eine „Dienstausübung" im Sinne des § 331 Abs. 1 StGB in der heutigen Fassung, die ausdrücklich irgendeine, irgendwann einmal zu erbringende Gegenleistung für eine Strafbarkeit genügen lässt. Die Tatsache, dass der Senat eine solche Konstellation im Kontext der konkret zu entscheidenden Fallgestaltung für nicht strafbar hält, könnte als Indiz dahingehend gewertet werden, dass auch nach Auffassung des Gerichts die Unrechtsvereinbarung gestärkt und zu einem anderen Verständnis des § 331 StGB gelangt werden muss.

775 BGHSt 49, 275 (294).
776 BGHSt 49, 275 (294).
777 Siehe klarstellendes Urteil vom 28. August 2007 - 3 StR 212/07 S. 7ff.
778 Teil 2 A. IV.; Teil 3 A. III. 1. a.
779 BGHSt 32, 290ff.; BGH NJW 2003, 763 (765).
780 BGHSt 49, 275 (294).
781 Vgl. BGHSt 275 (294f.).
782 BGHSt 49, 275 (294).

„Indes hat der Senat nicht zum Ausdruck bringen wollen, dass eine strafbare Vorteilsannahme in Fällen der vorliegenden Art ausscheidet, wenn der Spender sich zu der Spende nicht durch in konkretes – in seinen Umrissen schon vorgezeichnetes – Objekt veranlasst sieht“,[783] stellte der BGH in einer Folgeentscheidung klar. Indem der Senat in der ersten Kremendahl-Entscheidung konstatierte, „dass die Abgrenzung zwischen erlaubter und unerlaubter Einwerbung von Wahlkampfunterstützung [...] nicht für alle Fälle einfach erscheint“,[784] habe er dies eindeutig zum Ausdruck gebracht. Die Annahme tatbestandsmäßigen Verhaltens sei für Fälle, in denen eine konkrete Gegenleistung auszumachen ist, nämlich eben nicht zweifelhaft. Die Tatsache aber, dass der Senat in seiner ersten Entscheidung auf vorhandene Abgrenzungsprobleme hingewiesen habe, zeige, dass auch weniger eindeutige Fälle von § 331 StGB erfasst würden.[785] Der BGH weist damit ausdrücklich darauf hin, dass die entsprechende Passage des Senatsurteils aus den Besonderheiten des Falles resultiere und nicht zum Ausdruck gebracht werden sollte, dass *generell* eine konkrete Gegenleistung vorliegen müsse.[786]

An seiner Grundaussage ändert der BGH aber auch durch die Nachfolgeentscheidung nichts. Die Unterstützung der allgemeinen Ausrichtung der Politik des Wahlbewerbers bleibe straffrei, während der Wille, sich dessen Gewogenheit auch im Blick auf eigene, konkret geplante oder zu erwartende Vorhaben zu sichern und Individualinteressen zu fördern, strafbar sei.[787] Von diesem Grundsatz ausgehend eine allgemeine Einschränkung der Bestechungsdelikte auf das Vorliegen einer konkreten (zumindest dem Grundsatz nach erkennbaren) Gegenleistung in der Folgeentscheidung zu verneinen, erscheint nicht vollständig widerspruchsfrei. Der BGH argumentiert im Wesentlichen ergebnisorientiert: „dass sich ein Amtsträger, der sich um seine Wiederwahl bewirbt, der Vorteilsannahme schuldig macht, wenn er im Wahlkampf etwa eine 500-€-Spende einer Initiative annimmt, die sich wegen seiner [...] Kommunalpolitik für seine Wahl engagiert, *kann nicht sein*“. Warum kann das aber nicht sein, wenn es nach dem Wortlaut der §§ 331, 333 StGB (der vom BGH ja eben nicht grundsätzlich kritisiert werden soll) doch so ist? Ebenso wurde im Rahmen der Drittmittelfälle argumentiert, es dürfe nicht strafbar sein, was aus „verfassungsrechtlichen, for-

783 BGH NStZ 2008, 33 (34).
784 BGHSt 49, 275 (295).
785 BGH NStZ 2008, 33f..
786 BGH NStZ 2008, 33 (34).
787 BGH NStZ 2008, 33 (34).

schungspolitischen und praktischen Gründen nicht strafbar sein *kann*".[788] Der Grund, warum solche Ergebnisse im Allgemeinen als unbefriedigend empfunden werden, ist die mangelnde Verwirklichung des den §§ 331, 333 StGB zugrunde liegenden Unrechtsgehalts. In Fällen, in denen keine Beeinflussung vorliegt und auch keine Ausnutzung staatlicher Macht ersichtlich ist, wird eine Strafbarkeit daher für nicht notwendig gehalten. Einmal mehr zeigt sich, dass Ausdruck des Unrechts stets das verwerfliche Zusammenwirken des Amtsträgers und des Zuwendenden im Wege einer Unrechtsvereinbarung sein muss, die sich auf ein Äquivalenzverhältnis zwischen Vorteil und Diensthandlung bezieht.

Mit den Ergebnissen der Kremendahl-Entscheidung entgegen der ausdrücklichen Intention des BGH zu einer allgemeingültigen, restriktive Auslegung der Bestechungsdelikte zu kommen würde allerdings, ähnlich wie bei der Analogie, ein planwidriges „Zuvielerfasstsein" der diskutierten Fallkonstellation voraussetzen.[789] Es wurde aber bereits gezeigt, dass die Lockerung der Unrechtsvereinbarung eben nicht planwidrig, sondern genau so vorgesehen war. Zudem regelt die Entscheidung ersichtlich – und vom BGH noch einmal betont – einen *Einzelfall*, der in seiner Besonderheit eben nicht auf eine beliebige Anzahl weiterer Fälle übertragen werden kann. So findet sich auch kein verallgemeinerungsfähiger Grundgedanke in der Entscheidung. Die Anwendbarkeit der (grundsätzlich verallgemeinerungsfähigen) Transparenzlösung wird sogar ausdrücklich verneint. Es lässt sich jedoch entnehmen, dass Ansatzpunkt für die Einschränkung des Tatbestands der Vorteilsannahme die Unrechtsvereinbarung sein muss.

F. Die WM-Karten-Entscheidung (Claassen)

Auch im Rahmen der WM-Karten-Entscheidung[790] stellt der BGH bei der Auslegung entscheidend auf die Frage des Vorliegens eines Äquivalenzverhältnisses ab.[791] Erstmals kritisiert er im Rahmen dieser Entscheidung – in Anlehnung an die Kremendahl-Entscheidung, in der er die Abgrenzung als „nicht für alle Fälle einfach" bezeichnete[792] – die mangelnde Möglichkeit trennscharfer Abgrenzung,

788 *Walter*, ZRP 1999, 292.
789 Zum Erfordernis der Regelungslücke bei Analogien vgl. *Larenz/Canaris*, Methodenlehre, S. 372, 401.
790 BGHSt 53, 6.
791 BGHSt 53, 6 (13ff.), Rn. 24ff.
792 BGHSt 49, 275 (295).

die auf den „Kompromisscharakter“ der 1997 reformierten Bestechungsstrafbarkeit zurückgehe.[793]

I. Sachverhalt

Der Angeklagte war Vorstandsvorsitzender des Energiekonzerns Energie Baden-Württemberg-AG (EnBW), welcher bereits vor Aufnahme seiner Tätigkeit als Vorstandsvorsitzender Sponsoren- und Werberechte für die im Jahre 2006 in Deutschland stattfindende Fußballweltmeisterschaft erworben hatte.[794] Die EnBW war damit Hauptsponsor der FIFA-WM 2006 und der einzige nationale Sponsor in Baden-Württemberg.[795] Im Rahmen von gemeinsamen Initiativen von Staat und Wirtschaft entwickelte sich eine enge Kooperation der EnBW mit dem Land Baden-Württemberg und es wurde vereinbart, die jeweiligen Einladungslisten für die Fußball-WM miteinander abzugleichen, um Doppeleinladungen zu vermeiden.[796] Die Marketingabteilung des EnBW entwickelte ein Sponsoringkonzept, zu dem auch die Verteilung der der EnBW zur Verfügung stehenden, etwa 14.000 Eintrittskarten gehörte.[797] Das Einladungskonzept sah unter anderem vor, „einen kleinen Teil der Karten für Repräsentanten aus Wirtschaft, Gesellschaft, Kultur, Wissenschaft und Politik zu verwenden, um den Eingeladenen die Gelegenheit zu geben, ihre entsprechenden Institutionen zu präsentieren und repräsentieren, und zugleich durch das öffentliche Erscheinen angesehener und bekannter Persönlichkeiten die Rolle des EnBW als Hauptsponsor der WM werbewirksam hervorzuheben“.[798] Kurz vor Weihnachten 2005 unterzeichnete der Angeklagte als Vorstandsvorsitzender ca. 700 Weihnachtsgrußkarten, deren Adressaten in einer „VIP-Datei“ des Angeklagten gespeichert waren.[799] Entscheidend für die Aufnahme in diese Datei waren die persönliche Bekanntschaft zum Vorstandsvorsitzenden sowie die protokollarische Wertigkeit des Kontakts, nicht aber eine eventuelle dienstliche Relation zum Unternehmen.[800] Etwa die Hälfte der Adressaten der Weihnachtsgrußkarten sollte auf Vorschlag dreier Mitarbeiterinnen der EnBW außerdem mit einem Präsent bedacht wer-

793 BGHSt 53, 6 (17) Rn. 34.
794 BGHSt 53, 6 (7) Rn. 3.
795 BGHSt 53, 6 (7) Rn. 3.
796 BGHSt 53, 6 (7) Rn. 3.
797 BGHSt 53, 6 (7f.) Rn. 4.
798 BGHSt 53, 6 (8) Rn. 4.
799 BGHSt 53, 6 (8) Rn. 5.
800 BGHSt 53, 6 (8) Rn. 5.

den.[801] Hierzu hatten die Mitarbeiterinnen eine Präsentliste mit Vorschlägen erstellt, denen der Angeklagte ausnahmslos folgte.[802] So erhielten 36 Personen mit den Weihnachtsgrußkarten WM-Karten-Gutscheine, unter anderem der Ministerpräsident sowie fünf Landesminister des Landes Baden-Württemberg und der beamtete Staatssekretär im Bundesministerium für Umwelt, Naturschutz und Reaktorsicherheit.[803] Die Landesminister und ihre Ministerien sowie das Bundesumweltministerium waren im Rahmen ihrer Ressortzuständigkeit mit Angelegenheiten befasst, die für die Geschäftspolitik und den wirtschaftlichen Erfolg der EnBW oder den Angeklagten persönlich von erheblicher Bedeutung waren.[804] Die Grußkarte an den Landesumweltminister war außerdem mit dem handschriftlichen Zusatz „vielen Dank für die stets exzellente Zusammenarbeit“ versehen.[805] Zu einer tatsächlichen Einlösung der Gutscheine durch die Bedachten kam es schließlich aufgrund der Berichte in der Presse und der Einleitung eines Ermittlungsverfahrens gegen den Angeklagten nicht mehr. Sämtliche Mitglieder der Landesregierung hatten allerdings anderweitig freien Zugang mit Begleitung jedenfalls zu allen WM-Spielen in Stuttgart.[806] Bereits vor dem Erhalt der Grußkarten hatten die Minister des Landes Baden-Württemberg im Ministerrat einen Beschluss zur Annahme von Geschenken durch Regierungsmitglieder gefasst.[807] Unter Nr. 4 war Folgendes festgehalten worden: „Ehrenkarten für Veranstaltungen, deren Besuch zu den Repräsentationspflichten eines Regierungsmitglieds gehört, sind nicht als Geschenke zu bewerten und unterfallen daher nicht der Genehmigungspflicht“.[808]

II. Die Entscheidung des BGH

Der BGH bestätigte im Ergebnis das Urteil der Vorinstanz[809]: der Angeklagte wurde von den Vorwürfen der Vorteilsgewährung freigesprochen. Im Unterschied zum Landgericht verneinte der BGH jedoch nicht schon das Vorliegen eines Vorteils,[810] sondern stellte nur darauf ab, dass dem Angeklagten eine Un-

801 BGHSt 53, 6 (8) Rn. 5.
802 BGHSt 53, 6 (8) Rn. 5.
803 BGHSt 53, 6 (9) Rn. 6.
804 BGHSt 53, 6 (9) Rn. 6.
805 BGHSt 53, 6 (9) Rn. 6.
806 BGHSt 53, 6 (9f.) Rn. 8,9.
807 BGHSt 53, 6 (10) Rn. 10.
808 BGHSt 53, 6 (10) Rn. 10.
809 LG Karlsruhe, Urt. v. 28.11.2007, Az. 3 KLs 620 Js 13113/06.
810 Kritisch *Deiters*, ZJS 2009, 578 (580).

rechtsvereinbarung nicht nachzuweisen gewesen sei.[811] Die notwendige inhaltliche Verknüpfung zwischen dem angebotenen /versprochenen Vorteil und der Dienstausübung sei nicht gegeben.[812] Dass eine solche aber erforderlich sei, ergebe sich schon aus der Entstehungsgeschichte der §§ 331, 333 StGB, wonach die Unrechtsvereinbarung zwar gelockert, das Erfordernis ihres Vorliegens jedoch nicht aufgegeben worden sei.[813] Der BGH stellt fest, zwischen dem Vorteil und der Dienstausübung müsse ein „Gegenseitigkeitsverhältnis" in dem Sinne bestehen, dass der Vorteil nach dem (angestrebten) ausdrücklichen oder stillschweigenden Einverständnis der Betreffenden seinen Grund gerade in der Dienstausübung habe.[814] Dies erfordere, dass Ziel der Vorteilszuwendung sei, auf künftige Dienstausübungen Einfluss zu nehmen und/oder die vergangene Dienstausübung zu honorieren.[815] Ob ein pönalisiertes Ziel durch den Vorteilsgeber verfolgt werde, sei jeweils Tatfrage und durch das Tatgericht anhand oftmals schwieriger Beweisfragen im Wege einer Gesamtschau aller Indizien zu erörtern.[816] In die notwendig wertende Beurteilung seien Indizien wie die Stellung des Amtsträgers und die Beziehung des Vorteilsgebers zu dessen dienstlichen Aufgaben, die Vorgehensweise bei dem Angebot, dem Versprechen oder dem Gewähren von Vorteilen sowie die Art, der Wert und die Zahl solcher Vorteile einzustellen.[817] Die Zuwendung der Gutscheine habe im vorliegenden Fall ihren Grund aber eben nicht gerade in der Dienstausübung gehabt und diese sei auch nicht (mit-)bestimmender Beweggrund für die Übergabe der Eintrittskarten gewesen.[818] Soweit man darauf abstelle, dass der Angeklagte Einfluss auf die dienstliche Aufgabe der Repräsentation nehmen wollte, liege schon deshalb keine Unrechtsvereinbarung vor, weil der Vorteil hierfür keinen Gegenleistungscharakter habe, sondern nur Mittel zur Erfüllung dieser Aufgabe sein sollte.[819] Eine Gesamtschau der Umstände ergebe auch nicht, dass der Angeklagte das Ziel verfolgte, sich die Empfänger unter dem Deckmantel eines Sponsoringkonzepts geneigt zu machen.[820] Zwar habe es dienstliche Berührungspunkte gege-

---

811 BGHSt 53, 6 (13) Rn. 24.
812 BGHSt 53, 6 (13) Rn. 24.
813 BGHSt 53, 6 (14f.) Rn. 25 - 28.
814 BGHSt 53, 6 (16) Rn. 30.
815 BGHSt 53, 6 (16) Rn. 30.
816 BGHSt 53, 6 (16) Rn. 31.
817 BGHSt 53, 6 (16f.) Rn. 32.
818 BGHSt 53, 6 (18) Rn. 37.
819 BGHSt 53, 6 (18) Rn. 37.
820 BGHSt 53, 6 (18f.) Rn. 38.

ben, der Angeklagte habe die Auswahl der Empfänger der Kartengutscheine jedoch nicht gezielt nach diesem Kriterium vorgenommen.[821] Der Indizwert der dienstlichen Berührungspunkte werde zudem dadurch stark relativiert, dass der Angeklagte im Bewusstsein des insofern noch offenen Sponsoring- und Einladungskonzepts der EnBW handelte, welches vorsah, sämtliche Mitglieder der Bundesregierung und der Landesregierung Baden-Württemberg einschließlich der Staatssekretäre einzuladen.[822] Der Angeklagte habe damit in der Vorstellung gehandelt, dass die nicht mit den Weihnachtsgrußkarten bedachten Regierungsmitglieder später jedenfalls noch Eintrittskarten erhalten würden.[823] Dass der Angeklagte auf den Karten an das Umweltministerium handschriftlich einen „Dank für die stets exzellente Zusammenarbeit" vermerkte, sei deswegen nicht indiziell für das Vorliegen der Unrechtsvereinbarung, weil der Angeklagte zu dem Zeitpunkt, als er die Worte niederschrieb, noch gar nicht gewusst habe, ob der Umweltministerin überhaupt ein Präsent zukommen werde.[824] Die Vorgehensweise des Angeklagten sei außerdem nicht durch Verschleierung oder Heimlichkeit geprägt und das Auftreten der Empfänger der Karten als „Gast des Sponsors" hätte insoweit Transparenz bewirkt.[825] Darüber hinaus entspreche die Kooperation zwischen Politik und Wirtschaft bei einem derartigen Großereignis wie der Fußball-WM den weltweiten Gepflogenheiten.[826]

III. Stellungnahme

Trotz der ausführlichen Grundsatzerwägungen zur Frage der Unrechtsvereinbarung vermag auch diese Entscheidung nicht zu einem höheren Maß an Rechtssicherheit beizutragen.

Der BGH stellt in seiner Entscheidung zwar noch einmal klar, dass mit dem Gesetzgeber davon auszugehen ist, dass das Erfordernis der Unrechtsvereinbarung gelockert, nicht aber abgeschafft wurde. Jedoch betont er gleichzeitig, dass die weite Auslegung des erforderlichen Zusammenhangs zwischen dem Vorteil und der Dienstausübung eine verlässliche Abgrenzung von strafwürdigem und nicht strafwürdigem Unrecht beinahe unmöglich mache: „Der Senat ist sich bewusst, dass das Merkmal der Unrechtsvereinbarung nach der hier vorgenomme-

821 BGHSt 53, 6 (19f.) Rn. 39 - 40.
822 BGHSt 53, 6 (19) Rn. 39.
823 BGHSt 53, 6 (19) Rn. 39.
824 BGHSt 53, 6 (19) Rn. 39.
825 BGHSt 53, 6 (19) Rn. 39.
826 BGHSt 53, 6 (20) Rn. 40.

nen Auslegung im Randbereich kaum trennscharfe Konturen aufweist; dies kann zu Beweisschwierigkeiten führen und räumt dem Tatrichter eine beträchtliche Entscheidungsmacht ein".[827] Aufgrund der bestehenden Abgrenzungsschwierigkeiten spricht der BGH von einer „noch ungesicherten Rechtslage".[828] Diese vermag auch die WM-Karten-Entscheidung nicht zu beseitigen. Zwar werden scheinbar verallgemeinerungsfähige Kriterien definiert: so sei zunächst das Vorliegen „dienstlicher Berührungspunkte" zu prüfen, die in ihrer Intensität ein vertieftes Näheverhältnis nahelegen müssten.[829] Darüber hinaus seien „Heimlichkeit und Verdeckung" Indizien für das Vorliegen einer Unrechtsvereinbarung, während Transparenz eher gegen eine solche spreche.[830] Weiterhin seien Art, Wert und Zahl der Zuwendungen zu berücksichtigen, sowie der konkrete Lebenszuschnitt des Beamten. Verlässliche Richtlinien ergeben sich hieraus indes nicht. Denn die genannten Kriterien stellen überwiegend keine neuen Überlegungen dar[831] und dienen auch nicht etwa als „Checkliste" für die Feststellung des Vorliegens einer Unrechtsvereinbarung. Vorzunehmen sei stets „eine Gesamtschau aller Indizien".[832] So räumt auch der BGH nach einer ausführlichen Auseinandersetzung mit der durch das LG getroffenen Abwägung der für und gegen eine Unrechtsvereinbarung sprechenden Indizien letztendlich ein, die Ergebnisse einer solchen Abwägung seien durchaus variabel: „Dass sich das LG trotz dieser belastenden Indizien nicht davon hat überzeugen können, dass der Angeklagte die Versendung der Gutscheine veranlasste, um etwaige dienstliche Tätigkeiten der bedachten Amtsträger zu honorieren oder zu beeinflussen, ist [...] revisionsrechtlich nicht zu beanstanden. Dass eine gegenteilige Überzeugung möglicherweise ebenso revisionsrechtlich unbeanstandet geblieben wäre, ändert hieran nichts".

Der in der Literatur unternommene Versuch, die Grundsätze der Entscheidung zu abstrahieren und so verlässlicher Leitlinien zu schaffen, scheitert schon daran, dass die vom BGH aufgestellten Kriterien variabel sind und die geforderte Gesamtschau in ihrer Ausgestaltung schwammig bleibt.[833] Auch der weiter-

---

827 BGHSt 53, 6 (17) Rn. 34.
828 BGHSt 53, 6 (17) Rn. 34.
829 BGHSt 53, 6 (16f.) Rn. 32.
830 BGHSt 53, 6 (16f.) Rn. 32.
831 Das Kriterium von Art, Wert und Zahl der Zuwendungen korrespondiert mit dem Gedanken der Sozialadäquanz, das Indiz der „Transparenz" wurde im Rahmen der Drittmittelentscheidungen bereits entwickelt.
832 BGHSt 53, 6 (16f.) Rn. 32.
833 Kritisch auch *Deiters*, ZJS 2008, 578 (581).

gehende Versuch, zwischen tätigkeitsbezogenen und statusbezogenen Vorteilszuwendungen zu differenzieren,[834] überzeugt nur bedingt. Hierbei soll es im Kern auf die Frage ankommen, ob die Vorteilszuwendung tätigkeitsbezogen und damit „für die Dienstausübung" und folglich tatbestandsmäßig gewährt wurde, oder statusbezogen, also nur „allgemein im Zusammenhang mit dem Amt" und damit nicht tatbestandsmäßig. Auf der Basis des geltenden Rechts eine solche abstrakte Aussage zu treffen, erweist sich jedoch als schwierig. Denn da bereits der „funktionale Zusammenhang" für die Bejahung einer Dienstausübung im Sinne des Gesetzes ausreichen soll, führt die Frage, ob eine Zuwendung sich als tätigkeits- oder statusbezogen darstellt, zu einer ebensolchen Abwägung, wie sie der BGH vorgenommen hat. Schon vor der Entscheidung schlugen *Schlösser/Nagel* vor, bei der Frage, ob es sich bei dem fraglichen Verhalten um eine Unrechtsvereinbarung handle darauf abzustellen, ob der Amtsträger als Entscheidungs- oder als Werbeträger für das Unternehmen angesprochen wurde.[835] Gewonnen ist mit dieser Unterscheidung indes wenig. Denn, wie die Autoren selbst feststellen müssen, „geht es hierbei um eine schwierige Abgrenzungsfrage"[836], deren Beantwortung auch hier in den Händen des Tatrichters liegt.

Auch die weiteren Besprechungen der Entscheidung können lediglich Indizien bewerten, nicht aber für ein höheres Maß an Bestimmtheit sorgen. In engem Zusammenhang zu *Schlösser/Nagel* soll nach *Ramacher/Robak* zwischen „prominenten" und „einfachen" Amtsträgern unterschieden werden.[837] Nur bei den prominenten Amtsträgern entfalle im Regelfalle die Unrechtsvereinbarung, da nur hier die Nutzung der Werbewirksamkeit der Politiker als legitimer Zweck im Vordergrund stehen könne. Hingegen sei bei der Einladung eines „einfachen" Amtsträgers regelmäßig nicht davon auszugehen, dass hier Repräsentation oder Werbewirksamkeit im Vordergrund stehen.[838] Eine Ausnahme sei schließlich für den Fall anzunehmen, dass der „einfache Amtsträger" zumindest für eine durch die Veranstaltung angesprochene Fachöffentlichkeit von Interesse ist.[839] Zwar liegt die „Nutzung" des Amtsträgers als Werbeträger im Falle seiner Prominenz durchaus näher – am Ende läuft es aber auch hier auf eine Einzelfallabwägung hinaus, soweit es sich nicht um absolut hochkarätige und jedermann

834 *Trüg*, NJW 2009, 196 (197); hierzu *Hettinger*, JZ 2009, 370 (372).
835 *Schlösser/Nagel*, wistra 2007, 211.
836 *Schlösser/Nagel*, wistra 2007, 211 (213).
837 *Ramacher/Roback*, DB 2008, 2747 (2749).
838 *Ramacher/Roback*, DB 2008, 2747 (2751).
839 *Ramacher/Roback*, DB 2008, 2747 (2751).

bekannte Politgrößen handelt. *Deiters* kommt, ausgehend von den Grundsätzen zur „Ermöglichung einer Diensthandlung“[840] zu dem Ergebnis, die Annahme einer Einladung durch einen Amtsträger sei nur dann strafrechtlich unbedenklich, wenn sie unter dem Gesichtspunkt einer ihm obliegenden repräsentativen Dienstausübung pflichtgemäß war und daher schon die Annahme der Einladung selbst die Diensthandlung darstellt.[841]

Insgesamt zeigt damit auch diese Entscheidung, dass eine klare Systematisierung von Abgrenzungskriterien noch nicht stattgefunden hat.[842] Der Wortlaut der §§ 331, 333 StGB bietet keine verlässliche Grenze und die sich daraus ergebende Notwendigkeit einer tatrichterlichen, wertenden Betrachtung des Sachverhalts räumt dem Tatrichter einen erheblichen Entscheidungsspielraum ein. Da eine solche Wertung naturgemäß subjektiv geprägt ist, sind die gefundenen Ergebnisse kaum zu verallgemeinern und eine Einordnung des eigenen Handelns wird beinahe unmöglich gemacht. Das Strafrecht bleibt, zumindest für diesen Bereich, auch nach dieser Entscheidung des BGH „unberechenbar“.[843] Auch hinsichtlich der bereits hinreichend kritisierten Weite des Tatbestands wird keine Abhilfe geschaffen. So betonen zwar *Paster/Sättele*, trotz fehlender Vergleichbarkeit mit der Drittmittel- sowie der Kremendahl-Entscheidung des BGH[844] sei auch im vorliegenden Fall eine restriktive Auslegung der §§ 331, 333 StGB von Verfassungs wegen geboten.[845] Der Anwendungsbereich der Vorschriften sei „im Hinblick auf das verfassungsrechtliche Bestimmtheitsgebot sowie den strafrechtlichen Ultima-ratio Grundsatz im Wege einer sanktionsvermeidenden Auslegung auf ein Minimum zu beschränken“.[846] Dies ist indes keine Besonderheit eben dieses Falles, sondern betrifft die §§ 331, 333 StGB insgesamt.

840 Siehe hierzu ausführlich oben…
841 *Deiters*, ZJS 2008, 465 (470).
842 So auch *Deiters*, ZJS 2009, 578 (581).
843 *Schneider* in: Festschrift Seebode, S 331.
844 Eine solche wird jedoch von *Schlösser/Nagel,* wistra 2007, 211 (213ff.) angenommen.
845 *Paster/Sättele*, NStZ 2008, 366 (371).
846 *Paster/Sättele*, NStZ 2008, 366 (371).

G. Zusammenfassung

Würdigt man die Ansätze aus Literatur und Rechtsprechung kritisch, so stellt sich heraus, dass die vorgeschlagenen Einschränkungen *im Ergebnis* durchaus wünschenswert und richtig sind. Jedoch ergeben sich hieraus nur punktuelle Lösungen, die einer Verallgemeinerung nur bedingt zugänglich sind. Es entsteht ein Stückwerk von methodisch ganz unterschiedlichen Einzelfalllösungen, die den jeweiligen Sachverhalt zwar angemessen behandeln und ihn einer vertretbaren Lösung zuführen, aber keine Richtschnur darstellen, an denen der Einzelne sein Handeln auch in anderen Fällen ausrichten kann. Dabei lässt sich die Problematik deutlich auf das Merkmal der Unrechtsvereinbarung reduzieren, mit deren Annahme die Entscheidung über eine Strafbarkeit steht und fällt. Vor allem nach der Erweiterung durch das Korruptionsbekämpfungsgesetz 1997 stellt das Merkmal der Unrechtsvereinbarung das Einfallstor für wertende Erwägungen der Tatgerichte dar. Es ist daher notwendig, dem Merkmal der Unrechtsvereinbarung mehr Kontur zu verleihen um es so zu einem brauchbaren Abgrenzungskriterium zu machen. Dabei lässt sich feststellen, dass ein beträchtlicher Teil der in den einzelnen, zur Tatbestandseinschränkung herangezogenen, wertenden Erwägungen bereits dann überflüssig würde, wenn man, wie vor dem Korruptionsbekämpfungsgesetz 1997, die Diensthandlung als maßgebliches Kriterium der Unrechtsvereinbarung heranziehen und damit eine wenigstens in groben Umrissen bestimmbare Gegenleistung fordern würde.[847] Denn wäre eine zumindest konkretisierbare Gegenleistung Voraussetzung der Unrechtsvereinbarung, so schieden nicht ausreichend bestimmbare Zuwendungen wie im Fall Kremendahl von vornherein aus dem Anwendungsbereich der Bestechungsdelikte aus. Hierdurch würde deutlich, dass die (verwerfliche) Äquivalenzbeziehung in Form eines „do ut des“ zwischen Vorteil und Gegenleistung den eigentlichen Unrechtsgehalt der Bestechungsdelikte ausmacht, zumindest aber ein benennbarer Zusammenhang zwischen beidem besteht. Dies würde die Unrechtsvereinbarung wieder zu einer verbindlichen Auslegungsrichtlinie machen, so dass sie ein verlässliches Kriterium dafür bilden könnte, was strafbar sein soll und was nicht.

847 In diese Richtung auch *Valerius*, GA 2010, 211 (220).

Teil 5 Thesenartige Zusammenfassung der Kernerkenntnisse

A. §§ 331, 333 StGB

Nach dem Vorstehenden lässt sich Nachfolgendes festhalten:

1. Die Bestechungsdelikte im Allgemeinen dienen *allein* dem Schutz der Lauterkeit der öffentlichen Staatsgewalt sowie der Unkäuflichkeit staatlicher Entscheidungen. Dieses Schutzgut ist im Hinblick auf §§ 331, 333 StGB bereits durch die Kommerzialisierung der Amtshandlung (unabhängig von deren Pflichtwidrigkeit) verletzt.
2. Die Idee des Vertrauensschutzgedankens ist abzulehnen. Der Anwendungsbereich der §§ 331, 333 StGB würde ansonsten unvertretbar ausgedehnt.
3. Die Tatbestände der Vorteilsannahme/Vorteilsgewährung sind in ihrer aktuellen Fassung nicht zu einer verlässlichen Abgrenzung von Strafwürdigem und nicht Strafbedürftigem geeignet. Zurückzuführen ist dies auf die mangelnde Konturierung des für die Tatbestände zentralen (ungeschriebenen) Merkmals der Unrechtsvereinbarung. Nach dem Wortlaut genügt bereits ein unbestimmter (Äquivalenz-) Zusammenhang zwischen Vorteil und Gegenleistung.
4. Die durch die Rechtsprechung und die Literatur entwickelten Vorschläge zur Einschränkung der §§ 331, 333 StGB sind nur sehr bedingt verallgemeinerungsfähig. Sie verlangen überwiegend die Existenz klarer Bezugspunkte im Rahmen der Unrechtsvereinbarung als Grundlage für eine einschränkende Auslegung des Tatbestands.
5. Die Reichweite der Tatbestände ist auf zukünftige Diensthandlungen zu begrenzen, soweit der Vorteil nicht vom Amtsträger gefordert wird. Der dann gegebene, erhöhte Unrechtsgehalt rechtfertigt die Einbeziehung einer (geforderten) Belohnung für eine bereits vergangene Diensthandlung.

B. §§ 332, 334 StGB

Hinsichtlich der §§ 332, 334 StGB lässt sich im Ergebnis festhalten:

1. §§ 332, 334 StGB schützen (wie auch §§ 331, 333 StGB) die Lauterkeit der öffentlichen Staatsgewalt und die Unkäuflichkeit staatlicher Entscheidungen. Hinzu tritt der Schutz der Unverfälschtheit des Staatswillens als eigener Zweck.
2. Die einer Strafbarkeit gem. §§ 332, 334 StGB zugrunde liegende Unrechtsvereinbarung wurde durch das Korruptionsbekämpfungsgesetz 1997 nicht gelockert und verlangt nach wie vor das Vorliegen einer zumindest konkretisierbaren Gegenleistung.
3. Die Tatbestände der Bestechlichkeit/Bestechung sind daher – im Gegensatz zur Vorteilsannahme/Vorteilsgewährung – nicht dem Vorwurf der uferlosen Ausdehnung ausgesetzt und bedürfen in dieser Hinsicht folglich auch keiner Einschränkung.
4. Aufgrund der besonderen Verwerflichkeit des Handelns (*pflichtwidrige* Diensthandlung) ist eine Beschränkung auf zukünftige Diensthandlungen nicht angezeigt.
5. Dies gilt auch für den Tatbestand der Bestechung (§ 334 StGB). Unter Berücksichtigung der Tatsache, dass hier eine pflichtwidrige Diensthandlung in Rede steht, kann eine Privilegierung des Vorteilsgebers nicht gerechtfertigt werden.
6. Unter Berücksichtigung des den Tatbeständen der §§ 331, 333 StGB und §§ 332, 334 StGB zugrunde liegenden Unrechtsgehalts ist festzustellen, dass das durch § 332 Abs. 3 StGB im Falle des sog. „inneren Vorbehalts" verwirklichte Unrecht zwar aufgrund des Bezugs zu einer pflichtwidrigen Diensthandlung thematisch richtigerweise dem Tatbestand der Bestechung zuzuordnen ist, das verwirklichte Unrecht hingegen der Vorteilsannahme gleichkommt.

Teil 6 Vorschlag zur Eingrenzung/Änderung der Bestechungsdelikte

A. §§ 331, 333 StGB

I. Notwendige Änderungen im Hinblick auf die Unrechtsvereinbarung

Da die Unsicherheiten bei der Anwendung der §§ 331, 333 StGB maßgeblich auf die mit dem Korruptionsbekämpfungsgesetz 1997 vorgenommene „Lockerung der Unrechtsvereinbarung" zurückzuführen sind, muss eine Lösung der Problematik dort ansetzen. Das ungeschriebene Merkmal der „Unrechtsvereinbarung" muss unter Berücksichtigung des gesetzgeberischen Willens modifiziert beibehalten werden. Dabei sind folgende Erkenntnisse zugrunde zu legen:

1. Eine Kommerzialisierung einer Diensthandlung (und damit der Strafgrund der Vorteilsannahme/Vorteilsgewährung) kann nur vorliegen, wenn der Vorteil sich *als Gegenleistung* für eine zumindest *bestimmbare* Diensthandlung darstellt.
2. Eine Unrechtsvereinbarung kann nur im Hinblick auf eine *zukünftige* Diensthandlung geschlossen werden. Für jeden anderen Fall ist eine Einflussnahme ausgeschlossen, so dass das Schutzgut der §§ 331, 333 StGB nicht einmal gefährdet ist. Damit ist die sog. „nachträgliche Unrechtsvereinbarung" nicht möglich. Freilich bleibt die vorherige Vereinbarung des nachträglich noch hinzugebenden Vorteils nachträgliche Hingabe jedoch weiterhin vom Tatbestand erfasst.
3. Eine vollständige Spiegelbildlichkeit der §§ 331, 333 StGB kann nicht hergestellt werden.[848] Nur § 333 StGB ist umfassend auf die Gewährung etc. einer Gegenleistung für eine *zukünftige* Diensthandlung zu beschränken. Das „Fordern" eines Vorteils für eine vergangene, pflichtgemäße Diensthandlung ist hingegen (weiterhin) strafwürdig. Die Verwerflichkeit liegt in der besonderen Stellung des Amtsträgers, der diesen Status zur

848 Hierzu umfassend Teil 3 C.

Kommerzialisierung seiner Amtshandlungen in besonderer Weise ausnutzt. Insoweit besteht nur einseitiges Unrecht des Amtsträgers.[849]

II. Vorschlag de lege ferenda/Anwendungsbeispiele

Für die Tatbestände der §§ 331, 333 StGB könnte sich hieraus de lege ferenda folgendes ergeben:

§ 331 Abs. 1 StGB:

> „Ein Amtsträger oder ein für den öffentlichen Dienst besonders Verpflichteter, der *als Gegenleistung für eine zukünftige Diensthandlung* einen Vorteil für sich oder einen Dritten *sich versprechen lässt, annimmt oder als Gegenleistung für eine zukünftige oder vergangene Diensthandlung fordert*, wird mit Freiheitsstrafe von bis zu drei Jahren oder Geldstrafe bestraft".

§ 333 Abs. 1 StGB:

> „Wer einem Amtsträger oder einem für den öffentlichen Dienst besonders Verpflichteten [...] *als Gegenleistung für eine zukünftige Diensthandlung* einen Vorteil für diesen oder einen Dritten anbietet, verspricht oder gewährt, wird mit Freiheitsstrafe bis zu drei Jahren oder mit Geldstrafe bestraft."

Durch die vorgeschlagenen Änderungen würde ein stärkeres Beziehungsverhältnis zwischen der Leistung und der Gegenleistung verlangt. Einzelfälle sollten hierdurch einheitlich und verlässlich entschieden werden können. Sollte sich das Ergebnis nicht schon aus der Subsumtion ergeben, wäre durch die Neufassung zumindest die Richtung der Auslegung festgelegt.

Die Anwendung der gefundenen Ergebnisse auf die zu Beginn der Arbeit dargestellte Auswahl problematischer Fallkonstellationen[850] zeigt, dass die Unrechtsvereinbarung nach der hier vorgeschlagenen Lösung wieder ein ernst zu nehmendes Abgrenzungskriterium darstellt, welches für mehr Rechtssicherheit sorgt.

849 Hierzu Teil 3 C II.
850 Teil 1 B.

1. Wahlkampfspenden

Im Falle der Wahlkampfspenden müsste eine Strafbarkeit verneint werden. Es fehlt an der notwendigen *Gegenleistung* in Form einer zumindest konkretisierbaren Diensthandlung. Will der Spender nur die allgemeine Politik des Kandidaten fördern und verspricht er sich nicht den Erfolg eines bestimmten Projekts, so scheidet eine Strafbarkeit mangels Unrechtsvereinbarung aus. Dieses Ergebnis wäre bei Anwendung der hier vorgeschlagenen Grundsätze bereits ohne ein Abstellen auf die (unklare) Frage der Chancengleichheit zu erzielen gewesen.

2. Politische Repräsentation/Ermöglichung der Diensthandlung

Nach der vorstehend skizzierten Lösung sind auch Fälle aus dem Anwendungsbereich der Vorteilsannahme/Vorteilsgewährung auszuscheiden, in denen dem Amtsträger der Vorteil zur Ermöglichung der Diensthandlung gewährt wird oder schon die Annahme des Vorteils an sich die eigentliche Diensthandlung darstellt. Mangels einer relevanten *Gegenleistung* entfiele hier jeweils die Unrechtsvereinbarung.

3. Forschungsförderung durch Drittmittel

Hinsichtlich der Problematik der Drittmittel würde die hier vorgeschlagene Lösung die Zahl der Problemfälle auf diejenigen reduzieren, in denen es um die Beeinflussung einer Beschaffungsentscheidung geht. Während nach der bisherigen Rechtslage beinahe alle Fälle der Drittmittelgewährung eine Strafbarkeit nach sich ziehen können (mit Ausnahme der Fallgruppen, in denen es lediglich um die Ermöglichung der Dienstausübung geht), wäre dies nach dem Vorschlag nur der Fall, wenn die Drittmittel nicht allgemein für die Forschung, sondern als Gegenleistung für eine konkrete Diensthandlung gewährt würden.

Inwieweit durch eine Anzeige- und Genehmigungslösung Abhilfe geschaffen werden kann, muss hier nicht entschieden werden. Klar ist jedoch, dass eine bloße Offenlegung allein aufgrund der nur restriktiven Anwendbarkeit des Vertrauensschutzgedankens nicht genügen kann. Denkbar ist die Aufhebung der Regelwidrigkeit der Verknüpfung zwischen Vorteil und Gegenleistung durch ein hochschulrechtliches Verfahren, unter dessen Voraussetzungen eben diese Verknüpfung unter bestimmten Umständen ausnahmsweise für erlaubt erklärt wird. Die bloße Tatsache, dass der Vorteil der Forschungsförderung dient, reicht hingegen nicht aus.

4. Sozialadäquanz

Aufgrund der Vielschichtigkeit des Ansatzes der Sozialadäquanz[851], die neben dem materiellen Wert des Vorteils auch die Stellung des Amtsträgers und die Einschätzung seitens der Allgemeinheit berücksichtigen muss, ist eine gesetzliche Fixierung kaum möglich. Starre Wertgrenzen sind nicht zielführend und die Einführung eines Ausnahmetatbestandes der „Sozialüblichkeit“ müsste derart unbestimmt geschehen, dass sich auch hieraus keine verlässliche Grenze ergeben könnte. Mit der Rückkehr zum Erfordernis der Gegenleistung würde aber das Erfordernis der motivatorischen Wirkung des gewährten Vorteils gestärkt. Eignet dieser sich – beispielsweise aufgrund seiner Geringwertigkeit – nicht, den Amtsträger zu einem zumindest bestimmbaren Handeln zu motivieren, ist er auch nicht als strafrechtlich relevante Gegenleistung zu betrachten. Anknüpfend an die Stärkung des Erfordernisses der Unrechtsvereinbarung ließe sich die Lehre von der Sozialadäquanz folglich als verallgemeinerungsfähiges Prinzip begreifen.

III. Fazit

Die Lösung der Einzelfälle lässt erkennen, dass die Fokussierung auf die Unrechtsvereinbarung als zentrales Element der Vorteilsannahme/Vorteilsgewährung es ermöglicht, Abgrenzungsfragen an den richtigen Stellen zu diskutieren. Die Unrechtsvereinbarung wäre somit wieder Kern der §§ 331, 333 StGB. Einhergehen muss das so konturierte Verständnis aber mit einer restriktiven Anwendung des Vertrauensschutzgedankens. Denn ein solcher Ansatz würde trotz eines gestärkten Tatbestandes eine bedenkliche Ausweitung des Anwendungsbereichs ermöglichen.

Das Graufeld zwischen Strafbedürftigem und nicht Strafwürdigem wird auch durch diesen Vorschlag nicht völlig aufgehoben. Auslegungsschwierigkeiten sind einem Tatbestand wie der Vorteilsannahme immanent, da dieser naturgemäß eine Vielzahl unterschiedlicher Fallgestaltungen erfassen muss. Das Merkmal der Unrechtsvereinbarung bleibt daher auch nach der hier vertretenen Lösung ausfüllungsbedürftig. Die Rückbesinnung auf das Erfordernis einer zumindest konkretisierbaren Gegenleistung schafft aber Konturen. Insoweit können Leitlinien für die Anwendung der Bestechungsdelikte begründet werden.

Dass die „allgemeine Stimmungspflege“ nicht mehr erfasst wird, ist durchaus gewollt. Denn strafwürdig kann nur die Gefahr der Beeinflussung des Amts-

851 Siehe oben, Teil 4 A.

trägers sein. Wo diese nicht nahe liegt oder jedenfalls beweisbar ist, ist kein Raum für eine Strafbarkeit. Zwar mögen die Fälle des „Anfütterns“ oder der „allgemeinen Klimapflege“ durchaus strafwürdig erscheinen. Ihre Nichterfassung durch den Tatbestand steht jedoch in keinem Verhältnis zu den Folgen einer Ausweitung der Strafbarkeit namentlich durch das Korruptionsbekämpfungsgesetz 1997.[852] Etwaige Beweisschwierigkeiten sind als gegeben hinzunehmen. Eine Erweiterung des Tatbestandes stünde in Widerspruch zum Schutzzweck und würde in letzter Konsequenz mit dem Bestimmtheitsgebot kollidieren. Zu umgehen wäre die Beweisproblematik lediglich durch eine neue Wertentscheidung des Gesetzgebers, wodurch jegliche Geschenkannahme im Amt als solche unter Strafe gestellt würde. Solange eine solch umfassende Strafbarkeit aber nicht intendiert ist, würde eine Rückkehr zum ausdrücklichen Erfordernis einer zumindest konkretisierbaren Gegenleistung für größere Rechtssicherheit sorgen. Leitlinie für die Anwendbarkeit der Vorteilsannahme sollte deren Schutzzweck und nicht die moralische Vorstellung der Strafverfolgungsbehörden sein. Die §§ 331, 333 StGB würden dadurch einen klar umgrenzten Anwendungsbereich erhalten. Damit können unvorhersehbare Ergebnisse vermieden werden, was bereits der Bestimmtheitsgrundsatz gebietet.

B. §§ 332, 334 StGB

I. Vorschlag de lege ferenda

Für § 332 Abs. 3 StGB ergibt sich folgender Änderungsvorschlag:

> § 332 Abs. 3 StGB:
>
> „Falls der Täter den Vorteil als Gegenleistung für eine künftige Handlung fordert, sich versprechen lässt oder annimmt, so sind die Absätze 1 und 2 schon dann anzuwenden, wenn er sich dem anderen gegenüber bereit gezeigt hat,
>
> 1. bei der Handlung seine Pflichten zu verletzen oder,

852 *Bernsmann*, GA 2009, 296 (309): „Auch hier dürfte der ‚dogmatische Preis‘, der für eine möglichst effektive, zeitlich weitreichende effektive Korruptionsbekämpfung entrichtet wird, zu hoch sein“.

2. soweit die Handlung in seinem Ermessen steht, sich bei Ausübung des Ermessens durch den Vorteil beeinflussen zu lassen.

Behält sich der Täter im Falle der Nr. 1 vor, seine Dienstpflichten nicht zu verletzen, so ist er gleich der Vorteilsannahme zu bestrafen."

II. Fazit

Auf die vorbeschriebene Weise wird die „Zwitterstellung" der (notwendigen) Regelung zum inneren Vorbehalt deutlich, die thematisch aufgrund des Bezugspunktes der pflichtwidrigen Diensthandlung zwar im Rahmen des Tatbestandes der Bestechlichkeit anzusiedeln ist, ihrem Unrechtsgehalt nach jedoch zu § 331 StGB gehört, da eine Gefahr für die Unkäuflichkeit staatlicher Entscheidungen nicht besteht.

Der Unterschied zwischen §§ 331, 333 StGB und §§ 332, 334 StGB liegt nach der hier vertretenen Lösung grundsätzlich nur noch in der Pflichtwidrigkeit der Diensthandlung. § 332, 334 StGB stellen insoweit Qualifikationen der Grundtatbestände §§ 331, 333 StGB dar. Hinsichtlich vergangener Diensthandlungen bildet § 332 StGB – mit Ausnahme des Falles des Forderns eines Vorteils, der auch von § 331 StGB erfasst ist – hingegen einen Grundtatbestand.

Literaturverzeichnis

Abegg, Julius Friedrich Heinrich: Lehrbuch der Strafrechts-Wissenschaft, Nachdruck der Ausgabe Neustadt a. d. Orla 1836, Goldbach 1996 (zit.: *Abegg*, Lehrbuch des Strafrechts, §)

Alemann, Ulrich von: Politische Korruption – Ein Wegweiser zum Stand der Forschung in: Dimensionen politischer Korruption, PVS Sonderheft, Hrsg: von Alemann, Ulrich, Wiesbaden 2005 (zit. als: *von Alemann*, Politische Korruption, S.)

Ambos, Kai: Zur Strafbarkeit der Drittmittelakquisition, JZ 2003, 345 - 354

Ambos, Kai / Ziehn, Pamela: Zur Strafbarkeit von Schulfotografen wegen Bestechung oder Vorteilsgewährung gemäß §§ 333, 334 StGB – Zugleich eine Besprechung von BGH – I ZR 112/03 und OLG Celle – 2 Ws 261/07 – NStZ 2008, 498 - 503

Anastasopoulou, Ioanna: Deliktstypen zum Schutz kollektiver Rechtsgüter Diss., München 2005 (zit. als: *Anastasopoulou*, Deliktstypen, S.)

Arnim, Hans Herbert von / Heiny, Regina / Ittner, Stefan: Korruption, Begriff, Bekämpfungs- und Forschungslücken, 2. Auflage, Deutsches Forschungsinstitut für öffentliche Verwaltung Speyer 2006 (zit. als: *v. Arnim/Heiny/Ittner*, Korruption, S.)

Arzt, Gunther / Weber, Ulrich: Strafrecht – Besonderer Teil, Lehrbuch, Bielefeld 2000 (zit. als: *Arzt/Weber*, StrafR BT, S.)

Bannenberg, Britta: Korruption in Deutschland und ihre strafrechtliche Kontrolle, Neuwied 2002 (zit. als: *Bannenberg*, Korruption in Deutschland, S.)

Bannenberg, Britta / Schaupensteiner, Wolfgang: Korruption in Deutschland, Portrait einer Wachstumsbranche, München 2004 (zit. als: *Bannenberg/Schaupensteiner*, Korruption in Deutschland, S.)

Battis, Ulrich / Krautzberger, Michael / Löhr, Rolf-Peter: Baugesetzbuch, 11. Auflage, München 2009 (zit. als: *Bearbeiter*, Battis/Krautzberger/Löhr, BauGB, § Rn.)

Bauer, Anton: Lehrbuch des Strafrechts, Nachdruck der 2. Auflage Göttingen 1833, Goldbach 1996 (zit.: *Bauer*, Lehrbuch des Strafrechts, §)

Baumann, Jürgen: Zur Problematik der Bestechungstatbestände, Heidelberg 1961 (zit. als: *Baumann*, Bestechungstatbestände, S.)

Behrens, Hans-Jörg: Beamtenrecht, München 1996 (zit. als: *Behrens*, Beamtenrecht, § Rn.)

Bernsmann, Klaus: Anti-Korruptionsregeln – Problemdarstellung an Hand von Fallbeispielen, WissR 2002, 1 - 20

Bernsmann, Klaus: Untreue und Korruption – der BGH auf Abwegen, GA 2009, 296 - 313

Berresheim, Gunther: Die Korruption aus der Sicht des Verteidigers, Düsseldorf, 1960 (zit. als: *Berresheim*, Die Korruption, S.)

Berz, Ulrich: Formelle Tatbestandsverwirklichung und materialer Rechtsgüterschutz, München, 1986 (zit. als: *Berz*, Tatbestandsverwirklichung, S.)

Binding, Karl: Lehrbuch des Gemeinen Deutschen Strafrechts, Besonderer Teil, Band 2 Abteilung 2, Neudruck der 1. Auflage Leipzig 1905, Aachen 1969

Birnbaum, Johann Michael Franz: Über das Erforderniß einer Rechtsverletzung zum Begriffe des Verbrechens, mit besonderer Rücksicht auf den Begriff der Ehrenkränkung", NArchCr 15 (1834), 149 - 194

Bottke, Wilfried: Korruption und Kriminalrecht in der Bundesrepublik Deutschland, ZRP 1998, 215 - 221

Bundeslagebild: Korruption 2005, Pressefreie Kurzfassung, BKA, Wiesbaden 2006

Busch, Ralf: Kostenloser Computer für eine Schulfotoaktion – Erlaubtes „Schulsponsoring“ oder strafbare Korruption?, NJW 2006, 1100 - 1103

Claussen, Hans Rudolf / Ostendorf, Heribert (Hrsg.): Korruption im öffentlichen Dienst – ein Überblick, 2. Auflage, Köln, Berlin, Bonn, München 2002

Creifelds: Beamte und Werbegeschenke, GA 1962, 33 - 43

Dann, Matthias: Anmerkung zu BGH, Urt. vom 19.06.2008, NJW 2008, 3078 - 3079

Dauster, Manfred: Private Spenden zur Förderung von Forschung und Lehre, NStZ 1999, 63 – 68

Daxenberger, Matthias: Kumulationseffekte – Grenzen der Erfolgszurechnung im Umweltstrafrecht, Baden-Baden 1997 (zit. als: *Daxenberger*, Kumulationseffekte, S.)

Deiters, Mark: Der Fall „Kremendahl“ als Lackmustest der §§ 331, 333 StGB, MIP 2004/2005, 18 - 29

Deiters, Mark: Ermöglichung der Dienstausübung als strafbare Korruption?, ZJS 2008, 465 - 470

Deiters, Mark: Voraussetzungen einer Vorteilsgewährung im Fall der Einladung hochrangiger Amtsträger, Anm. zu BGH, Urteil vom 14.10.2008 – 1 StR 260/08, ZJS 2009, 578 - 581

Deiters, Mark: Die UN-Konvention gegen Korruption – ein Wegweiser für eine Revision der deutschen Strafvorschriften?, in: von Alemann, Dimensionen politischer Korruption, PVS Sonderheft 35/2005, 424

Diettrich, Stefanie / Schatz, Holger: Sicherung der privaten Drittmittelförderung, ZRP 2001, 521 - 526

Dölling, Dieter: Die Neuregelung der Strafvorschriften gegen Korruption, ZStW 112, 334 - 355

Dölling, Dieter: Betrug und Bestechlichkeit durch Entgeltannahme für eine vorgetäuschte Dienstpflichtverletzung, JuS 1981, 570 - 574

Dölling, Dieter: Anmerkung zu BGH St 49, 275, JR 2005, 519 - 521

Dölling, Dieter: Empfehlen sich Änderungen des Straf- und Strafprozessrechts, um der Gefahr von Korruption in Staat, Wirtschaft und Gesellschaft wirksam zu begegnen? – Gutachten C zum 61. Deutschen Juristentag, München 1996 (zit. als: *Dölling*, Gutachten C 61. DJT, S.)

Durynek, Jürgen: Korruptionsdelikte (§§ 331 ff. StGB), Reformdiskussion und Gesetzgebung seit dem 19. Jahrhundert, Diss. Berlin 2008 (zit. als: Durynek, Korruptionsdelikte, S.)

Ebermayer, Ludwig / Lobe, Adolf / Rosenberg, Werner: Strafgesetzbuch, Leipziger Kommentar, Dritter Band, §§ 263 - 370, Register, 9. Auflage Berlin, New York 1977

Ebert, Udo: Verletzung der amtlichen Schweigepflicht als Bezugshandlung der Bestechungstatbestände?, GA 1979, 360 - 390

Engelhardt, Volker: Zur Struktur der Bestechungstatbestände, Düsseldorf, 1963 (zit. als: *Engelhardt*, Bestechungstatbestände, S.)

Eser, Albin / Überhofen, Michael / Huber, Barbara (Hrsg.): Korruptionsbekämpfung durch Strafrecht, Ein rechtsvergleichendes Gutachten zu den Bestechungsdelikten im Auftrag des Bayerischen Staatsministeriums der Justiz, Freiburg im Breisgau, 1997 (zit. als: *Eser/Überhofen/Huber*, Korruptionsbekämpfung, S.)

Fischer, Thomas: Strafgesetzbuch und Nebengesetze, 59. Auflage, München 2012 (zit. als: *Fischer*, Strafgesetzbuch, § Rn.)

Frister, Helmut: Strafrecht Allgemeiner Teil, 5. Auflage, München 2011 (zit. als: *Frister*, Strafrecht AT, Kapitel Rn.)

Fuhrmann, H.: Die Annahme von sogenannten Aufmerksamkeiten durch Beamte, GA 1959, 97 - 108

Fürsten, Cay / Schmidt, Juana: Drittmitteleinwerbung – strafbare Dienstpflicht?, Ein Symposium ruft zum Handeln auf, JR 2004, 57 - 60

Geerds, Friedrich: Über den Unrechtsgehalt der Bestechungsdelikte und seine Konsequenzen für Rechtsprechung und Gesetzgebung, Tübingen 1961 (zit. als: *Geerds*, Bestechungsdelikte, S.)

Geerds, Friedrich: Anmerkung zum Beschluss des OLG Zweibrücken vom 15.12.1981, JR 1982, 384

Geerds, Friedrich: Über Änderungen der Bekämpfung krimineller Korruption, JR 1996, 309 - 314

Geppert, Klaus: Amtsdelikte, Jura 1981, 42 - 51 und 78 - 86

Göbel, Hermann: Das Strafgesetzbuch für das Deutsche Reich nebst dem Einführungsgesetz in kurzen Erläuterungen, Leipzig 1913 (zit. als: *Göbel*, StGB für das Deutsche Reich, §)

Göhler, Erich: Protokolle des Sonderausschusses für die Strafrechtsreform, Deutscher Bundestag, 7. Wahlperiode, 13. Sitzung vom 24. September 1973

Goltdammer, Theodor: Die Materialien zum Strafgesetzbuche für die preußischen Staaten, aus den amtlichen Quellen zusammengestellt und in einem Kommentar erläutert, Theil II, Den besonderen Theil enthaltend, Berlin, 1852 (zit. als: *Goltdammer*, Materialien, S.)

Graupe, Johannes: Die Systematik und das Rechtsgut der Bestechungsdelikte, München, 1988 (zit. als: *Graupe*, Systematik und Rechtsgut, S.)

Gribl, Kurt: Der Vorteilsbegriff bei den Bestechungsdelikten, Heidelberg 1993 (zit. als: *Gribl*, Bestechungsdelikte, S.)

Hamacher, Karl / Robak, Markus: Strafbarkeit von „Hospitality"-Einladungen zu großen Sportevents gem. §§ 331,333 und § 299 StGB – zugleich Besprechung des BGH-Urteils vom 14.10.2008 – 1 StR 260/08, DB 2008, 2747 - 2754

Hardtung, Bernhard: Erlaubte Vorteilsannahme – §§ 331 StGB, 70 BBG, 10 BAT – zugleich ein Beitrag zur Einheit der Rechtsordnung und zur „Rückwirkung" behördlicher Genehmigungen im Strafrecht, Berlin 1994 (zit. als: *Hardtung*, Vorteilsnahme, S.)

Hattenhauer, Hans: Allgemeines Landrecht für die Preußischen Staaten von 1794, zweite, erweiterte Auflage, Neuwied Kriftel Berlin 1994 (zit. als: *Hattenhauer*, Allgemeines Landrecht für die Preußischen Staaten, S.)

Hefendehl, Roland: Kollektive Rechtsgüter im Strafrecht, Köln Berlin Bonn München 2002 (zit. als: *Hefendehl*, Kollektive Rechtsgüter, S.)

Hefendehl, Roland: Die Materialisierung von Rechtsgut und Deliktsstruktur, GA 2002, 21 - 28

Heinrich, Bernd: Rechtsprechungsüberblick zu den Bestechungsdelikten (§§ 331 - 335 StGB) - (1998 - 2003) – 1. Teil, NStZ 2005, 197 - 204, NStZ 2005, 256 - 260 (2. Teil)

Henkel, Heinrich: Die Bestechlichkeit von Ermessensbeamten, JZ 1960, 507 - 512

Hettinger, Michael: Anm. BGH, Urt. v. 14.10.2008 – 1 StR 260/08, JZ 2009, S. 370 - 372

Hettinger, Michael: Das Strafrecht als Büttel? – Fragmentarische Bemerkungen zum Entwurf eines Korruptionsbekämpfungsgesetzes des Bundesrats vom 3.11. 1995, NJW 1996, 2263 - 2273

Hirsch, Andrew von: Der Rechtsgutsbegriff und das „Harm Principle", GA 2002, 2 - 14

Hirsch, Hans Joachim: Soziale Adäquanz und Unrechtslehre, ZStW 74 (1962), S. 78 - 135

Höltkemeier, Kai: Sponsoring als Straftat, Die Bestechungsdelikte auf dem Prüfstand, Diss., Berlin 2005 (zit. als: *Höltkemeier*, Sponsoring, S.)

Jäger, Christian: Strafrecht Allgemeiner Teil, 2. neubearbeitete und erweiterte Auflage, Heidelberg 2007 (zit. als: *Jäger*, Strafrecht AT, Rn.)

Jähnke, Burkhard / Laufhütte, Heinrich Wilhelm / Odersky, Walter (Hrsg.): Strafgesetzbuch, Leipziger Kommentar, Erster Band, Einleitung; §§ 1 bis 31, 11. Auflage, Berlin 2003 (Stand § 11: 1. März 1997) (zit. als: *Bearbeiter*, LK-StGB, § Rn.)

Jähnke, Burkhard / Laufhütte, Heinrich Wilhelm / Odersky, Walter (Hrsg.): Strafgesetzbuch, Leipziger Kommentar, Achter Band, §§ 302 a bis 335a, 11. Auflage, Berlin 2005 (zit. als: *Bearbeiter*, LK-StGB, § Rn.)

Jähnke, Burkhard / Laufhütte, Heinrich Wilhelm / Odersky, Walter (Hrsg.): Strafgesetzbuch, Leipziger Kommentar, Neunter Band, §§ 339 bis 358; Nachtrag zum StGB; Gesamtregister, 11. neubearbeitete Auflage (Stand §§ 331 - 338: 01. September 2000) (zit. als: *Bearbeiter*, LK-StGB, § Rn.)

Jaques, Henning: Die Bestechungstatbestände unter besonderer Berücksichtigung des Verhältnisses der §§ 331 ff. StGB zu § 12 UWG, Frankfurt a.M. 1996 (zit. als: *Jaques*, Bestechungstatbestände, S.)

Jeschek, Hans-Heinrich / Ruß, Wolfgang / Willms, Günther: Strafgesetzbuch, Leipziger Kommentar, Großkommentar, Siebenter Band, §§ 303 bis 358, 10. Auflage Berlin, New York 1988 (zit. als: *Bearbeiter*, LK-StGB (Aufl/Jahr), § Rn.)

Joecks, Wolfgang / Miebach, Klaus: Münchener Kommentar zum Strafgesetzbuch, Band 4, §§ 263 - 358 StGB, §§ 1 - 8, 105, 106 JGG, München 2006 (zit. als: *Bearbeiter*, MK-StGB, § Rn.)

Kaiser, Eberhard: Spenden an politische Parteien und strafbare Vorteilsannahme, NJW 1981, 321 - 322

Kargl, Walter: Über die Bekämpfung des Anscheins der Kriminalität bei der Vorteilsannahme (§ 331 StGB), ZStW 114 (2002), 763 - 793

Kargl, Walter: Parteispendenakquisition und Vorteilsannahme, JZ 2005, 503 - 512

Kaufmann, Arthur: Anmerkungen zum Urteil LG Karlsruhe v. 20.09.1959 – 1 StR 518/58, JZ 1959, 375 - 377

Kerner, Hans-Jürgen / Rixen, Stephan: Ist Korruption ein Strafrechtsproblem? – Zur Tauglichkeit strafgesetzlicher Vorschriften gegen die Korruption, GA 143 (1996), 355 - 396

Kindhäuser, Urs / Neumann, Ulfrid / Paeffgen, Hans-Ulrich: Strafgesetzbuch, Lehr- und Praxiskommentar, Bd. 1, §§ 1 – 145, 2. Auflage, Baden-Baden 2005 (zit. als: *Bearbeiter*, NK-StGB, § Rn.)

Kindhäuser, Urs / Neumann, Ulfrid / Paeffgen, Hans-Ulrich: Strafgesetzbuch, Lehr- und Praxiskommentar, Bd. 2, §§ 146 - 358, 2. Auflage, Baden-Baden 2005 (zit. als: *Bearbeiter*, NK-StGB, § Rn.)

Kindhäuser, Urs / Goy, Barbara: Zur Strafbarkeit ungenehmigter Drittmitteleinwerbung – Zugleich eine Besprechung von BGH – 1StR 372/01 und BGH – 1 StR 541/01 – NStZ 2003, 291 - 296

Klesczewski, Diethelm: Selbständigkeit und Akzessorietät der Beteiligung an einer Straftat, Habilitationsschrift Hamburg 1998

Knauer, Christoph / Kaspar, Johannes: Restriktives Normverständnis nach dem Korruptionsbekämpfungsgesetz, GA 2005, 385 - 405

Koch, Christian Friedrich [Hrsg.]: Allgemeines Landrecht für die Preußischen Staaten mit Kommentar und Anmerkungen, zweiter Theil, zweiter Band, zweite Abtheilung. (Enthaltend den Titel 20 [das Strafrecht, jetzt das Strafgesetzbuch für das Deutsche Reich] und die Register), vierte vermehrte Auflage, Berlin 1872 (zit. als: *Koch*, Allgemeines Preußisches Landrecht, S.)

Kohlmann, Günter (Hrsg.): Festschrift für Ulrich Klug, Zum 70. Geburtstag, Band II, Köln 1983 (zit. als: *Verfasser*, Titel, in: FS für Klug, S.)

König, Peter: Empfehlen sich Änderungen des Straf- und Strafprozessrechts, um der Gefahr von Korruption in Staat, Wirtschaft und Gesellschaft wirksam zu begegnen?, DRiZ 1996, 357 - 365

König, Peter: Neues Strafrecht gegen die Korruption, JR 1997, 397 - 400

Kopp, Ferdinand / Schenke, Wolf-Rüdiger: Verwaltungsgerichtsordnung, 16. Auflage, München 2009

Kopp, Ferdinand / Ramsauer, Ulrich: Verwaltungsverfahrensgesetz, 10. Auflage, München 2008

Korte, Matthias: Kampfansage an die Korruption, NJW 1997, 2556 - 2558

Korte, Matthias: Bekämpfung der Korruption und Schutz des freien Wettbewerbs mit den Mitteln des Strafrechts, NStZ 1997, 513 - 519

Korte, Matthias: Anmerkung zu BGH St 49, 275, NStZ 2005, 512 - 513

Krey, Volker: Strafrecht Besonderer Teil, Band 1 Besonderer Teil ohne Vermögensdelikte, 12. Auflage, Stuttgart 2002 (zit. als: *Krey*, Strafrecht BT I, Rn.)

Kuhlen, Lothar: Verjährungsbeginn bei Bestechung und Bestechlichkeit zugleich Besprechung von BGH, Urt. v. 19.6.2008 – 3 StR 90/08, JR 2009, 53 - 56

Kuhlen, Lothar: Zu den Tathandlungen bei Vorteilsannahme und Bestechlichkeit – Zugleich eine Besprechung von BGH – 4StR 554/87, NStZ 1988, 433 - 441

Kuhlen, Lothar: Untreue, Vorteilsannahme und Bestechlichkeit bei Einwerbung universitärer Drittmittel, JR 2003, 231 - 237

Küper, Wilfried: Strafrecht Besonderer Teil, Definitionen mit Erläuterungen, 6. Auflage, Heidelberg 2005

Lackner, Karl (Hrsg.) / Kühl, Kristian (Bearb.): Strafgesetzbuch, Kommentar, 26. Auflage, München 2006 (zit. als: *Lackner/Kühl*, StGB, § Rn.)

Larenz, Karl / Canaris, Claus-Wilhelm: Methodenlehre der Rechtswissenschaft, 3. neubearbeitete Auflage, Berlin Heidelberg New York 1995 (zit. als: *Larenz/Canaris*, Methodenlehre, S.)

Laufhütte, Heinrich Wilhelm / Rissing-van Saan, Ruth / Thiedemann, Klaus (Hrsg.): Strafgesetzbuch, Leipziger Kommentar, Großkommentar, Band 13, §§ 331 bis 358, 12. Auflage, Berlin 2009

Laufs, Adolf: Ärzte und Sponsoren, NJW 2002, 1770 - 1771

Lesch, Heiko: Anwaltliche Akquisition zwischen Sozialadäquanz, Vorteilsgewährung und Bestechung im geschäftlichen Verkehr, AnwBl 2003, 261 - 266

Lippert, Hans-Dieter / Ratzel, Rudolf: Arzt und Industrie nach den Beschlüssen des 106. Deutschen Ärztetags 2003, NJW 2003, 3301 - 3306

Lippert, Hans-Dieter: Vorteilsannahme, Bestechlichkeit und die Einwerbung von Drittmitteln bei der Beschaffung von Medizinprodukten, NJW 2000, 1772 - 1773

Liszt, Franz von: Lehrbuch des deutschen Strafrechts, 18. Auflage, Berlin 1911 (zit. als: *v. Liszt*, Lehrbuch, S.)

Loos, Fritz: Zum „Rechtsgut“ der Bestechungsdelikte, in: Festschrift für Hans Welzel, Berlin New York 1974, Hrsg.: Stratenwerth, Günter; Kaufmann, Armin; Geilen, Gerd; Hirsch, Hans Joachim; Schreiber, Hans-Ludwig; Jakobs, Günther, Loos, Fritz (zit. als: *Loos*, Rechtsgut, in: FS Welzel, S.)

Lüderssen, Klaus: Zum Strafgrund der Teilnahme, Baden-Baden 1967

Lüderssen, Klaus: Die Symbiose von Markt und Staat, Auseinander dividiert durch Strafrecht?, StV 1997, 318 - 324

Lüderssen, Klaus: Antikorruptions-Gesetze und Drittmittelforschung, JZ 1997, 112 - 120

Lüpkes, Heiko: Die Verbrechen der Diener des Staats im Allgemeinen Landrecht für die Preußischen Staaten von 1794 und ihre Entwicklung zu den Vergehen und Verbrechen im Amte im Strafgesetzbuch für die Preußischen Staaten von 1851, Frankfurt am Main 2004 (zit.: *Lüpkes*, Verbrechend der Diener des Staats, S.)

Mansdörfer, Marco: Strafrechtliche Haftung für Drittmitteleinwerbung an staatlichen Hochschulen, wistra 2003, 211 - 214

Marx, Michael: Zur Definition des Begriffs „Rechtsgut“, Köln Berlin Bonn München 1972 (zit. als: *Marx*, Rechtsgut, S.)

Maurach, Reinhart / Schroeder, Friedrich-Christian / Maiwald, Manfred: Strafrecht Besonderer Teil, Teilband 2, Straftaten gegen Gemeinschaftswerte, 9. Auflage, Heidelberg 2005

Maurer, Hartmut: Allgemeines Verwaltungsrecht, 16. überarbeitete und erweiterte Auflage, München 2006

Meininger, Frank: Sponsoring der öffentlichen Verwaltung: Eine neue Form der Kooperation zwischen Staat und Unternehmen bei der Wahrnehmung öffentlicher Aufgaben, ZG 1999, 353 - 363

Merges, Hans Dieter: Die Strafausschließungsgründe der Bestechungsdelikte, Tübingen, 1995 (zit. als: *Merges*, Strafausschließungsgründe, S.)

Michalke, Regina: Drittmittel und Strafrecht – Licht am Ende des Tunnels?, NJW 2002, 3381 - 3382

Möhrenschlager, Manfred: Strafrechtliche Vorhaben zur Bekämpfung der Korruption auf nationaler und internationaler Ebene, JZ 1996, 822 - 831

Mommsen, Theodor: Römisches Strafrecht, Leipzig 1899

Olshausen, Justus: Kommentar zum Strafgesetzbuch für das Deutsche Reich, zweiter Band, Berlin 1910 (zit. als: *Olshausen*, Kommentar zum StGB, §)

Oppenhoff, Friedrich C.: Das Strafgesetzbuch für die Preußischen Staaten und das Gesetz über die Einführung desselben, erläutert aus den Materialien der Rechtslehre und den Entscheidungen des königlichen Obertribunals, 4. Ausgabe, Berlin 1864 (zit. als: *Oppenhoff*, Preußisches StGB, § Rn.)

Ostendorf, Heribert: Bekämpfung der Korruption als rechtliches Problem oder zunächst moralisches Problem?, NJW 1999, 615 - 618

Ostendorf, Heribert: Das Geringfügigkeitsprinzip als strafrechtliche Auslegungsregel, GA 1982, 333 - 345

Paster, Inga / Sättele, Alexander: Alles, was das Leben verschönern kann – eine Anmerkung zum Sponsoring-Urteil des LG Karlsruhe vom 28.11.2007, NStZ 2008, 366 - 374

Pfeiffer, Gerd: Von der Freiheit der klinischen Forschung zum strafrechtlichen Unrecht?, NJW 1997, 782 - 784

Pieth/Eigen (Hrsg.): Korruption im internationalen Geschäftsverkehr, Bestandsaufnahme, Bekämpfung, Prävention, Neuwied, Kriftel 1999

Ransiek, Andreas: Strafrecht und Korruption, Zum Gutachten C für den 61. Deutschen Juristentag, StV 1996, 446 - 453

Rein, Wilhelm: Das Criminalrecht der Römer von Romulus bis Justinianus, Ein Hülfsbuch, Zur Erklärung der Classiker und der Rechtsquellen, Leipzig 1844 (zit. Als: *Rein*, Criminalrecht, S.)

Rengier, Rudolf: Strafrecht, Besonderer Teil II, Delikte gegen die Person und die Allgemeinheit, 9. neu bearbeitete Auflage, München 2008 (zit. als: *Rengier*, Strafrecht BT II, Kapitel Rn.)

Rönnau, Thomas: Untreue und Vorteilsannahme durch Einwerbung von Drittmitteln? – BGH NJW 2002, 2801, JuS 2003, 292 - 297

Roxin, Claus: Strafrecht, Allgemeiner Teil Band I, 4. Auflage, München 2006 (zit. als: *Roxin*, Strafrecht AT, § Rn.)

Rubo, Ernst Traugott: Kommentar über das Strafgesetzbuch für das Deutsche Reich, Berlin, 1879 Nachdruck 1992 Frankfurt am Main (zit.: *Rubo*, Kommentar über das StGB §)

Rubo, Ernst Traugott: Kommentar über das Strafgesetzbuch für das Deutsche Reich (1879), Frankfurt am Main Reprint 1992 (zit. als: *Rubo*. Strafgesetzbuch für das Deutsche Reich, S.)

Rüdiger, Christiane: Schutzinteresse und Deliktsstruktur der „Bestechungsdelikte“ (§§ 331ff. StGB), Frankfurt a. M. 2007 (zit. als: *Rüdiger*, Schutzinteresse und Deliktsstruktur, S.)

Rudolphi, Hans-Joachim / Horn, Eckhard: Systematischer Kommentar zum Strafgesetzbuch, Loseblattsammlung, §§ 267 - 358, München (zit. als: *Bearbeiter*, SK-StGB, Lfg., Auflage, Erscheinungsdatum, § Rn.)

Rudolphi, Hans-Joachim: Spenden an politische Parteien als Bestechungsstraftaten, NJW 1982, 1417 - 1421

Rüdorff, Hans: Strafgesetzbuch für das Deutsche Reich, 2. Auflage, Berlin 1877 (zit. als: *Rüdorff*, StGB für das Deutsche Reich, §)

Saliger, Frank / Sinner, Stefan: Korruption und Betrug durch Parteispenden, NJW 2005, 1073 - 1078

Satzger, Helmut / Schmitt, Bertram / Widmaier Gunter (Hrsg.): StGB, Kommentar, 1. Auflage, Köln 2009

Satzger, Helmut: Bestechungsdelikte und Sponsoring, ZStW 115 (2003), 469 - 500

Schäfer, Thomas / Liesching, Patrick: Überlegungen zur Vorteilsannahme und Vorteilsgewährung, ZRP 2008, 173 - 176

Schaffstein, Friedrich: Soziale Adäquanz und Tatbestandslehre, ZStW 72 (1960), 369 - 396

Schaupensteiner, Wolfgang J.: Korruptionskartelle. Ein Blick hinter die Kulissen des Bauwesens, Kriminalistik, 10 (1990), 507 - 510

Schaupensteiner, Wolfgang J.: Gesamtskonzept zur Eindämmung der Korruption, NStZ 1996, 409 - 416

Scheu, Udo: Parteispenden und Vorteilsannahme, NJW 1981, 1195 - 1196

Schlösser, Jan / Nagel, Michael: Werbung oder Korruption?, Über die Voraussetzungen der Unrechtsvereinbarung im Rahmen von Vorteilsannahme (§ 331 StGB) und Vorteilsgewährung (§ 333 StGB), wistra 2007, 211 - 214

Schmidhäuser, Eberhard: Strafrecht, Besonderer Teil, 2. neubearbeitete Auflage, Tübingen 1983 (zit. als: *Schmidhäuser*, Strafrecht BT, Kapitel/Rn.)

Schmidt, Andreas / Güntner, Michael: Drittmitteleinwerbung und Korruptionsstrafbarkeit – Rechtliche Prämissen und rechtspolitische Konsequenzen, NJW 2004, 471 - 474

Schmidt, Eberhard: Die Bestechungstatbestände in der höchstrichterlichen Rechtsprechung von 1879 bis 1959, München, Berlin 1960 (zit. als: *Schmidt*, Bestechungstatbestände, Rn.)

Schmitt Glaeser, Walter: Die Freiheit der Forschung, WissR 1974, 177 - 192

Schneider, Hendrik: Unberechenbares Strafrecht, Vermeidbare Bestimmtheitsdefizite im Tatbestand der Vorteilsannahme und ihre Auswirkungen auf die Praxis des Gesundheitswesens, in: Festschrift für Manfred Seebode zum 70. Geburstag, Berlin 2008, S. 331 - 350

Schönke, Adolf / Schröder, Horst: Strafgesetzbuch, Kommentar, 28. Auflage, München 2010 (zit. als: *Bearbeiter*, Schönke/Schröder, Strafgesetzbuch, § Rn.)

Schreiber, Hans-Ludwig / Rosenau, Henning / Combé, Daniel / Wrackmeyer, Antje: Zur Strafbarkeit der Annahme von geldwerten Zuwendungen durch Städte und Gemeinden nach § 331 StGB, GA 2005, 265 - 280

Schreier, Heiko: Drittvorteil und Unrechtsvereinbarung, zugleich ein Beitrag zur Neufassung der Bestechungsdelikte durch das Korruptionsbekämpfungsgesetz Hamburg 2002 (zit. als: *Schreier*, Unrechtsvereinbarungen, S.)

Schröder, Horst: GA 1961, 289

Schröder, Michael: Sponsoring in der Bundesverwaltung, NJW 2004, 1353 - 1356

Schünemann, Bernd / Achenbach, Hans / Bottke, Wilfried / Haffke, Bernhard Rudolphi, Hans-Joachim: Festschrift für Claus Roxin, Zum 70. Geburtstag am 15. Mai 2001, Berlin, New York 2001 (zit. als: *Verfasser*, Titel, in: FS für Roxin, S.)

Sowoda, Christoph: Die „notwendige Teilnahme" als funktionales Privilegierungsmodell im Strafrecht, Berlin 1992

Stelkens, Paul / Bonk, Heinz Joachim / Sachs, Michael: Verwaltungsverfahrensgesetz, Kommentar, 7. Auflage, München 2008

Sternberg-Lieben, Detlev: Die objektiven Schranken der Einwilligung im Strafrecht, Tübingen 1997 (zit. als: *Sternberg-Lieben*, Einwilligung, S.)

Stock, Ulrich: Entwicklung und Wesen der Amtsverbrechen, Leipzig, 1932 (zit. als: *Stock*, Amtsverbrechen, S.)

Storn, Arne: in: DIE ZEIT, 14.07.2005, Nr. 29

Stratenwerth, Günter: Zum Begriff des „Rechtsgutes“, in: Festschrift für Theodor Lenckner, Eser, Albin, Schittenhelm, Ulrike, Schumann, Heribert (Hrsg.), München 1998 (zit. als: *Stratenwerth*, Titel, FS Lenckner, S.)

Sturm, Richard: Änderungen des Besonderen Teils des Strafgesetzbuches durch das Einführungsgesetz zum Strafgesetzbuch, JZ 1975, 6 - 14

Tag, Brigitte: Drittmitteleinwerbung – strafbare Dienstpflicht? Überlegungen zur Novellierung des Straftatbestandes der Vorteilsannahme, JR 2004, 50 - 57

Temme, Jodocus: Critik des Entwurfs des Strafgesetzbuchs für die Preußischen Staaten, Erster Theil, Berlin 1843 (zit. als: *Temme*, Entwurf des PrStGB, S.)

Tholl, Frank: Anm. zu BGH, Urt. vom 23. Mai 2002 – 1 StR 372/01, wistra 2003, 181 - 182

Trüg, Gerson: Vorteilsgewährung durch Übersendung von WM-Gutscheinen – Schützt Sponsoring vor Strafe?, NJW 2009, 196 - 198

Valerius, Brian: „Der Amtsträger zu Gast bei Freunden“: Vorteilsgewährung bei Sponsoring durch Verwendung von Eintrittskarten für die Fußball-Weltmeisterschaft?, GA 2010, 211 - 221

Von Aaken, Anne: Genügt das deutsche Recht den Anforderungen and die UN-Konvention gegen Korruption? Eine rechtsvergleichende Studie zur politischen Korruption unter besonderer Berücksichtigung der Rechtslage in Deutschland, ZaöV 2005, 407

Von Arnim, Hans Herbert: Der gekaufte Abgeordnete – Nebeneinkünfte und Korruptionsproblematik, NVwZ 2006, 249

Wagner, Heinz: Die Rechtsprechung zu den Straftaten im Amt seit 1975, Teil 1, JZ 1987, 594 - 605

Walter, Steffen: Medizinische Forschung mit Drittmitteln – lebenswichtig oder kriminell?, ZRP 1999, 292 - 297

Welzel, Hans: Das deutsche Strafrecht in seinen Grundzügen
2. Auflage, Berlin 1949

Welzel, Hans: Das Deutsche Strafrecht, 11. Auflage, Berlin 1969 (zit. als: *Welzel*, Das Deutsche Strafrecht, S.)

Welzel, Hans: Studien zum System des Strafrechts, ZStW 58 (1939), 491 - 566

Wentzell, Stefanie: Zur Tatbestandsproblematik der §§ 331, 332 StGB, unter besonderer Berücksichtigung des Drittvorteils, Berlin 2004 (zit. als: *Wentzell*, Tatbestandsproblematik, S.)

Wessels, Johannes / Beulke, Werner: Strafrecht Allgemeiner Teil, 37. neu bearbeitete Auflage, Heidelberg 2007 (zit. als: *Wessels/Beulke*, Strafrecht AT, Rn.)

Wessels, Johannes / Hettinger, Michael: Strafrecht, Besonderer Teil/1, Straftaten gegen Persönlichkeits- und Gemeinschaftswerte, 30. Auflage, Heidelberg 2006 (zit. als: *Wessels/Hettinger*, Strafrecht BT 1, Rn.)

Wohlers, Wolfgang: Deliktstypen des Präventionsstrafrechts – zur Dogmatik „moderner" Gefährdungsdelikte, Berlin, 2000 (zit. als: *Wohlers*, Deliktstypen, S.)

Wohlers, Wolfgang: Rechtsgutstheorie und Deliktsstruktur, GA 2002, 15 - 20

Wolf, Sebastian: Internationale Korruptionsbekämpfung, Anmerkungen zum zehnjährigen Jubiläum des OECD-Bestechungsübereinkommens, KJ 2008, 366 - 377

Wolf, Sebastian: Die Modernisierung des deutschen Antikorruptionsstrafrechts durch internationale Vorgaben, Momentaufnahme und Ausblick, NJW 2006, 2735 - 2738

Wolters, Gereon: Die Änderungen des StGB durch das Gesetz zur Bekämpfung der Korruption, JuS 1998, 1100 - 1106

Zander, Annette: Gemeinnützige Zuwendungen, städtebauliche Verträge und Sponsoring um Spannungsverhältnis zur Vorteilsannahme nach § 331 StGB, ZG 2002, 193 - 198

Zieschang, Frank: Anmerkung zu OLG Karlsruhe, Beschluss vom 30.03.2000 – 2 Ws 181/99, StV 2001, 290 - 292

Zieschang, Frank: Die Auswirkungen des Gesetzes zur Bekämpfung der Korruption auf den Forschungsbereich, WissR 1999, 111 - 126